Under the editorship of

williAM G. moulToN

Princeton University

ELEMENTARY GERMAN
THIRD EDITION

ERIKA MEYER

GÜNTHER BICKNESE Agnes Scott College

HOUGHTON MIFFLIN COMPANY   BOSTON

Atlanta   Dallas   Geneva, Illinois
Hopewell, New Jersey   Palo Alto   London

Library of Congress Catalog Card Number: 76-6477

ISBN: 0-395-19866-6

preface

A third edition of *Elementary German* (originally written by Erika Meyer) has been undertaken, chiefly because the reading selections of the second edition are now outdated. Much of the Germany described in them no longer exists. For that reason, the readings have been rewritten to deal with situations and problems of both West and East Germany, as well as Austria and Switzerland. A great variety of subjects (e.g., everyday living, politics, economics, geography, and the arts) has been treated, in order to give as complete a picture of the culture of German-speaking countries as is possible in a book short enough to be completed in one semester or two quarters.

To stimulate the interest of American students and illustrate cultural contrasts, the subjects discussed have been expressed from the point of view of both German and American students. The first few chapters are written in a very simple, conversational style, with a carefully controlled vocabulary. The chapters become progressively more challenging as the students' ability to handle the language is developed. Photographs illustrating the reading material enliven the text, and also provide additional subject matter for classroom discussions.

The grammar sections remain essentially the same as in the second edition. The principle of simplicity and maximum clarity in the presentation of grammatical points has been retained, though the sequence of presentation has been altered for greater usefulness. Only the most elementary grammatical principles are presented, leaving a more detailed discussion of linguistic problems and theory for a later stage of instruction.

A wealth of exercises is offered, so that each instructor can choose what is best suited to his or her own teaching situation. The various kinds of exercises for each chapter encourage a maximum of student participation and are intended to develop and practice all four language skills. The exercises that follow the grammar presentation afford practice in understanding, speaking, reading, and writing. The pattern drills focus on the structures introduced in the chapters and help reinforce oral skills. As far as practicable, they consist of questions requiring immediate responses from the student. The pronunciation exercises in the early chapters provide brief systematic practice in the German sounds.

The review chapters, which proved to be an asset in the second edition, have been retained. The final review chapter is cumulative to the extent that space permits.

A new feature of *Elementary German, Third Edition* is a workbook, which provides writing practice that complements the exercises in the text, as well as material for dialogue practice.

Recordings are available for the pattern drills and for the pronunciation exercises.

Acknowledgments: As always, the advice and concrete suggestions of Professor William G. Moulton, editorial advisor in German to Houghton Mifflin, have been of great value. Students and instructors at Agnes Scott College, where the manuscript was tested in the classroom, have been helpful by calling attention to minor matters needing clarification. We are also indebted to Mrs. Gisela Bicknese, who typed the manuscript and contributed many useful critical suggestions for the readings.

E.M.
G.B.

CONTENTS

I. Alphabet

The German alphabet has the same 26 letters as the English alphabet plus the special letters ä, ö, ü (see II *A* below) and ß (see II *B* below). The names of these 30 letters are pronounced approximately as indicated below, though your instructor can show you how to pronounce them more precisely. Use this as a pronunciation exercise.

A a (ah)	**F f** (eff)	**K k** (kah)	**P p** (pay)	**U u** (oo)	**Z z** (tset)
B b (bay)	**G g** (gay)	**L l** (cll)	**Q q** (coo)	**V v** (fow)	**Ä ä** (äh)
C c (tsay)	**H h** (hah)	**M m** (em)	**R r** (air)	**W w** (vay)	**Ö ö** (öh)
D d (day)	**I i** (ee)	**N n** (en)	**S s** (ess)	**X x** (iks)	**Ü ü** (üh)
E e (ay)	**J j** (yot)	**O o** (oh)	**T t** (tay)	**Y y** (üpsilon)	**ß** (ess-tset)

II. Pronunciation

A. Vowels

A vowel may be either long or short. It is usually long when followed by one consonant: **haben** *to have*, and short when followed by two or more consonants: **fast** *almost*. A silent **h** following a vowel makes the vowel long: **nehmen** *to take*. Both long and short vowels (except unaccented e) are always given their full value; **i** for example is always pronounced as **i** and **u** as **u**. (Note by contrast that in the English words *fur, fir, her* the three vowels are all pronounced alike.) Such precise pronunciation requires much more active use of the lips than is usual in English. While in English long vowels are usually diphthongized, that is, *day* is actually pronounced *da-ee*, and *oh* is actually pronounced *o-u*, in German vowels are pure, without a diphthongal glide.

a long (spelled **a, aa, ah**), like *a* in *father*, except that it is formed nearer the front of the mouth than it usually is in English. The mouth is opened wider than in English: **kam** *came*, das **Haar** *hair*, **nahm** *took*.

a short, a brief, clipped **a** sound about halfway between long **a** and English *u* as in *up*: der **Mann** *man*, **Hans**.

e long (spelled **e, ee, eh**), similar to English *a* in *take*, except that it is a closer, tighter sound produced by stretching the lips so that the mouth forms a narrow slit (be careful to avoid the diphthongal glide): **geben** *to give*, der **See** *lake*, **nehmen** *to take*.

e short, approximately like English *e* in *bed:* das **Bett** *bed*, **best** *best*.

e unaccented, occurs chiefly in unaccented endings and prefixes and is the only case of a vowel not being given its full value; approximately like *e* in *the:* **gegeben** *given*, die **Liebe** *love*.

i long (spelled **i, ih, ie, ieh**), like English *i* in *machine:* **ihm** *him*, **dir** *you*, **sie** *she*, **sieht** *sees*.

i short, like *i* in *sit:* **in** *in*, **immer** *always*.

o long (spelled **o, oo, oh**), like English *o* in *go*, but with lips more definitely rounded and without the diphthongal glide: **so** *so*, das **Boot** *boat*, der **Sohn** *son*.

o short, has no real equivalent in English; the closest approximation is the *o* in *fort* or *sport*. To produce: round lips as for long **o**, and, keeping lips in this position, try to say short *u* as in English *up:* **oft** *often*, der **Onkel** *uncle*.

u long (spelled **u, uh**), like English *oo* in *boot*, but with lips more definitely rounded and protruding slightly: **tun** *to do*, der **Bruder** *brother*.

u short, like English *u* in *put:* **uns** *us*, die **Mutter** *mother*.

Umlaut: modified vowels

ä long, like long **e** except that the lips are not quite so tightly stretched: der **Käse** *cheese*, **sähe** *would see*.

ä short, like short **e**: **kämpfen** *to fight*, **fällt** *falls*.

ö long (no English equivalent); to produce: round the lips as for long **o,** and keeping lips in this position, try to say German long **e**: **Söhne** *sons*, **mögen** *may*.

ö short (no English equivalent); to produce: round lips as for short **o** and try to say short **e**: **können** *can*, **öfter** *more often*.

ü long (no English equivalent); round lips as for long **u** and try to say German long **i**: **über** *over*, **kühl** *cool*.

ü short (no English equivalent); round lips as for short **u** and try to say short **i**: **müssen** *must*, **Mütter** *mothers*.

Diphthongs

ai like English *i* in *kite:* der **Kaiser** *emperor*.
au like English *ou* in *house:* das **Haus** *house*.

ei like English *i* in *kite:* **mein** *my.*
äu like English *oi* in *oil:* **Häuser** *houses.*
eu like English *oi* in *oil:* **Leute** *people.*

B. Consonants

German consonants are articulated with greater precision than English consonants.

b initial or between vowels, like English *b:* **geben** *to give.*

b final in a word or part of a compound, or before a voiceless consonant, like **p***:* **gab** *gave,* **abholen** *to call for,* **bleibt** *remains.*

c (occurs rarely) usually pronounced *ts.*

ch (no English equivalent); to produce: whisper English *hue* very forcibly, noting point of friction between roof of mouth and tongue. Then pronounce it with the vowels: **ich, ech, ach, och, uch,** noting how point of friction gradually moves farther back: **ich** *I,* **echt** *genuine,* **machen** *to make,* **noch** *yet,* das **Buch** *book.*

ch at the beginning of a few words of Greek origin, like **k**: der **Chor** *choir,* in a few words of French origin like **sh**: die **Chance** *chance.*

d initial or between vowels, like English *d:* **dann** *then,* der **Laden** *store.*

d final in a word or part of a compound, like **t***:* der **Freund** *friend,* die **Freundschaft** *friendship.*

dt like **t***:* die **Stadt** *city.*

f like English *f:* die **Form** *form.*

g initial or between vowels, like English *g* in *go* (never as in *George,* except in some foreign words): **geben** *to give,* **gegen** *against.*

g final, like **k***:* der **Tag** *day,* der **Weg** *way;* except in final **ig,** like **ch**: **wenig** *little,* der **König** *king.*

h initial in a word or syllable, like English *h:* der **Himmel** *heaven.*

h after a vowel, silent: **ihn** *him,* **nehmen** *to take.*

j like *y* in *yes:* **ja** *yes,* das **Jahr** *year.*

k like English *k:* die **Karte** *card;* it is never silent: das **Knie** *knee.*

l differs materially from English *l.* Note that in pronouncing English *l,* only the tip of the tongue touches the ridge just above the teeth. To form German **l,** flatten the front of the tongue against the gums so that you can just feel the side edges of the tongue against the side teeth: er **will** *he wants to,* **sollen** *to be supposed to.*

m like English *m:* das **Mädchen** *girl.*

n like English *n:* **nein** *no.*

ng like English *ng* in *singer* (never as in *finger*): **bringen** *to bring.*

p like English *p:* der **Professor** *professor.*

pf both letters are pronounced but with less emphasis on the **p** than usual. For best results, try pronouncing only **f**, but begin with tightly closed lips: das **Pferd** *horse*, die **Pfeife** *pipe*.

ph like English *ph:* die **Philosophie** *philosophy.*

r German **r** is trilled, either with the tip of the tongue or with the uvula at the back of the mouth. The former is the accepted stage pronunciation, the latter is more common in everyday speech. The uvular **r** is considered difficult for Americans but can be acquired with a little practice: throw your head back (to "lubricate" the back of the mouth with saliva) and try to gargle without water. Gradually the trill can be produced with the head in normal position. The trill is clearest and strongest when the **r** is followed by a vowel: **rufen** *to call*, der **Preis** *price.* When the **r** is not followed by a vowel, the trill is very slight: **fort** *away*, **kurz** *short.* In unaccented positions the trill disappears entirely to become a kind of unaccented vowel sound: der **Vater** *father*, **bitter** *bitter.*

s before a vowel and between vowels, like English *z:* die **Sonne** *sun*, **lesen** *to read.*

s initial before **t** or **p**, like English *sh:* **stark** *strong*, **sprechen** *to speak.*

s final in a word or syllable, like *s* in *sit:* **das** *the*, **ausgehen** *to go out.*

ss like *ss* in *mess:* **essen** *to eat.*

ß like **ss***:* die **Straße** *street*, **muß** *must.* Note that **ß** can be used as lower case only; if capitals are desired, **SS** must be used instead.

sch like English *sh*, except that the lips are slightly more protruded: die **Schule** *school*, der **Mensch** *man.*

t like English *t:* **tun** *to do.* Between vowels English *t* tends toward *d*, as in *bitter*, *writer* (almost like *bidder*, *rider*); but German **t** in this position is still clearly and fully pronounced: **bitter** *bitter*, der **Reiter** *rider.*

th like **t**: **Theater** *theater.*

tz like *ts:* **letzt** *last.*

v like English *f:* der **Vater** *father*, **von** *from*, **vergessen** *to forget.*

v in a few words of foreign origin, like English *v:* der **November** *November*, die **Vase** *vase.*

w like English *v:* **wissen** *to know*, **wer** *who.*

x like English *x:* die **Axt** *ax.*

z like *ts:* das **Herz** *heart*, die **Zeit** *time.* Note that **z** (*ts*) can stand at the beginning of a word. To learn this, try the following. Say *rats and mice* as if it were one word: *ratsandmice;* then divide it thus: *ra tsandmice.*

C. *Glottal Stop*

Before syllables beginning with a vowel there is a momentary stoppage of breath, which prevents words from being run together: **ein ˀApfel** *an apple;* **das ˀAbendˀessen** *supper.* The glottal stop is a very important characteristic of German pronunciation and should never be neglected. We find a comparable phenomenon in English when in careful pronunciation we say *an apple* rather than *a napple.*

III. Stress

A. In simple words the stress falls on the root syllable: das **Mäd'chen** *girl,* **sa'gen** *to say,* **begin'nen** *to begin.*

B. In compound words it falls on the first part: der **Werk'tag** *work day,* das **Studen'tenlokal** *student pub.*

C. In words of foreign origin it frequently falls on the last or second to last syllable: **studie'ren** *to study,* der **Student'** *student.*

IV. Capitalization

A. All nouns and words used as nouns are capitalized: **der Mann** *the man,* **das Gute** *the good.* (Contrary to English usage, adjectives derived from proper nouns are not capitalized: **das amerikanische Volk** *the American people.*)

B. **Sie** *you,* and its derivatives are capitalized. **Du** and **ihr** (familiar forms) and their derivatives are capitalized only in letters.

V. Syllabication

A. A single consonant between vowels belongs with the following vowel: **sa-gen, Bru-der.**

B. The last of two or more consonants belongs with the following vowel: **den-ken, Stun-de.** Ck becomes **k-k** when divided.

C. **Ch, sch, st, ss, th** are never divided: **ma-chen, Fen-ster.**

VI. Punctuation

The main rules of punctuation are:

A. A comma is used before a clause introduced by **aber, denn, oder,** or **und,** if the second clause has an expressed subject.

Der Lehrer erklärt es, aber der Student versteht es nicht.

The teacher explains it, but the student doesn't understand it.

B. All subordinate clauses, including relative clauses, are set off by commas.

Der Mann, den du sahst, ist mein Vater.

The man whom you saw is my father.

C. Infinitive phrases consisting of more than **zu** plus the infinitive are usually set off by commas.

Er kam, um mir dabei zu helfen.

He came to help me with it.

D. A colon is used before a direct quotation.

Er sagt: ,,Ich bin hier.''

He says, "I am here."

Note that at the beginning of a quotation, the quotation marks are placed at the bottom.

E. A command is usually followed by an exclamation point.

Komme sofort nach Hause!

Come home at once.

F. German uses the apostrophe to indicate the omission of a letter and to express possession of proper names ending in a sibilant.

Was hab' ich gesagt?

What did I say?

Maries Buch

Marie's book

Brehms' Wohnung

Brehms' apartment

G. Unlike English, an adverbial phrase at the beginning of a sentence is *not* set off by a comma.

An einem schönen sonnigen Morgen fuhren wir in die alte Stadt Marburg.

On a beautiful sunny morning, we drove to the old city of Marburg.

ELEMENTARY GERMAN

Vocabulary

Before studying this vocabulary, consult the Vocabulary Notes, p. 273.

der **Assistenz'professor, -o'ren**
  assistant professor
der **Deutsch-** German (*male*) (*adj.*
  used as a noun)
der **Freund, -e** friend (*male*)
der **Herr, -en** Mr., gentleman
der **Tag, -e** day; **guten Tag**
  hello, how do you do?

(das) **Deutsch** German language
(das) **Deutschland** Germany
das **Fräulein, -** Miss, young lady
das **Mädchen, -** girl

die **Antwort, -en** answer
die **Deutsch-** German (*female*)
die **Frau, -en** Mrs., woman, wife
die **Freundin, -nen** friend (*female*)
die **Sprache, -n** language
die **Stadt, ̈e** city

erzählen tell, relate
sagen say
sein be

das that, those (*pron.*)
der, das, die the
ein a, an, one
kein not a, no, not any
mein my

alt old
deutsch German
dumm stupid

glücklich happy, glad
gut good, well
klein small
wirklich real

ich I
du you (*fam. sg.*)
er, es, sie he, it, she
wir we
ihr you (*fam. pl.*)
sie they
Sie you (*polite, sg. and pl.*)

aber but, however
denn for
oder or
und and

warum why
was what
wer who
wie how; like, as
wo where

als as
also so, thus, therefore
auch also, too
aus from, out of
hier here
ja yes
jetzt now
nein no
nicht not
zu too (*as in* too much)

Cognates and Compounds

(das) **Amerika**
der **Amerika'ner, -**
hallo
ideal'
in
die **Kultur', -en**

der **Name, -n**
(das) **Norddeutschland**
oft
der **Professor, -o'ren**
romantisch

der **Student', -en**
die **Studen'tin, -nen**
studie'ren
die **Universität', -en**
die **Universitätsstadt, ̈e**

Chapter 1

Gender | Number | Nominative Case | Present Tense of *sein*

I. Reading

Ein Amerikaner als Student in Marburg

Bill erzählt:

Hallo und guten Tag! Mein Name ist Bill Becker, und ich bin ein Amerikaner aus Chicago. Aber ich bin jetzt in Deutschland. Wo in Deutschland? In Marburg[1]. Ich studiere hier. Was studiere ich? Deutsch: die Sprache und die Kultur. Ja, ich bin ein Student. Meine Freundin, Heike Brehm, ist Deutsche. Ist sie auch ein Student? Nein, sie ist kein Student; sie ist ein Mädchen und also eine Studentin. Aber sie ist nicht hier, denn sie studiert in Hannover[1].

„Es ist zu dumm, Bill", sagt sie oft. „Warum bist du nicht auch hier in Norddeutschland?"

Meine Antwort: „Marburg ist klein und romantisch, die Universität ist alt, und ich bin aus Amerika. Die Stadt Marburg und die Universität sind also ideal."

Heike: „Und bist du in Hannover nicht glücklich?"

„O ja, aber Hannover ist nicht Marburg. Herr Berger, ein Assistenzprofessor, sagt: Hannover ist eine Stadt, und in Hannover ist eine Universität; aber ist Hannover wirklich eine Universitätsstadt wie Marburg?"

---

[1] Marburg and Hannover (Hanno'ver) are German cities.

Bill ist glücklich in Hannover, denn in Hannover studiert Heike.

II. Grammar

1. There are *three genders* in German: masculine, neuter, and feminine. The gender of a noun is indicated by the definite article.

MASC.	**der** Tag	the day
NEUT.	**das** Mädchen	the girl
FEM.	**die** Antwort	the answer

Since it is ordinarily not possible to determine the gender from the noun itself (see Appendix, p. 253), *the article must be learned with each noun.*

Note: All diminutives ending in **-chen** or **-lein** are neuter.

2. There are *two numbers* in German: singular and plural. The plural article is always **die,** but the nouns themselves form their plurals in a variety of ways. Some make no change: das **Mädchen**, die **Mädchen**; some add the ending -e: der **Tag**, die **Tage**; some add the ending **-er**: das **Kind** *child*, die **Kinder**; some add the ending **-n** or **-en**: die **Sprache**, die **Sprachen**; der **Student**, die **Studenten**. Often the stem vowel is modified (**Umlaut**) in the plural: die **Stadt,** die **Städte**. Since one cannot ordinarily predict how the plural of a noun will be formed, the plural should be learned with each new noun as it occurs.

For a more detailed discussion of noun plurals, see Appendix, pp. 253–255.

3. There are *four cases*: nominative, accusative, dative, and genitive.

4. Nominative forms:

	SINGULAR			PLURAL	
MASC.	NEUT.	FEM.		ALL GENDERS	
der	das	die	the	die	the
ein	ein	eine	a, an, one	—	
kein	kein	keine	not a, no	keine	not any, no
er	es	sie	he, it, she	sie	they
wer	was	wer	who, what	—	

Wer is the interrogative meaning *who*; **was** is the interrogative meaning *what*.

5. Uses of the nominative:

a. As subject of the sentence.

Die Stadt ist romantisch.   The city is romantic.

b. As predicate noun after a form of **sein** *to be* or similar verbs.

Das Mädchen ist **eine** Studentin.   The girl is a student.

6. Personal pronouns of the third person agree in gender and number with the nouns for which they stand.

der Tag	er
das Kind	es
die Antwort	sie
die Studenten	sie

7. Present tense of **sein**, *to be*:

ich bin	I am	**wir sind**	we are
du bist	you are (thou art)	**ihr seid**	you are
er, sie, es ist	he, she, it is	**sie sind**	they are
	Sie sind you are		

8. **Du** is used when speaking to an intimate friend, a member of the family, a child, or an animal; **ihr** is the plural of **du**. **Sie** is used for all other persons and is the most common form of address. It is both singular and plural and is always capitalized.

Wo bist **du**, Karl?	Where are you, Karl?
Wo seid **ihr**, Hans und Inge?	Where are you, Hans and Inge?
Wo sind **Sie**, Herr Becker?	Where are you, Mr. Becker?
Wo sind **Sie**, Herr Becker und Fräulein Brehm?	Where are you, Mr. Becker and Miss Brehm?

9. In general, the article is used as in English. For exceptions, see Appendix, p. 252.

III. Exercises

A. Answer orally, after familiarizing yourself thoroughly with "Ein Amerikaner als Student in Marburg."

1. Was sagt Bill? 2. Wo ist Bill jetzt? 3. Warum ist er in Marburg? 4. Wo sind Sie jetzt?   5. Was studiert Bill?   6. Was studieren Sie?   7. Ist Fräulein Brehm ein Student?   8. Sind Sie eine Studentin?   9. Wo studiert Fräulein Brehm?   10. Wo ist Hannover?   11. Sind Sie dumm?   12. Sind Sie aus Deutschland?

13. Ist Bill in Marburg glücklich? 14. Ist Herr Berger ein Student? 15. Sind Sie hier glücklich?

B. *Fill in the blanks where necessary.*

1. Gut— Tag, Herr Berger. 2. D— Studentin ist ein— Mädchen. 3. Er ist kein— Student. 4. Sie ist kein— Studentin. 5. Ein— Mädchen ist hier. 6. D— Antwort ist gut. 7. D— Freundin ist nicht dumm. 8. D*ie* Student*en* sind hier. 9. D— Studentin— sind auch hier. 10. Ist d*ie* Frau glücklich? 11. Ist kein— Professor dumm? 12. D*ie* Sprache ist gut. 13. Du bist mein*e* Freundin. *fem* 14. Deutsch ist ein— Sprache. 15. D— Mädchen sind in Norddeutschland.

C. *Change sentences 2–4, 6, 7, 10–12 in Exercise B to the plural.*

D. *Supply* **du, ihr,** *or* **Sie** *as required.*

1. Was sagen —, Herr Berger? 2. Bist — hier, Heike? 3. Seid — hier, Heike und Bill? 4. Wo sind —, Herr Brehm und Herr Becker?

E. *Form questions concerning the words in italics, introducing each with* **was, wer, wie,** *or* **wo,** *as required.*

Example: Die Stadt ist *alt.*
　　　　　 Wie ist die Stadt?

1. *Mein Freund* ist in Deutschland.
2. Das Mädchen ist *glücklich.*
3. Die Studentin ist *dumm.*
4. Marburg ist *eine Universitätsstadt.*
5. Die Freundin ist *in Hannover.*
6. Der Herr ist *ein Assistenzprofessor.*
7. Heike ist *in Norddeutschland.*
8. Das ist *ein Name.*
9. Der Student ist *mein Freund.*
10. Marburg ist *klein.*

F. *Write in German.*

1. Hello, Mr. Berger. 2. Are you an assistant professor? 3. Miss Brehm is a student. 4. She isn't stupid. 5. Where is Mr. Berger? 6. Why is Bill in Marburg? 7. Is Heike a girl?

8. Where is she?   9. Are she and Mr. Berger here?   10. Are you here, Bill?   11. Why is the girl happy?   12. The answer is good; it's not stupid.   13. Is the answer good?   14. Yes, it's good.   15. No, no answer is good.

IV. Pattern Drills

A. Answer the following questions affirmatively.

> *Example:* Ist das Mädchen hier?
> Ja, das Mädchen ist hier.

1. Ist der Professor hier?
2. Ist der Student hier?
3. Ist der Herr hier?
4. Ist die Studentin hier?
5. Ist der Freund hier?
6. Ist Fräulein Meyer hier?
7. Ist der Name deutsch?
8. Ist das Mädchen dumm?
9. Ist die Stadt romantisch?
10. Ist die Universität alt?

B. Answer the following questions affirmatively.

> *Example:* Ist das eine Stadt?
> Ja, das ist eine Stadt.

1. Ist das ein Professor?
2. Ist das ein Student?
3. Ist das ein Herr?
4. Ist das ein Mädchen?
5. Ist das ein Name?
6. Ist das eine Antwort?
7. Ist das eine Sprache?
8. Ist das ein Amerikaner?
9. Ist das eine Studentin?

C. Answer the following questions negatively, using the correct form of **kein.**

> *Example:* Ist das ein Student?
> Nein, das ist kein Student.

1. Ist Herr Berger ein Student?
2. Ist Bill ein Professor?

3. Ist die Deutsche eine Studentin?
4. Ist das eine Universität?
5. Ist das eine Antwort?
6. Ist das ein Mädchen?
7. Ist das ein Name?
8. Ist das eine Universitätsstadt?

D. *Answer the following questions negatively, replacing each noun with a pronoun.*

> *Example:* Ist die Freundin hier?
> Nein, sie ist nicht hier.

1. Ist der Professor hier?
2. Ist Herr Brehm hier?
3. Sind die Studenten dumm?
4. Ist die Studentin hier?
5. Ist die Universität alt?
6. Ist die Antwort gut?
7. Sind die Antworten gut?
8. Ist der Freund glücklich?
9. Ist die Stadt romantisch?

E. *Restate the following sentences, using the noun or pronoun in parentheses as subject, changing the verb as required.*

> *Example:* Die Sprache ist alt. (die Herren)
> Die Herren sind alt.

1. Ich bin nicht dumm. (du)
2. Du bist hier. (der Professor)
3. Bill ist nicht alt. (ich)
4. Ihr seid glücklich. (die Studentinnen)
5. Du bist nicht dumm. (wir)
6. Die Städte sind alt. (die Universität)
7. Wir sind hier. (ihr)
8. Fräulein Brehm ist glücklich. (er)
9. Ein Student ist hier. (ich)

F. *Change the following sentences to the plural.*

> *Example:* Der Freund ist nicht alt.
> Die Freunde sind nicht alt.

1. Die Freundin ist nicht hier.
2. Die Antwort ist gut.
3. Die Universität ist deutsch.
4. Die Studentin ist glücklich.
5. Der Herr ist auch hier.
6. Der Professor ist nicht alt.
7. Die Sprache ist alt.
8. Das Mädchen ist ideal.

G. Add the correct German expression for Where are you? *to the following names.*

Example: Robert!
Robert, wo bist du?

1. Hans!
2. Frau Berger!
3. Marie und Karl!
4. Fräulein Becker!

5. Hans und Mark!
6. Herr Professor!
7. Ingrid!
8. Frau Schmidt!

H. Change the following sentences to the plural.

Example: Das ist keine Stadt.
Das sind keine Städte.

1. Das ist keine Frau.
2. Das ist keine Antwort.
3. Das ist keine Studentin.
4. Das ist kein Amerikaner.
5. Das ist kein Professor.
6. Das ist kein Student.
7. Das ist kein Mädchen.
8. Das ist keine Universität.

V. Pronunciation Practice

All words in the pronunciation exercises should be read aloud, first from left to right, then each column from top to bottom. If necessary, refer to the Introduction, *pp. ix–xii.*

long **a**	*short* **a**
fragen	der Tanz
der Tag	der Mann
der Name	die Stadt
der Staat	halt
sagen	das
aber	kann

long e	*short* e	*unaccented* e
das Leder	der Herr	kennen
der See	das Bett	gegeben
nehmen	helfen	Tage
geben	essen	nennen
sehr	denn	aber

Vocabulary

der **Abend, -e** evening
der **See, -n** lake

das **Gymnasium, Gymnasien**
   secondary school
das **Wiedersehen** seeing again

die **Arbeit, -en** work
die **Schwester, -n** sister
die **Stunde, -n** hour
die **Zeit, -en** time

antworten answer
arbeiten work
besuchen attend, visit
fragen ask
gehen go, walk
haben have
lachen laugh
zählen count

jeder, jedes, jede each, every
man one, people
schön beautiful, pretty
viel much, a lot of
viele many

dort there
ganz quite, whole
heute today
morgen tomorrow
nur only, just (*adv.*)
schon already
sehr very, very much (*adv.*)

bis till, until
durch through
für for
gegen against, toward
ohne without
um around; at (*with expressions of time*)

eins one
zwei two
drei three
vier four
fünf five
sechs six
sieben seven
acht eight
neun nine
zehn ten

Idioms

auf Wiedersehen good-by
ganz schön viel pretty much, quite
   a lot (**ganz schön** *can be used
   with this meaning with any
   adjective or adverb*)

gar nicht not at all
heute abend this evening (*noun*
   Abend *used as adv.*)
tschüß so long, good-by (*coll.*)
wie ist es? how about it?

Cognates and Compounds

das **College, -s**
dramatisch
halt! (*imp.*)

lange (*adv.*)
die **Minu'te, -n**
der **Park, -s**

(das) **Pennsylvanien**
so
stopp! (*imp.*)

Chapter 2

Accusative Case |
Present Tense of Regular Verbs

I. Reading

Eine Deutsche als Studentin in Amerika

Heikes Schwester Inge studiert in Amerika. Sie besucht ein College
in Pennsylvanien. Sie ist glücklich dort, denn das College ist sehr
schön. Es hat einen Park und einen See. Inge hat auch schon einen
Freund, Mark Johnson aus Philadelphia.

„Warum arbeitest du so viel?" fragt er. „Vier Stunden jeden Tag ist
zu lange."

„O nein", antwortet Inge. „Man arbeitet oft fünf Stunden für das
Gymnasium in Deutschland."

„Aber du hast so oft keine Zeit für mich!" sagt Mark. „Ich arbeite
auch ganz schön viel, aber ich zähle die Stunden gar nicht. Ich zähle
nur die Minuten ohne dich."

Inge lacht und sagt: „Du bist zu dramatisch, Mark. Wie ist es:
Gehen wir heute um sechs oder sieben um den See?"

Mark: „Ich sage, wir gehen heute um acht um den See, morgen um
neun durch den Park und . . ."

„Halt, stopp!" antwortet Inge. „Auf Wiedersehen und tschüß bis
heute abend um sechs!"

II. Grammar

1. There is only one way of expressing present time in German: **ich sage** = *I say, I am saying, I do say.*

2. The present infinitive normally ends in **-en**: **sagen, arbeiten**. But after **el** and **er** this is shortened to **-n**: **lächeln** *to smile*, **wandern** *to wander*.

3. To form the present tense of regular verbs, add to the stem (which is found by dropping the ending from the infinitive) the personal endings: **-e, -(e)st, -(e)t, -en, -(e)t, -en.**

ich sage	ich arbeite
du sagst	du arbeitest
er sagt	er arbeitet
wir sagen	wir arbeiten
ihr sagt	ihr arbeitet
sie sagen	sie arbeiten
Sie sagen	Sie arbeiten

The **-e-** in second person singular and plural and in third person singular is added when the stem ends in **-d** or **-t**.

4. Present tense of **haben,** *to have*:

ich habe	wir haben
du hast	ihr habt
er hat	sie haben
Sie haben	

5. Accusative forms:

   a.

	SINGULAR			PLURAL	
MASC.	NEUT.	FEM.		ALL GENDERS	
den	das	die	the	die	the
einen	ein	eine	a, an, one	—	
keinen	kein	keine	not a, no	keine	not any, no
ihn	es	sie	him, it, her	sie	them
wen	was	wen	whom, what	—	

   b. Personal pronouns, first and second person:

SINGULAR				PLURAL			
mich	me	dich	you	uns	us	euch	you
		Sie	you			Sie	you

   c. The accusative of nouns is with few exceptions (see Appendix, p. 255 § B3, B4) like the nominative: **der Tag—den Tag. Der Student** adds **-en** and **der Herr** adds **-n** to all cases in the singular, except the nominative.

6. Uses of the accusative:

   a. As a direct object.

   Die Studentin hat **einen Freund,** aber sie besucht **ihn** nicht.

b. After certain prepositions that always take the accusative.

durch through
für for
gegen against, toward

ohne without (*indefinite article usually omitted with following noun*)
um around; at (*w. time expressions*)

Memorize this list!

c. Without a preposition, to express definite time or duration of time.

Wir arbeiten **jeden Tag.**　　We work *every day.*
Der Student arbeitet **eine Stunde.**　　The student works *for an hour.*

7. Any adjective may be used as an adverb.

Die Antwort ist **gut.**　　The answer is *good.*
Er arbeitet **gut.**　　He works *well.*

III. Exercises

A. Answer orally, after familiarizing yourself thoroughly with "Eine Deutsche als Studentin in Amerika."

1. Studiert Inge in Deutschland?　2. Besucht sie ein College?
3. Warum ist sie hier glücklich?　4. Sind Sie auch glücklich hier?
5. Hat Inge schon einen Freund?　6. Haben Sie einen Freund oder eine Freundin?　7. Arbeitet Inge sehr viel?　8. Wie lange arbeitet sie jeden Tag?　9. Wie lange arbeitet man oft für das Gymnasium?　10. Wie lange arbeiten Sie jeden Tag?　11. Ist das zu viel für Sie?　12. Hat Inge viel Zeit für Mark?　13. Was zählt Mark nicht?　14. Warum lacht Inge?　15. Gehen Sie oft um einen See oder durch einen Park?

B. Underline all accusative nouns and pronouns in the reading, p. 11.

C. Fill in the blanks where necessary.

1. Er hat kein__ Freund.　2. Wir arbeit__ kein__ Minute zu lange.　3. D__ Mädchen geht durch d__ Park.　4. Ich hab__ kein__ Freundin.　5. Du arbeit__ jed__ Tag für ein__ Freund.
6. D__ Studenten gehen um d__ See.　7. D__ Assistenzprofessor frag__ die Student__.　8. Mein__ Schwester geh__ ohne d__

Mädchen.   9. D__ER__ Amerikaner hat kein__E__ Zeit für mein__E__ Schwester.   10. Wir studier__EN__ hier jed__EN__ Abend.   11. Wir frag__EN__ oft und ihr antwort__ET__ nicht.   12. Wie oft frag__EN__ Sie mich, Herr Schmidt?   13. Zähl__EN__ Sie mein__E__ Freundinnen?   14. Die Herr__N__ besuch__EN__ kein— Gymnasium.

D. *Change everything possible in sentences 1, 3, 4, 5, 7, 8, 9, and 12 in Exercise C to the plural.*

E. *Replace the nouns in italics with pronouns.*
1. *Der Student* fragt *einen Freund*.   2. *Der See* ist schön.   3. *Der Assistenzprofessor* fragt *die Studentin*.   4. Wir studieren *die Sprache*.   5. *Die Schwester* besucht *das College*.

F. *Write in German.*

1. She works for an assistant professor.   2. The book is for you, Inge.   3. The students are going through the park.   4. Inge, do you visit the lake often?   5. My sister asks a (male)[1] friend, "Mark, do you have a minute?"   6. The (male) student answers, "No, I have no time."   7. Do you study German in Pennsylvania, Miss Brehm?   8. Mr. Berger is often for the professors and against the students.   9. I study (= work) a lot, and my (girl) friend studies four hours every evening.   10. We count the minutes without work: one, two, three, four, five, six, seven, eight, nine, ten.

IV. Pattern Drills

A. *Answer the following questions negatively in the first person singular.*

Example: Zählen Sie die Tage?
        Nein, ich zähle die Tage nicht.

1. Studieren Sie die Sprache?   5. Haben Sie die Antwort?
2. Fragen Sie den Freund?   6. Besuchen Sie das Gymnasium?
3. Fragen Sie die Freundin?   7. Studieren Sie die Kultur?
4. Fragen Sie die Mädchen?   8. Zählen Sie die Stunden?

---

[1] Throughout the book, words in parentheses are essential for the translation into German. Words in brackets are not to be translated.

B. *Restate the following sentences, replacing each definite article with the corresponding indefinite article.*

Example: Er fragt das Mädchen.
Er fragt ein Mädchen.

1. Er fragt den Amerikaner.
2. Ich frage den Freund.
3. Er studiert die Sprache.
4. Wir besuchen die Stadt.
5. Der Student hat die Antwort.
6. Karl geht durch den Park.
7. Wir gehen um den See.
8. Sie arbeitet für den Freund.

C. *Change the nouns in the following sentences to the plural.*

Example: Ich frage den Herrn nicht.
Ich frage die Herren nicht.

1. Sie fragt den Studenten.
2. Ich frage die Studentin.
3. Er besucht den Professor.
4. Er arbeitet für das Mädchen.
5. Warum fragt er die Frau?
6. Sie gehen durch den Park.
7. Er geht nicht um den See.
8. Wir studieren die Kultur.
9. Du fragst den Amerikaner nicht.

D. *Complete the following sentences, using the noun in parentheses with the accusative of the definite article.*

Example: Er arbeitet ohne . . . (Freund)
Er arbeitet ohne den Freund.

1. Er ist gegen . . . (Professor)
2. Er arbeitet für . . . (Freundin)
3. Er arbeitet für . . . (Herr)
4. Wir gehen um . . . (See)
5. Wir gehen durch . . . (Park)
6. Wir arbeiten für . . . (Stadt)
7. Er ist hier ohne . . . (Schwester)
8. Wir sind nicht gegen . . . (Arbeit)

E. *Complete the following sentences, using the noun in parentheses with the accusative of the indefinite article.*

Example: Sie geht durch . . . (Park)
Sie geht durch einen Park.

1. Er arbeitet für . . . (Professor)
2. Sie arbeitet für . . . (Freund)
3. Wir gehen um . . . (See)
4. Er antwortet für . . . (Freundin)
5. Sie gehen durch . . . (Park)
6. Er geht durch . . . (Universitätsstadt)

F. *Change the nouns in the following sentences to the plural.*

Example: Er geht ohne den Freund.
Er geht ohne die Freunde.

1. Er studiert ohne die Freundin.
2. Sie geht um den See.
3. Wir arbeiten für den Amerikaner.
4. Du antwortest für das Mädchen.
5. Wir studieren ohne den Professor.
6. Er geht nicht durch den Park.
7. Er arbeitet nicht ohne die Schwester.
8. Ihr antwortet für den Freund.

G. *Restate the following sentences, using the noun or pronoun in parentheses as subject, changing the verb as required.*

Example: Wir antworten nicht.   (ihr)
Ihr antwortet nicht.

1. Wir fragen nicht.   (du)
2. Karl und Marie studieren nicht.   (der Student)
3. Wir gehen jetzt auch.   (er)
4. Du lachst sehr oft.   (ich)
5. Du hast einen Freund.   (ihr)
6. Ihr antwortet jetzt nicht.   (wir)
7. Der Herr fragt den Professor.   (Heike)
8. Er hat keine Freunde.   (die Studentinnen)
9. Fräulein Brehm ist eine Studentin.   (die Mädchen)
10. Er arbeitet zu viel.   (du)
11. Ich habe einen Freund.   (der Student)

H. *Answer the following questions affirmatively in the first person plural, substituting pronouns for noun objects.*

Example: Fragen Sie den Freund?
Ja, wir fragen ihn.

1. Fragen Sie den Amerikaner?
2. Fragen Sie den Herrn?
3. Fragen Sie die Schwester?
4. Fragen Sie die Studentin?
5. Fragen Sie das Mädchen?
6. Fragen Sie die Professoren?
7. Fragen Sie die Studentinnen?
8. Fragen Sie den Studenten?
9. Fragen Sie die Herren?

I. *Restate the following sentences, replacing nouns with pronouns.*

Example: Ich zähle die Minuten nicht.
Ich zähle sie nicht.

1. Sie fragen den Freund.
2. Sie studiert die Sprache nicht.
3. Er zählt die Stunden.
4. Ich frage das Mädchen nicht.
5. Wir besuchen die Stadt oft.
6. Ich frage die Studentin nicht.
7. Ich frage den Herrn nicht.

J. *Answer the questions affirmatively in the first person singular, replacing nouns with pronouns.*

Example: Gehen Sie oft ohne die Schwester?
Ja, ich gehe oft ohne sie.

1. Gehen Sie ohne den Freund?
2. Studieren Sie ohne die Freundin?
3. Arbeiten Sie für den Herrn?
4. Arbeiten Sie für die Stadt?
5. Sind Sie gegen den Professor?
6. Antworten Sie für den Studenten?
7. Gehen Sie ohne die Freunde?
8. Antworten Sie für die Mädchen?

K. *Answer the question that follows the initial statement, using a number one higher than the one used in the statement.*

Example: Ich besuche zwei Städte. Wie viele besuchen Sie?
Ich besuche drei Städte.

1. Ich zähle acht Antworten. Wie viele zählen Sie?
2. Ich habe drei Freundinnen. Wie viele haben Sie?

3. Ich habe eine Schwester. Wie viele haben Sie?
4. Ich frage fünf Mädchen. Wie viele fragen Sie?
5. Ich arbeite sieben Stunden. Wie viele arbeiten Sie?
6. Ich zähle neun Städte. Wie viele zählen Sie?
7. Ich gehe sechs Minuten. Wie viele gehen Sie?
8. Ich besuche keinen See. Wie viele besuchen Sie?
9. Ich habe vier Freunde. Wie viele haben Sie?
10. Ich studiere zwei Sprachen. Wie viele studieren Sie?

V. Pronunciation Practice

All words in the pronunciation exercises should be read aloud, first from left to right, then each column from top to bottom.

long **i**	*short* **i**
sieben	finden
der Brief	der Fisch
wir	sitzen
ihr	bitte
das Kino	der Mittag

long **o**	*short* **o**
das Brot	der Gott
ohne	fort
schon	kommen
das Telefon	hoffen
tot	kosten

long **u**	*short* **u**
der Flug	die Kunst
die Uhr	der Luxus
die Schule	der Bund
gut	dumm
nun	dunkel

Vocabulary

der **Brief,** -e letter

das **Gebäude,** - building
das **Studium, Studien** study at a
  university
das **Wort,** -e *or* ⸚er[1] word

die **Uni,** -s university (*colloquial*)

diskutie'ren discuss, argue
glauben believe, think
hören hear
kennen know (*a person, place, or
  thing*)
schreiben write
vergessen forget

eigentlich actual
genau exact
laut loud
natür'lich natural

neu new
richtig correct, right
wenig little (*in amount*)
wichtig important

da there
immer always
manchmal sometimes
mehr more
meist generally, mostly
noch still, yet
nun now
um . . . zu in order to
vielleicht' perhaps

daß that (*conj.*)
ob whether, if
sondern but, instead, on the
  contrary
weil because

Idioms

nicht mehr no more, no longer

noch nicht not yet

Cognates and Compounds

demonstrie'ren
die **Diskussion',** -en
finden
konservativ'
liberal'

die **Politik'**
progressiv'
der **Protest',** -e
protestie'ren
radikal'

die **Reform',** -en
skeptisch
die **Universitäts'reform,**
  -en

---

[1] The plural **Worte** is used for words in context; **Wörter** is used for isolated words or lists of words.

Chapter 3

Word Order

I. Reading

Konservativ oder progressiv?

Bill erzählt:

Aus Chicago schreibt mein Freund John einen Brief: „Bill, du bist nun in Marburg. Die Stadt ist natürlich sehr schön. Aber wer studiert dort eigentlich? Ich höre immer, daß die Universität konservativ ist. Findest du es richtig, da zu studieren?"

Ich lache laut, denn sehr viele Studenten hier sind nicht konservativ, auch nicht liberal, sondern radikal. Also antworte ich John: „Daß die Stadt schön ist, ist richtig. Aber daß die Universität konservativ ist, ist nicht richtig. Die Studenten demonstrieren oft und kennen Marx meist sehr genau. Heute ist die Uni wirklich nicht mehr konservativ."

Manchmal frage ich mich, ob die Universität progressiv ist. Viele glauben das, weil so viele Gebäude neu sind. Auch glauben sie es, weil man das Wort *Universitätsreform* so oft hier hört. Aber ich bin skeptisch; denn Diskussion und Protest sind noch nicht Reform. Wirklich diskutieren die Studenten hier viel, oder sie protestieren. Aber ich glaube, daß sie nur wenig studieren. Ist die Politik vielleicht so wichtig für sie, daß sie manchmal das Studium vergessen?

Die Studenten demonstrieren oft.

II. Grammar

1. Word order in independent clauses:

   a. The most important point to remember about word order in German is that in a simple declarative sentence *the verb is always the second element.* The first element may be either the subject (normal order) or any other element placed at the beginning (inverted order).

   > Normal: Die Studenten **demonstrieren** oft.
   > Inverted: Oft **demonstrieren** die Studenten.

   b. The conjunctions **aber, denn, oder, sondern, und** are not an integral part of the clause and therefore do not affect the word order.

   > Ich besuche ihn oft, denn   I often visit him, for he is my
   > er ist mein Freund.   friend.

c. **Sondern** is used for *but* only after a negative when *but* implies *instead, on the contrary,* and in the expression **nicht nur . . . sondern auch** *not only . . . but also.*

> Die Studenten sind nicht konservativ, **sondern** sie sind radikal.
> Bill arbeitet **nicht nur** viel, **sondern** er schreibt **auch** sehr oft einen Brief.

d. Adverbs never stand between subject and verb (as they often do in English). The beginner in German should follow the rule that *nothing may stand between subject and verb.*

> Ich gehe **oft** um den See. I often walk around the lake.

e. Word order within the predicate:

  (1) Order of objects:
     A personal pronoun object *always* stands directly after the verb, or, in inverted order, directly after the subject.

> Ich besuche **ihn** oft in Deutschland.
> In Deutschland besuche ich **ihn** oft.

  (2) An expression of time precedes an expression of place.

> Ich gehe **jeden Tag** durch I go through the park every day.
> den Park.

  (3) An infinitive stands at the end of the clause and is regularly introduced by **zu.** Normally such an infinitive phrase is set off by a comma.

> Wir vergessen nicht, den We do not forget to write the
> Brief zu schreiben. letter.

If the infinitive implies *in order to,* **um . . . zu** must be used.

> Ich gehe nach Marburg, I am going to Marburg in order
> **um** dort **zu** studieren. to study there.

  (4) Position of **nicht:**
     If **nicht** negates one specific element, it stands immediately before that element.

> Sie ist **nicht** meine Schwester.

If **nicht** negates the entire clause, it usually stands at the end, but often before an expression of place.

> Heike arbeitet heute **nicht.**
> Wir gehen heute **nicht** um den See.

2. Word order in dependent clauses:

a. In clauses introduced by a subordinating conjunction, the verb is moved from its normal position as the second element to the end of the clause. This is called *dependent order.*

Normal: Sie **studiert** jeden Tag fünf Stunden.
Dependent: Ich glaube, daß sie jeden Tag fünf Stunden **studiert.**

The most common subordinating conjunctions are:

als when (*used in past time only.*)	**ob** whether, if
	obwohl although
bevor before	**sobald** as soon as
bis until	**während** while
da as, since (*causal*)	**weil** because
daß that	**wenn** when (*used in present and future time*); if
nachdem after	

In addition, any interrogative (**wer, was, welch-** *which,* **wie, wann** *when,* **warum, wo,** and derivatives) can introduce an indirect question, which is a special type of subordinate clause.

b. Subordinate clauses are always set off by commas.

c. If the subordinate clause stands at the beginning of the sentence, the main clause has inverted order; in other words, the verb is still the second element in the sentence as a whole.

Weil Marburg so romantisch ist, **studiere** ich dort.

III. Exercises

A. Answer orally, after familiarizing yourself thoroughly with "Konservativ oder progressiv?"

1. Wer ist Bills Freund? 2. Wo ist er? 3. Wo sind Sie? 4. Wie ist die Stadt Marburg? 5. Hört John, daß die Universität liberal ist? 6. Warum lacht Bill? 7. Lachen Sie auch oft? 8. Was ist richtig in Johns Brief? 9. Wie ist die Universität Marburg heute nicht mehr? 10. Warum glauben viele, daß die Universität Marburg progressiv ist? 11. Was hört man in Marburg oft? 12. Ist Protest schon Reform? 13. Studieren die Studenten in Marburg viel? 14. Glauben Sie, daß die Studenten *hier* viel studieren? 15. Was ist vielleicht zu wichtig für die Studenten in Marburg? 16. Ist die Politik wichtig für Sie? 17. Was vergessen die Studenten in Marburg manchmal?

Coordinating Conjunctions

B. *Restate the following sentences, beginning with the italicized words.*

1. Du bist *nun* in Marburg.   2. Die Studenten demonstrieren *oft*.
3. Viele glauben *das*.   4. Wir arbeiten *jeden Tag* acht Stunden.
5. Sie kennen *Marx* meist sehr genau.

C. *Connect the following sentences with the conjunctions indicated.*

1. Ich kenne Deutschland nicht. Ich kenne Amerika gut. (aber)
2. Bill Becker ist Amerikaner. Er studiert in Marburg. (und)
3. Sie vergessen das Studium. Die Politik ist so wichtig für sie.
(denn)   4. Heute arbeite ich nicht. Ich besuche meine Freundin.
(sondern)

Subordinating Conjs.

D. *Connect the following sentences with the conjunctions indicated.*

1. Meine Freundin schreibt. Sie studiert in Hannover. (daß)
2. Bill lacht laut. Das ist nicht richtig. (weil)   3. Ich bin oft
skeptisch. Die Studenten protestieren so viel. (weil)   4. Wir
hören sehr oft. Die Universität ist konservativ. (daß)   5. Die
Studenten studieren nur wenig. Die Politik ist so wichtig für sie.
(weil) *only little*

E. *Restate the sentences in Exercise D by beginning each one with the
subordinate clause.*

F. *Complete the following sentences on the basis of the reading text.*

1. Findest du auch, daß . . . .   2. Viele glauben, die Universität
ist progressiv, denn . . . .   3. Weil die Studenten so viel diskutieren, ...   4. Ich bin Amerikaner, aber jetzt . . . .   5. Daß
die Studenten radikal sind, ...

G. *Write in German.*

1. The students don't demonstrate often.   2. Does Bill write that
the students know Marx?   3. I'm studying in Marburg because
the city is very beautiful.   4. Bill is very happy in Hannover
because Heike is there.   5. The professor is not liberal but (on
the contrary) he is conservative.   6. University reform is not new.
7. I hear that they are always discussing it.   8. I'm skeptical, for
protest is not reform.   9. Today (the) studying is no longer
important for them.

IV. Pattern Drills

A. *Restate the following sentences, beginning each one with the last word or phrase and changing the word order as required.*

Example: Er besucht mich wirklich.
Wirklich besucht er mich.

1. Das Mädchen ist hier.
2. Er studiert immer.
3. Wir glauben es jetzt.
4. Die Schwester kennt das.
5. Ich höre das oft.
6. Sie vergessen das Studium.
7. Der Professor lacht manchmal.
8. Die Studenten protestieren laut.

B. *Answer the following questions, beginning each sentence with the word in parentheses.*

Example: Ist der Student radikal? (vielleicht)
Vielleicht ist der Student radikal.

1. Ist die Stadt sehr schön? (natürlich)
2. Ist die Universität nicht mehr konservativ? (heute)
3. Hört man das Wort Reform? (oft)
4. Fragen die Studenten das auch? (manchmal)
5. Ist Bill in Deutschland? (jetzt)
6. Geht Mark durch den Park? (um sechs)
7. Arbeitet Inge vier Stunden? (jeden Tag)
8. Kennen viele Marx sehr genau? (hier)

C. *Combine the following statements by introducing the second one with either* **aber** *or* **sondern** *as required.*

Example: Viele Studenten sind nicht konservativ; sie sind radikal.
Viele Studenten sind nicht konservativ, sondern sie sind radikal.

1. Die Gebäude in Marburg sind meist alt; die Gebäude in Hannover sind meist neu.
2. Man hört das Wort Reform sehr oft; ich bin skeptisch.
3. Nicht meine Schwester studiert in Amerika; meine Freundin studiert dort.
4. Ich habe nicht viel Zeit für die Politik; ich studiere auch nicht viel.
5. Der Professor fragt; die Studentin antwortet nicht.

sondern

6. Nicht die Studentin antwortet; der Freund antwortet.
7. Man hört hier nicht nur Proteste; man hört auch Diskussionen.
only *sondern*

D. *Negate the following sentences by using* **nicht** *in the appropriate position.*

Examples: Ich höre die Antwort.
Ich höre die Antwort nicht.

Für ihn ist das Studium wichtig.
Für ihn ist das Studium nicht wichtig.

1. Sie fragt den Professor.
2. Ich vergesse das Studium.
3. Bill antwortet Heike.
4. Sie kennen Marx.
5. Die Antwort ist richtig.
6. Die Uni ist sehr konservativ.
7. Hier bin ich glücklich.
8. Ich bin glücklich hier.

E. *Restate the following sentences, replacing* **weil** *with* **denn** *and changing the word order accordingly.*

Example: Sie protestieren oft, weil sie zu viel Zeit haben.
Sie protestieren oft, denn sie haben zu viel Zeit.

1. Er hört mich nicht, weil die Studenten so laut sind.
2. Ich kenne das Gebäude nicht, weil es noch ganz neu ist.
3. Sie geht um den See, weil es dort schön ist.
4. Manchmal vergessen wir das Studium, weil wir demonstrieren.
5. Der Professor lacht nicht oft, weil er immer arbeitet.
6. Er besucht heute seine Schwester, weil er Zeit hat.
7. Ich gehe heute nicht in den Park, weil ich zu viel Arbeit habe.
8. Wir sind skeptisch, weil Protest noch nicht Reform ist.

F. *Answer the following questions affirmatively.*

Example: Glaubst du, daß die Universität konservativ ist?
Ja, ich glaube, daß die Universität konservativ ist.

1. Findet er, daß Marburg romantisch ist?
2. Vergessen sie, daß das Studium wichtig ist?
3. Schreibt er, daß er viel arbeitet?
4. Lachst du, weil die Frage dumm ist?
5. Studiert sie dort, weil sie die Stadt romantisch findet?
6. Ist Mark skeptisch, weil Inge oft keine Zeit hat?
7. Ist es richtig, daß Inge in Amerika studiert?
8. Hörst du, daß man hier oft laut diskutiert?

G. *First, connect the following statements, introducing the second with the conjunction given in parentheses. Then restate each sentence, beginning with the subordinate clause and changing the word order as required.*

> *Example:* Ich finde die Stadt romantisch. Sie ist so alt. (weil)
>
> Ich finde die Stadt romantisch, weil sie so alt ist.
> Weil sie so alt ist, finde ich die Stadt romantisch.

1. Wir hören oft. Marburg ist romantisch. (daß)
2. Er ist glücklich. Er studiert in Deutschland. (weil)
3. Ich habe keine Zeit. Ich arbeite heute. (weil)
4. Sie glauben nicht. Ich bin Amerikaner. (daß)
5. Man hört immer. Sie kennen Marx genau. (daß)
6. Ich frage ihn. Ist die Stadt schön? (ob)
7. Er fragt den Freund. Sind viele Gebäude neu? (ob)
8. Wir fragen John. Ist die Uni wirklich ideal? (ob)

V. Pronunciation Practice

Read the words in the pronunciation exercises aloud, first from left to right, then each column from top to bottom.

long ä	*short* ä
der Käfer	Hände
spät	häßlich
Läden	wärmer
die Realität'	das Geschäft
erzählen	länger

long ö	*short* ö
der König	Wörter
schön	völlig
lösen	möchte
mögen	förmlich
fröhlich	plötzlich

long ü

das Gemüse *vegetables*

der Hügel *hill*

fühlen *to feel*

müde *tired*

gemütlich *comfortable*

der Süden *south*

short ü

müssen *must, have to*

die Brücke *bridge*

erfüllen *fulfill*

das Stück *piece*

wünschen *wish*

hübsch *pretty*

Vocabulary

der **Arbeiter, -** worker
der **Schluß, Schlüsse** end, conclusion
der **Staat, -en** state, government
der **Tisch, -e** table

das **Jahr, -e** year
das **Kino, -s** movie theater, movies
das **Lokal', -e** pub, bar, restaurant

die **Diktatur', -en** dictatorship
die **Gruppe, -n** group
die **Prüfung, -en** examination
die **Straße, -n** street

bekommen receive, get
bezahlen pay
danken thank
geben give
helfen help
rufen call
sehen see
sitzen sit

leicht easy; light
möglich possible
teuer expensive

anders different
beide both
darum for that reason
nachher afterwards
schade it's a pity, too bad!
wenigstens at least
wohin where to, where

bei next to, by, with
mit with
nach to (*before names of places*); after; according to
seit (*prep. or conj.*) since
von from, of, about; by (*agent in passive*)
zu to

an at, to, on, onto
auf upon, on, onto
hinter behind
in in, into
neben beside
über over, above; about, concerning (*with acc.*)
unter under, below; among
vor in front of, before; ago
zwischen between

Idioms

es gibt there is, there are
kein . . . mehr no more . . . , not any more . . .

seit Tagen for days

Cognates and Compounds

aktiv'
der **Demokrat', -en, -en**
der **Film, -e**

passiv
das **Semester, -**

das **Studen'tenlokal, -e**
(das) **Südamerika**

Chapter 4

Dative Case

I. Reading

Studieren oder protestieren?

Weil sie Prüfungen haben, finden Inge und Mark seit Tagen keine Zeit, zum See oder in den Park zu gehen. Aber am Abend nach Semesterschluß gehen sie ins Kino und sehen einen Film. Darin protestieren Arbeiter und Stundenten gegen eine Diktatur in Südamerika.

„Schade, daß es uns nicht möglich ist, den Demokraten dort zu helfen", sagt Mark nachher zu Inge. „Sie haben es nicht leicht." Beide sitzen an einem Tisch in einem Studentenlokal und diskutieren mit einer Gruppe von Freunden.

Ein Student antwortet: „Aber die sind wenigstens aktiv! Wir hier in Amerika sind heute viel zu passiv."

„Genau so ist es!" ruft Mark. „Seit Jahren gibt es an den Universitäten keine Proteste mehr. Die Studenten gehen nicht mehr auf die Straße."

„Ist das bei euch in Deutschland anders?" fragt ein Mädchen, und Inge antwortet ihr: „In Deutschland bezahlt der Staat viel für die Universitäten und für die Studenten. Aber nicht immer danken die Studenten dem Staat für die Reformen an den Universitäten. Sie protestieren oft. In Amerika bekommen die Studenten nicht so viel vom Staat, und das Studium ist sehr teuer. Darum arbeitet man hier vielleicht mehr."

II. Grammar

1. Dative forms:

a.

	SINGULAR			PLURAL	
MASC.	NEUT.	FEM.		ALL GENDERS	
dem	dem	der	(to) the	den	(to) the
einem	einem	einer	(to) a, an	—	
keinem	keinem	keiner	(to) not a, no	keinen	(to) not any, no
ihm	ihm	ihr	(to) him, it, her	ihnen	(to) them
wem	—	wem	(to) whom	—	

Am Abend sind sie in einem Studentenlokal und diskutieren.

b. Personal pronouns, first and second person:

	SINGULAR			PLURAL	
mir (to) me	**dir** (to) you		**uns** (to) us	**euch** (to) you	
	Ihnen (to) you			**Ihnen** (to) you	

c. The dative singular of nouns is with few exceptions (see Appendix, pp. 253–255) like the nominative. The ending **-e** on masculine and neuter monosyllables is optional: **dem Freund** or **dem Freunde.** The dative plural of nouns always adds **-n,** if the nominative plural does not end in **-n**: **die Freunde, den Freunden; die Studenten, den Studenten.**

2. Uses of the dative:

   a. As indirect object.

Er schreibt **mir** oft einen Brief.	He often writes me a letter.

   b. After certain prepositions.
   The following prepositions always take the dative:

aus out of, from	**nach** to (*with names of cities and countries*); after; according to
außer besides, except (for)	
bei next to, by, with	**seit** since
mit with	**von** from, of; by (*agent in passive*)
	zu to

   Memorize this list!

   c. After certain verbs: **antworten** *to answer,* **danken** *to thank,* **dienen** *to serve,* **gefallen** *to please,* **gehören** *to belong to,* **gelingen** *to succeed,* **folgen** *to follow,* **helfen** *to help.*

Ich helfe **ihm,** under dankt **mir.**	I help him and he thanks me.

   The verb **glauben** *to believe* requires the dative for persons and the accusative for things or facts.

Ich glaube **ihm** nicht.	I don't believe him.
Ich glaube **das** nicht.	I don't believe that.

3. Relative order of direct (accusative) and indirect (dative) objects:

   a. If both objects are nouns, the indirect object stands first.

Sie geben **dem Studenten** die Briefe.	They give the student the letters. (They give the letters to the student.)

b. If both objects are pronouns, the direct object stands first.

Sie geben **sie** ihm.   They give them to him.

c. If one object is a pronoun and the other is a noun, the pronoun object stands first.

(1) Sie geben **ihm** die   They give him the letters.
Briefe.   (They give the letters to him.)
(2) Sie geben **sie** dem   They give them to the student.
Studenten.

To sum up: the direct object stands *second* if it is a noun, as in *a* and *c* (1); but it stands *first* if it is a pronoun, as in *b* and *c* (2).

4. The following prepositions take the accusative when they express *motion toward* the object of the preposition, i.e., when they answer the question: *to* or *toward* what place? They take the dative when no motion toward the object is expressed, i.e., when they answer the question: *in* or *at* what place?

an at, to; on (when vertical   **neben** beside
position is meant, as *on the wall*)   **über** over, above; about
auf upon, on, onto   **unter** under, below; among
hinter behind   **vor** in front of, before; ago
in in, into   **zwischen** between

Memorize this list!

Sie geht in das Gebäude.   She goes into the building.
Sie arbeitet in dem   She works in the building.
Gebäude.

Note: When the above prepositions are used in a figurative sense, not referring to space, they often take the accusative.

Er erzählt uns viel **über die**   He tells us much about the protests.
Proteste.

5. Prepositions are often contracted with the definite article.

an dem	**am**	auf das	**aufs**	vor das	**vors**
in dem	**im**	bei dem	**beim**	zu dem	**zum**
an das	**ans**	von dem	**vom**	zu der	**zur**
in das	**ins**	vor dem	**vorm**	für das	**fürs**

6. Personal pronouns referring to things are ordinarily not used with prepositions; instead, **da-** is used (or **dar-**, if the preposition begins with a vowel).

Hier ist die Universität; **dane-** ist ein Studentenlokal. Meist sind viele Studenten **darin**.

Here is the university; beside it is a student pub. Generally there are many students in it.

but:

Hier ist mein Freund; ich arbeite mit **ihm**.

Here is my friend; I work with him.

7. Correspondingly, in questions **wo** is used in place of pronouns referring to things.

Wofür danken Sie ihm? Ich danke ihm für den Brief. Ja, ich danke ihm **dafür**.

What do you thank him for? I thank him for the letter. Yes, I thank him for it.

8. When one wishes to place special emphasis on a third person pronoun, the definite article is often used instead of the pronoun.

Aber **die** sind wenigstens aktiv.

But *they* at least are active.

III. Exercises

A. *Answer orally on the basis of* "Studieren oder protestieren?" *Whenever possible replace nouns with pronouns or with* **da**-*compounds.*

1. Warum gehen Inge und Mark seit Tagen nicht in den Park? 2. Wohin gehen sie am Abend nach Semesterschluß? 3. Was sehen sie dort? 4. Wogegen protestieren die Studenten und Arbeiter in dem Film? 5. Was ist schade? 6. Wo sitzen Mark und Inge? 7. Mit wem sitzen sie dort? 8. Sind die Studenten in Amerika heute sehr aktiv in der Politik? 9. Was gibt es in Amerika heute nicht mehr an den Universitäten? 10. Wohin gehen die Studenten nicht mehr? 11. Wofür bezahlt der Staat in Deutschland sehr viel? 12. Wem danken die Studenten dort nicht? 13. Warum arbeiten die Studenten in Amerika vielleicht mehr?

B. Fill in the blanks.

1. D—— Student geht um ein— See.   2. Neben d—— Studenten sitzt ein—— Studentin.   3. Wir gehen durch ein—— Stadt.   4. D—— Freunde sitzen in ein— Gebäude.   5. D—— Gebäude sind schön. 6. Wir gehen aus d—— Stadt in d—— Park.   7. In d—— Park ist ein See.   8. Zwischen d—— Universität und d—— Gymnasium ist ein—— Straße.   9. Ich studiere d—— Sprache seit ein—— Jahr.   10. Gehst du nach d—— Prüfung in—— Kino?   11. Ihr dankt d—— Professor nicht für d—— Prüfung.   12. Mit ein—— Freund sitzt sie an d—— Tisch.   13. D—— Gruppe lacht mit d—— Professor.   14. Heike findet d—— Brief auf d—— Tisch.

C. Change the nouns in italics to pronouns or to **da**-*compounds.*

1. Wir sind jetzt in der *Stadt*.   2. Ich sitze in dem *Park*.   3. Ich höre die *Antwort* von dem *Professor*.   4. Die Deutschen bezahlen nicht genug für das *Studium*.   5. Wir sehen den *See* und die *Parks*.   6. Helfen Sie der *Schwester?*   7. Wir geben dem *Professor* den *Brief*.   8. Er studiert mit dem *Amerikaner* und mit der *Amerikanerin*.   9. Geht ihr heute abend mit den *Studenten?* 10. Im *Studentenlokal* ist es nicht zu teuer.

D. Use each of the following groups of words in a short sentence.

1. Freunde, studieren, in, Gebäude.   2. ich, gehen, zu, Universität.   3. Inge, erzählen, von, Gymnasium.   4. Bill, hören, von, Protest.   5. Mädchen, sitzen, an, Tisch.   6. Schwester, arbeiten, für, Prüfung.   7. kennen, ihr, Gebäude, bei, Park?   8. Freundinnen, danken, ich.   9. gehen, du, oft, zu, er?   10. Heike, schreiben, Brief, an, Professor.   11. Freund, gehen, über, Straße.

E. Write in German.

1. Inge and Mark aren't going into the park.   2. After the exams they go to the movies.   3. There they see a film.   4. The students are against the dictatorship.   5. Often they don't have it easy.   6. It is not possible to help them.   7. In a student pub they discuss the film.   8. In America we are no longer very active. 9. Students in the universities are passive.   10. One does not hear them on the street.   11. (The) studying at a college is expensive here.   12. That's different with you in Germany. 13. There the government pays much to (= for) the students.

IV. Pattern Drills

A. *Change the definite articles to indefinite articles.*

Example: Ich danke dem Freund.
Ich danke einem Freund.

1. Sie geht aus der Stadt.
2. Wir gehen mit dem Mann.
3. Ich sage es dem Studenten.
4. Er sitzt an dem See.
5. Sie diskutiert mit dem Mädchen.
6. Es ist laut in dem Studentenlokal.
7. Wir helfen der Gruppe.
8. Ich gebe es dem Arbeiter.

B. *Answer the following questions affirmatively, using the dative of the first person singular pronoun.*

Example: Arbeitet er bei Ihnen?
Ja, er arbeitet bei mir.

1. Schreibt er Ihnen einen Brief?
2. Erzählt er Ihnen viel?
3. Schreibt er Ihnen oft?
4. Glaubt er Ihnen immer?
5. Geben die Studenten Ihnen die Arbeiten?
6. Helfen die Professoren Ihnen manchmal?

C. *Add prepositional phrases to the following sentences, using the words in parentheses.*

Example: Ich gehe heute.   (aus . . . die Stadt)
Ich gehe heute aus der Stadt.

1. Ich kenne die Sprache.   (seit . . . ein Jahr)
2. Wir besuchen Deutschland.   (mit . . . die Freunde)
3. Sie sitzen dort.   (seit . . . eine Stunde)
4. Jetzt geht sie.   (aus . . . das Gebäude)
5. Bekommen die Studenten zu viel?   (von . . . der Staat)
6. Jeden Abend geht er.   (zu . . . der See)
7. Ich sehe dich nicht oft.   (bei . . . die Arbeit)
8. Wir diskutieren oft.   (nach . . . das Kino)

D. Answer affirmatively, changing nouns to pronouns.

Example: Geht er heute mit dem Freund?
Ja, er geht heute mit ihm.

1. Erzählt er oft von dem Professor?
2. Geht sie heute mit der Studentin?
3. Bekommen wir viel vom Staat?
4. Findet man ihn oft bei Karl?
5. Ist er immer bei der Gruppe?
6. Geht er jetzt zu Heike?
7. Erzählt sie viel von den Demokraten?

E. Answer affirmatively in the first person singular, replacing nouns with pronouns.

Example: Helfen Sie dem Arbeiter manchmal?
Ja, ich helfe ihm manchmal.

1. Helfen Sie der Freundin oft?
2. Danken Sie dem Professor?
3. Antworten Sie dem Amerikaner?
4. Folgen Sie der Gruppe heute?
5. Helfen Sie Karl und Marie jetzt?
6. Glauben Sie dem Assistenzprofessor?
7. Schreiben Sie den Herren manchmal?

F. Change the definite articles to indefinite articles.

Example: Er ist in der Stadt.
Er ist in einer Stadt.

1. Ich gehe an den Tisch.
2. Sie arbeiten in dem Gebäude.
3. Er sitzt an dem Tisch.
4. Der Brief ist auf dem Tisch.
5. Wir gehen in den Park.
6. Wir sind in dem Park.
7. Sie sind vor dem Kino.
8. Sie gehen hinter das Gebäude.
9. Sie sitzt in dem Lokal.

G. *Restate the following sentences, contracting the prepositions with the definite articles.*

Example: Sind die Mädchen in dem Gymnasium?
Sind die Mädchen im Gymnasium?

1. Ist er in dem Gebäude?
2. Sie arbeitet bei dem Amerikaner.
3. Karl geht in das Lokal.
4. Wir sitzen an dem Tisch.
5. Was sehen Sie in dem Film?
6. Sie bekommen es von dem Staat.
7. Ich arbeite für das Gymnasium.
8. Gehst du oft in das Kino?

H. *Form questions, substituting the appropriate **da**-compound for the preposition and noun in each item.*

Example: Er ist hinter dem Gebäude.
Ist er dahinter?

1. Wir arbeiten für die Prüfung.
2. Sie ist nicht gegen die Arbeit.
3. Das Gymnasium ist neben der Uni.
4. Der Brief ist auf dem Tisch.
5. Sie sitzen an dem Tisch.
6. Sie demonstrieren gegen die Diktatur.
7. Sie sind für eine Reform.
8. Sie diskutieren über Politik.

I. *The following sentences describe motion to a place. Rephrase the sentences to express location in that place, beginning each sentence with **nun**.*

Example: Er geht in das Lokal.
Nun ist er in dem Lokal.

1. Er geht in die Universität.
2. Er geht an die Arbeit.
3. Er geht ins Kino.
4. Er geht in die Stadt.

5. Er geht auf die Straße. *nan erter auf dem Strasse*
6. Er geht an den See.
7. Er geht in den Park.
8. Er geht hinter das Gebäude.

J. *Answer affirmatively in the first person singular, replacing nouns either with pronouns or with **da**-compounds as required.*

Examples: Gehen Sie mit dem Studenten?
Ja, ich gehe mit ihm.

Helfen Sie ihm bei der Arbeit?
Ja, ich helfe ihm dabei.

1. Sitzen Sie an dem Tisch? *daran*
2. Sitzen Sie neben einem Freund? *ihm*
3. Gehen Sie mit einer Freundin?
4. Arbeiten Sie mit dem Studenten?
5. Arbeiten Sie für die Prüfung?
6. Demonstrieren Sie für eine Reform?
7. Protestieren Sie gegen die Diktatur?
8. Protestieren Sie mit den Arbeitern?

V. Pronunciation Practice

Read the words in the pronunciation exercises aloud, first from left to right, then each column from top to bottom.

Diphthongs

der **Mai**	laut
bl**ei**ben	gl**au**ben
das B**ei**spiel *example*	der B**au**m *Tree*
die Fr**ei**zeit	**au**ch
dab**ei**	das H**au**s
die Arb**ei**t	**au**f
m**ei**st	**au**s

das Gebäude   teuer
der Verkäufer   neu
Bäume   der Freund
enttäuschen *to disappoint* Euro'pa
Häuser   deutsch

Vocabulary

der **Apparat'**, -e apparatus; telephone
der **Bau**, -ten building
der **Besuch**, -e visit, visitor
der **Bruder**, ⸚ brother
der **Fernsehapparat**, -e TV set
der **Kaffee**, -s coffee
der **Kuchen**, - cake
der **Maschsee** *name of a lake*
der **Nachmittag**, -e afternoon
der **Spazier'gang**, ⸚e walk
der **Vater**, ⸚ father
der **Wagen**, - car, wagon

das **Boot**, -e boat
das **Segel**, - sail
das **Stück**, -e piece
das **Volk**, ⸚er people, nation
das **Zimmer**, - room

die **Fabrik'**, -en factory
die **Krise**, -n crisis
die **Mutter**, ⸚ mother
die **Spazier'fahrt**, -en drive
die **Wirtin**, -nen landlady
die **Woche**, -n week
die **Wohnung**, -en apartment

die **Eltern** (*pl. only*) parents

bitten request, ask
essen eat
fahren drive, ride, travel
lassen let, leave
machen make, do
nehmen take
stehen stand
werden become, get
wohnen live, dwell
wünschen wish

dick fat, thick
froh glad
satt satisfied, full
wahr true

bitte please
dann then
mal = einmal once, just
wann when
wieder again

anstatt instead of
trotz in spite of
während during
wegen on account of, because of
um . . . willen for the sake of

Idioms

einen Spazier'gang (eine Spazier'fahrt) machen take a walk (a drive)
die Fami'lie Brehm the Brehm family

es geht mir gut I am fine
nicht wahr? isn't it so?
noch ein another, an additional
satt werden get enough to eat
zum erstenmal for the first time

Cognates and Compounds

das **Ende**, -n
die **Energie'**, -n
die **Fami'lie**, -n
das **Haus**, ⸚er
kommen

die **Maschi'ne**, -n
die **Maschi'nenfabrik**, -en
der **Mechaniker**, -
modern'

der **Nachmittagskaffee**
das **Telefon'**, -e
der **Volkswagen**, -
das **Wochenende**, -n

Chapter 5

Genitive Case | Imperative | Present Tense of *werden*

I. Reading

Nachmittagskaffee und Wochenendspaziergang

Bill erzählt:

„Herr Becker, kommen Sie bitte ans Telefon! Fräulein Brehm ist am Apparat!" ruft eines Abends meine Wirtin, Frau Gundlach.

„Wann besuchst du uns mal zum Wochenende in Hannover?" fragt mich Heike am Telefon. „Vater und Mutter wünschen auch, daß du kommst."

Am Wochenende bin ich dann wirklich in Hannover und sehe zum erstenmal Heikes Eltern und Heikes Bruder Arno. Herr Brehm arbeitet als Mechaniker in einer Maschinenfabrik. Die Familie wohnt in einem Neubau. Sie haben eine Fünfzimmer-Wohnung. Das Haus und die Wohnung sind sehr modern.

„Trotz der Energiekrise geht es uns gut", sagt Heikes Mutter während des Nachmittagskaffees. „Nicht wahr, Heike und Arno, ihr werdet immer noch satt?" „Ja", lacht Arno, „und wir werden auch ganz schön dick, weil wir so viel Kuchen essen." „Laßt den Kuchen nur stehen! Der wird auch ohne euch nicht alt!" ruft Frau Brehm. Und dann bittet sie mich: „Nehmen Sie noch ein Stück, Herr Becker!" Der Kuchen ist gut, vielleicht zu gut, und darum bin ich froh, daß

Herr Brehm jetzt ruft: „Es wird Zeit, daß wir fahren. Wegen des Besuchs machen wir heute eine Spazierfahrt anstatt eines Spaziergangs."

Zehn Minuten danach sitzen wir in dem Volkswagen der Familie Brehm und fahren zum Maschsee. Am See machen wir dann einen Spaziergang und fahren auch mit einem Segelboot. Am Abend sind wir wieder in Brehms' Wohnung und sitzen noch zwei Stunden vor dem Fernsehapparat.

II. Grammar

1. Genitive forms: *show possession*

a.

| | SINGULAR | | | | PLURAL | |
MASC.	NEUT.	FEM.			ALL GENDERS	
des	des	der	of the	der	of the
eines	eines	einer	of a	—	
keines	keines	keiner	of no, not a	keiner	of no, not any
—	—	—	—	—	
wessen	—	wessen	whose	—	

Note: The genitive of personal pronouns is very rarely used. The forms are given in the Appendix, p. 256.

b. *Feminine nouns* remain unchanged in the singular. *Neuters* and most *masculines* add **-s** or **-es**. (In general, monosyllabic nouns take **-es**, nouns of more than one syllable **-s**.) For exceptions, see Appendix, p. 255, item 3, sample declension of Class IV nouns, and item 4, irregular nouns.

c. Proper names add **-s** (without an apostrophe): **Maries Prüfung**. Names ending in a sibilant add an apostrophe, as do plurals: **Hans' Tisch, Brehms' Wohnung**.

Note: For complete declensions of the articles, see Appendix, p. 252; for the personal pronouns, p. 256.

2. Uses of the genitive:

a. To express possession.

Das ist das Haus **des Professors**.   That is the professor's house.

Note: The order **des Professors Haus** is rarely used in normal speech and writing.

b. After certain prepositions.

anstatt instead of **um . . . willen** for the sake of (a personal
trotz in spite of pronoun used with **um . . . willen** ends
während during in **-t** rather than **-r**: **um ihretwillen** for
wegen because of her sake)

These prepositions traditionally take the genitive, although in contemporary German, the dative is also acceptable.

c. To express indefinite time: **eines Tages, eines Abends**.

3. Present tense of **werden** *to become, get*:

ich werde wir werden
du wirst ihr werdet
er wird sie werden
Sie werden

Die Familie wohnt in einem Neubau und hat eine Fünfzimmer-Wohnung.

4. The *imperative* is used to express a command or request. It is formed by adding to the infinitive stem the following endings:

FAMILIAR SING. **-e** Erzähl**e** mir von Deutschland, Marie!
FAMILIAR PLUR. **-(e)t** Erzähl**t** mir von Deutschland, Hans und Marie!
CONVENTIONAL **-en** Erzähl**en Sie** mir von Deutschland, Herr Professor!

In everyday speech, the -e is commonly dropped (usually without an apostrophe) from the familiar singular imperative: **Komm ins Haus, Marie!**

Note: Exceptions in the formation of the imperative singular are discussed in Chapter 8, sections 4 and 5 of the Grammar.

III. Exercises

A. Answer orally.

1. Wohin ruft Frau Gundlach Bill eines Abends? 2. Wessen Wirtin ist Frau Gundlach? 3. Was ruft sie? 4. Was bittet Heike Bill am Telefon? 5. Wo ist Bill während des Wochenendes? 6. Wen besucht er dort? 7. Wo arbeitet Heikes Vater? 8. Wie viele Zimmer hat die Wohnung der Familie Brehm? 9. Ist die Wohnung alt? 10. Geht es der Familie nicht mehr so gut wegen der Energiekrise? 11. Was glaubt Arno? 12. Ist der Kuchen gut? 13. Warum ist Bill froh? 14. Was macht die Familie anstatt eines Spaziergangs? 15. Worin fahren sie zum Maschsee? 16. Womit fahren sie dort? 17. Wo sind sie am Abend? 18. Wie lange sitzen sie vor dem Fernsehapparat?

B. Fill in the blanks.

1. Während d__ Nachmittag__ machen wir ein__ Spazierfahrt. 2. Ich fahre mit d__ Volkswagen mein__ Vaters. 3. Sitzt du oft vor d__ Fernsehapparat d__ Familie? 4. Anstatt d__ Kino— besucht sie ein Studentenlokal. 5. Die Zimmer in d__ Wohnungen d__ Neubau__ sind modern. 6. Macht ihr d__ Spaziergang wegen d__ Energiekrise? 7. Werden Sie trotz d__ Kuchen__ nicht satt, Herr Becker?

C. Supply appropriate prepositions.

1. Sie fahren __ dem Segelboot. 2. Er besucht eine Freundin — eines Freundes. 3. Wir sagen kein Wort — der Prüfung.

4. Protestiert ihr nicht *gegen* — die Diktatur? 5. *nach* der Prüfung findet er Zeit *für* — einen Spaziergang. 6. *während* — der Zeit der Energiekrise fahren sie nicht oft *John* — dem Wagen.

D. Change the following statements to commands.

1. Heute essen Sie nicht viel Kuchen. 2. Du rufst die Wirtin ans Telefon. 3. Ihr studiert jeden Tag vier Stunden. 4. Sie vergessen die Antwort nicht, Herr Berger. 5. Du zählst die Universitäten in Deutschland.

E. Write in German.

1. During the exam the professor stands at the table. 2. Please go to the phone, Inge. 3. The television set is already getting old. 4. Heike's parents say, "Visit us, Mr. Becker." 5. I don't attend the university because I work in a factory. 6. This is the mechanic's apartment. 7. We eat a lot of cake during the afternoon coffee. 8. You are getting pretty fat, Mr. Berger. 9. Please, Mrs. Gundlach, tell me about the walk at the lake. 10. Heike and Arno, take another piece [of] cake. 11. Instead of the language, I now study the culture. 12. (The) mother is coming instead of (the) father.

IV. Pattern Drills

A. In the following sentences, replace the genitive of the definite article with the genitive of the indefinite article.

Example: Ich gehe in das Haus des Professors.
Ich gehe in das Haus eines Professors.

1. Er kommt aus der Wohnung des Freundes.
2. Wir sehen das Segel des Bootes.
3. Sie fahren mit dem Volkswagen des Studenten.
4. Dies ist der Fernsehapparat des Mechanikers.
5. Sie demonstrieren für die Reform der Universität.
6. Hier ist der Tisch des Mädchens.
7. Die Wirtin des Studenten ist nicht immer froh.
8. Wir hören von dem Protest der Gruppe.

B. *In the following sentences, change the nouns in the genitive to the plural.*

Example: Die Häuser der Stadt sind neu.
Die Häuser der Städte sind neu.

1. Die Antworten des Professors sind richtig.
2. Wir sehen die Segel des Bootes.
3. Die Gruppe besucht die Fabriken der Stadt.
4. Die Zimmer der Wohnung sind modern.
5. Sie zählt die Briefe der Freundin.
6. Heute kommen die Eltern des Studenten.
7. In den Zimmern des Lokals diskutieren die Arbeiter.
8. Ich kenne die Antworten der Frau nicht.

C. *Restate the following sentence, using the noun or pronoun subject suggested.*

Example: Du wirst alt. die Frau?
Die Frau wird alt.

Du wirst alt.
1. ich?	6. ihr?
2. das Mädchen?	7. die Herren?
3. wir?	8. Karl?
4. die Brüder?	9. die Eltern?
5. die Mutter?	10. Sie?

D. *Restate the following sentences, using the genitive of the expressions in parentheses.*

Example: Er sitzt am Tisch. (die Studentin)
Er sitzt am Tisch der Studentin.

1. Er sitzt am Tisch. (der Professor)
2. Er sitzt am Tisch. (die Frau)
3. Er sitzt am Tisch. (das Mädchen)
4. Er sitzt am Tisch. (der Arbeiter)
5. Er sitzt am Tisch. (die Mutter)
6. Er sitzt am Tisch. (die Wirtin)
7. Er sitzt am Tisch. (die Studenten)
8. Dort sehen Sie die Wohnung. (ein Student)
9. Dort sehen Sie die Wohnung. (ein Amerikaner)
10. Dort sehen Sie die Wohnung. (eine Studentin)
11. Dort sehen Sie die Wohnung. (ein Mechaniker)

12. Ich gehe durch die Straßen. (eine Stadt)
13. Wir besuchen die Gebäude. (eine Fabrik)
14. Zählt ihr die Zimmer? (ein Haus)
15. Sie protestieren gegen die Diktatur. (ein Staat)

E. *Give the command* Come into the house! *in German, using the form required for the person or persons being addressed.*

Example: Fräulein Meyer!
Fräulein Meyer, kommen Sie ins Haus!

1. Herr Schmidt!   6. Karl und Marie!
2. Frau Becker!   7. Karl!
3. Herr Professor!   8. Fräulein Klein!
4. Hans!   9. Herr und Frau Brehm!
5. Marie!

F. *Form sentences corresponding to the following model. Use the genitive of the expressions in parentheses.*

Example: Das Haus ist schön. (der Freund)
Das Haus des Freundes ist schön.

1. Die Wohnung ist klein. (die Familie)
2. Die Gebäude sind alt. (die Universität)
3. Die Prüfungen sind wichtig. (das Gymnasium)
4. Keine Straße ist gut. (die Stadt)
5. Die Antwort ist dumm. (der Student)
6. Die Kultur ist nicht alt. (der Staat)
7. Der Kuchen macht dick. (die Frau)
8. Die Zeit ist oft nicht leicht. (das Studium)

G. *Form sentences corresponding to the following pattern, using the preposition* **trotz**.

Example: Es geht uns gut. (die Krise)
Trotz der Krise geht es uns gut.

1. Ich werde nicht dick. (der Kuchen)
2. Er arbeitet nicht. (die Prüfung)
3. Sie protestieren nicht. (die Diktatur)
4. Die Uni ist noch konservativ. (die Reform)
5. Wir vergessen die Politik nicht. (das Studium)
6. Sie gehen in die Fabrik. (der Protest)

H. Answer the following questions corresponding to the following pattern, using the preposition **während.**

Example: Wann arbeitet er vier Stunden? (der Tag)
Während des Tages arbeitet er vier Stunden.

1. Wann sehen wir Norddeutschland? (die Spazierfahrt)
2. Wann besucht er eine Freundin? (das Wochenende)
3. Wann studiert er wenig? (die Proteste)
4. Wann fahren sie nach Hannover? (das Semester)
5. Wann diskutieren wir über Politik? (der Spaziergang)

I. Answer the following questions affirmatively in the first person singular, replacing all nouns with pronouns.

Examples: Helfen Sie dem Studenten oft?
Ja, ich helfe ihm oft.

Geben Sie der Frau den Brief?
Ja, ich gebe ihn ihr.

1. Sehen Sie den Fernsehapparat?
2. Danken Sie dem Arbeiter?
3. Helfen Sie den Demokraten?
4. Schreiben Sie dem Amerikaner?
5. Schreiben Sie oft Briefe?
6. Schreiben Sie dem Amerikaner Briefe?
7. Geben Sie ihr den Kuchen?
8. Bezahlen Sie dem Mädchen den Kuchen?

V. Pronunciation Practice

Read the following words aloud, first from left to right, then each column from top to bottom. **ch**

nicht	dächte	leicht
sich	brächte	gleich
ich	möchte	die Milch
besprechen	Töchter	das Mädchen
unterbrechen	Bücher	München
der Mechaniker	die Küche	solch

acht
die Nacht
flach *flat*
machen
einfach *simple*
brachte *, brought*

doch
die Tochter
noch
gesprochen
mochte
die Woche

das Buch
besuchen
der Kuchen
fruchtbar *fruitful*
brauchen *need*
auch

Vocabulary

der **Einkauf,** ⸚e purchase; shopping
der **Geschäftsführer,** - manager
der **Laden,** ⸚ store, shop (*diminutive* das **Lädchen,** -)
der **Mittag,** -e noon
der **Morgen,** - morning
der **Verkäufer,** - salesman, clerk
der **Vorteil,** -e advantage

das **Brot,** -e bread
das **Brötchen,** - hard breakfast roll
das **Ding,** -e thing
das **Fleisch** meat
das **Geld,** -er money
das **Gemüse,** - vegetable
das **Glück** luck, happiness
das **Leben,** - life

die **Tasche,** -n bag, pocket

die **Lebensmittel** (*pl.*) food, groceries

bleiben remain
denken think

einkaufen shop, buy
kaufen buy
üben practice

bequem comfortable
groß big, large

doch nevertheless, still; surely
etwas something
gern gladly
leider unfortunately
nah(e) near
mittags at noon
nie never
trotzdem nevertheless, in spite of that

dieser this
jener that
mancher many a, some
solcher such (a)
welcher which

da since (*causal conj.*)
wenn when, whenever; if

Idioms

auf englisch (deutsch, *etc.***)** in English (German, *etc.*)
Einkäufe machen go shopping

Glück haben be lucky
recht haben be right
so . . . wie as . . . as

Cognates and Compounds

alle
die **Einkaufsmethode, -n**
die **Einkaufstasche, -n**
(das) **Englisch**
frisch

kosten
das **Lebensmittellädchen, -**
der **Markt,** ⸚e
die **Metho'de, -n**

die **Milch**
praktisch
das **Prinzip', -ien**
der **Supermarkt,** ⸚e

Chapter 6

Possessives and Demonstratives

I. Reading

Einkaufsmethoden

Bill erzählt:

Heike erzählt mir, daß ihre Schwester Inge in Pennsylvanien sehr glücklich ist. Sie findet ihr Leben dort so praktisch und bequem. „Sag deinem Bill nur, daß ich in Amerika bleibe", schreibt sie in einem ihrer Briefe. „Es ist vielleicht richtig, daß sein Marburg romantisch ist, aber das Leben dort ist gar nicht praktisch. Denk nur mal an eure Einkaufsmethoden! Jeden Morgen gehen noch viele Frauen mit ihren Einkaufstaschen von diesem Laden zu jenem Laden. Hier kauft man seine Milch, dort sein Brot und seine Brötchen, auf dem Markt sein Gemüse. Du hast Glück, wenn du mittags wieder in deiner Wohnung bist."

Ich sehe, daß Inge in manchen Dingen recht hat. Für die Hausfrau ist ein solches Einkaufen[1] nicht leicht. Es kostet viel Zeit und leider auch oft viel Geld. Doch hat es auch seine Vorteile; denn Milch,

---

[1] **Das Einkaufen** is the infinitive of **einkaufen** used as a noun. All infinitives can be used in this way and they are always neuter.

Brötchen, Gemüse und Fleisch sind in diesen Läden immer frisch.

Meine Wirtin, Frau Gundlach, ist sehr modern. Sie kauft ihre Lebensmittel nur im Supermarkt. Es gibt einen ganz nah bei unserer Wohnung. Der ist nicht so groß wie die in Amerika, aber doch sehr praktisch. Frau Gundlach sagt, sie findet dort alle ihre Lebensmittel. Trotzdem kaufe ich meine nicht oft dort, weil ich gern mein Deutsch übe und es im Supermarkt keine Verkäufer gibt. Wenn ich etwas zu fragen habe, ist im Supermarkt nur der Geschäftsführer da. Dieser antwortet mir gern — aber er kennt mich schon, und darum antwortet er auf englisch, um sein Englisch zu üben. Da das gegen mein „Nur-Deutsch-Prinzip" ist, mache ich meine Einkäufe meist in Lebensmittellädchen und auf dem Markt.

II. Grammar

1. The possessive adjectives, each corresponding to a personal pronoun, are:

ich	**mein**	my	wir	**unser**	our
du	**dein**	your	ihr	**euer**	your
er	**sein**	his			
sie	**ihr**	her	sie	**ihr**	their
es	**sein**	its			
Sie	**Ihr**	your	Sie	**Ihr**	your

2. The *endings* of the possessive adjectives are like those of **kein**, agreeing with the following noun in gender, case, and number. For example:

N.		**Ihr**	Freund ist hier.
A.	Sie kennt	**ihren**	Freund gut.
D.	Sie schreibt	**ihrem**	Freund einen Brief.
G.	Die Schwester	**ihres**	Freundes ist hier.

N.		**Seine**	Schwester ist hier.
A.	Er kennt	**seine**	Schwester gut.
G.	Er schreibt	**seiner**	Schwester einen Brief.
D.	Der Freund	**seiner**	Schwester ist hier.

Unser may be contracted when inflected: **mit unserem (unsrem, unserm) Vater. Euer** is always contracted: **in eurem Haus**.

Note: The possessive adjectives are extremely important and should be mastered thoroughly both as to meaning and form.

Der Supermarkt nah bei unserer Wohnung ist sehr modern.

3. The demonstrative adjectives **dieser** *this,* **jener** *that* (used chiefly in written, rarely in spoken German), **jeder** *each,* **solcher** *such (a),* **mancher** *many a, some,* and the interrogative adjective **welcher** *which,* have almost exactly the same endings as the definite article.[1] For example:

   N.   **Dieser** Arbeiter, **dieses** Mädchen, **diese** Frau ist hier.
   A. Ich kenne   **diesen** Arbeiter, **dieses** Mädchen, **diese** Frau gut.
   D. Ich gebe   **diesem** Arbeiter, **diesem** Mädchen, **dieser** Frau Geld.
   G. Der Bruder **dieses** Arbeiters, **dieses** Mädchens, **dieser** Frau ist hier.

Plural endings of demonstrative adjectives are exactly like those of the definite article.

---

[1] For paradigms of demonstrative adjectives, see Appendix, p. 255.

Solcher and **mancher** occur mainly in the plural.

Solche (manche) Einkaufsmetho–den sind gar nicht mehr praktisch.	Such (some) shopping methods aren't at all practical anymore.

In the singular, **solch ein (so ein)** or **manch ein** is used.

Solch ein (so ein) Einkaufen ist nicht leicht.	Such shopping isn't easy.
Manch eine Frau geht jeden Tag auf den Markt.	Many a woman goes to the market every day.

Occasionally, **solch** is preceded by **ein** and inflected like a descriptive adjective (see Chapter 12).

Ein solches Einkaufen ist nicht leicht.	Such shopping isn't easy.

4. The demonstrative adjectives may also be used as pronouns.

Die Frauen gehen auf den Markt; **jede** hat eine Einkaufstasche.	The women go to the market; each has a shopping bag.

5. **Dies** uninflected (like **das** uninflected) is often used at the beginning of a sentence to refer to nouns of all genders and numbers.

Dies (das) ist mein Vater.	This (that) is my father.
Dies (das) ist meine Mutter.	This (that) is my mother.
Dies (das) sind meine Freunde.	These (those) are my friends.

6. Possessive adjectives, as well as **ein** and **kein**, may be used as pronouns. When so used, they have the endings of **dieser**.

Mein Vater ist hier, aber **seiner** ist nicht hier.	My father is here, but his is not here.
Die Frau kauft **ihr** Gemüse im Supermarkt, aber Bill kauft **seins (seines)** auf dem Markt.	The woman buys her vegetables in the supermarket, but Bill buys his at the market.

III. Exercises

A. Answer orally.

1. Ist Inge gern in Amerika? 2. Wie findet sie ihr Leben dort?
3. Wie findet sie das Leben in Marburg? 4. Wie finden Sie Ihr

Leben hier in Amerika?   5. Sind alle Einkaufsmethoden in
Marburg praktisch?   6. Womit gehen die Frauen von Laden zu
Laden?   7. Wo kauft man sein Gemüse?   8. Ist es noch
Morgen, wenn die Frauen wieder in ihrer Wohnung sind?   9. Was
kostet ein solches Einkaufen?   10. Sind die Lebensmittel auf
dem Markt oft alt?   11. Warum findet Bill seine Wirtin modern?
12. Wo ist dieser Supermarkt?   13. Warum kauft Bill dort nicht
oft?   14. Wer antwortet gern, wenn Bill fragt?   15. Antwortet
er auf deutsch?

B. *Supply endings where necessary.*

1. Mein— Schwester studiert in Amerika an ein— College.
2. In unser— Stadt ist das Haus ihr— Eltern.   3. Sie kauft ihr—
Lebensmittel in dies— Supermarkt.   4. Es ist euer— Vorteil,
wenn ihr eu— Gemüse auf d— Markt kauft, aber ich kaufe mein—
nicht dort.   5. Wir kennen solch— Methoden nicht in unser—
Staat.   6. Warum dankt ihr eur— Assistenzprofessor nicht für
sein— Antwort?   7. Nicht jed— Prüfung ist so leicht wie dies—.
8. Anstatt ihr— Schwester kommt ihr— Mutter.   9. Mein—
Wohnung ist in dies— Neubau; in jen— ist ein Supermarkt.
10. Ist Ihr— Arbeit immer leicht, Herr Brehm?   11. Mein—
Freundin hat zwei Brüder; jed— von ihn— hat ein— Volkswagen.
12. Dein— Einkäufe sind zu teuer für eur— Familie.   13. Gibt
es kein— Reformen an ihr— Universitäten?   14. Das Fleisch
auf unser— Tisch kostet zu viel.   15. Herr Professor, Ihr—
Studenten protestieren zu viel gegen ihr— Prüfungen.

C. *Supply the possessive adjective corresponding to the subject.*

Example: **Ich** gehe in **meine** Wohnung.

1. Wir sitzen in — Wohnung.   2. Ich sehe — Freund.   3. Der
Student und die Studentin helfen — Assistenzprofessor.   4. Die
Frau kauft — Gemüse im Supermarkt.   5. Der Herr hat —
Geld in — Tasche.   6. Die Frau bekommt — Milch.   7. Die
Schwester bleibt bei — Eltern.   8. Er bezahlt für — Zimmer.

D. *Wherever possible, change all nouns and pronouns in Exercise C*
above to the plural, making other changes as needed.

E. *Replace the nouns in Exercise C with pronouns or with* **da-***compounds.*

F. Supply the correct form of **dein, euer,** *or* **Ihr.**

1. Wo hast du — Brief, Karl? 2. Herr Becker, Sie vergessen —
Prinzip. 3. Hast du — Einkaufstasche, Inge? 4. Arno und
Karl, seht ihr — Vorteil nicht? 5. Wo kaufen Sie — Brötchen,
Herr und Frau Brehm? 6. Ist das — Freund, Fräulein Müller?

G. Write in German.

1. Heike's sister is happy in America. 2. It's possible that she
will stay (= stays) there. 3. In her letter she writes about her
life in Pennsylvania. 4. She knows Marburg and finds it
romantic. 5. But she believes that (the) life there isn't comfortable. 6. She often thinks that (the) shopping in Marburg isn't
very easy. 7. Because the stores are not big, the women go
from this store to that [one]. 8. They buy their milk, their rolls,
and their vegetables. 9. At noon they are again at home (= in
their houses). 10. That isn't easy for the housewives. 11. Such
a shopping method is expensive. 12. The groceries are, however,
always fresh. 13. Bill always has something to ask. 14. The
manager answers him in English; that is against Bill's principle.
15. For that reason he doesn't often go to the supermarket.

IV. Pattern Drills

A. Replace the indefinite articles with **sein.**

Example: Er geht in einen Laden.
Er geht in seinen Laden.

1. Er kennt eine Familie.   4. Er antwortet einem Freund.
2. Er schreibt einen Brief.   5. Er besucht eine Stadt.
3. Er kauft ein Brot.   6. Er findet eine Wohnung.

Replace the indefinite articles with **ihr.**

Example: Sie fragt einen Freund.
Sie fragt ihren Freund.

1. Sie kennt einen Park.
2. Sie besucht ein Lokal.
3. Sie übt für eine Prüfung.
4. Sie kauft ein Brot.

5. Sie hat eine Einkaufstasche.
6. Sie sitzt in einem Boot.
7. Sie steht vor einem Haus.
8. Sie denkt an ein Wochenende.

B. *In the following sentences, replace* **mein** *with* **unser**.

Example: Das ist der Vater meines Freundes.
Das ist der Vater unseres Freundes.

1. Das ist das Geld meines Bruders.
2. Das ist das Zimmer meiner Schwester.
3. Das ist der Fernsehapparat meines Vaters.
4. Das ist ein Freund meiner Schwester.
5. Das ist der Supermarkt meiner Wirtin.
6. Das ist der Kuchen meiner Mutter.
7. Das sind die Briefe meiner Eltern.
8. Das sind die Professoren meiner Universität.

C. *Answer the questions affirmatively in the first person plural.*

Example: Kennen Sie Ihre Stadt gut?
Ja, wir kennen unsere Stadt gut.

1. Ist Ihr Gymnasium modern?
2. Ist Ihre Wirtin am Telefon?
3. Erzählen Sie von Ihrer Prüfung?
4. Kennen Sie Ihren Professor gut?
5. Ist Ihr Haus groß?
6. Kaufen Sie Ihr Gemüse auf dem Markt?
7. Gehen Sie jetzt in Ihr Zimmer?
8. Fahren Sie mit Ihren Eltern?

D. *Replace each definite article with the proper form of* **dieser**.

Example: Die Frau ist meine Mutter.
Diese Frau ist meine Mutter.

1. Wir kennen den Arbeiter.
2. Sie vergessen den Brief nicht.
3. Wir kennen die Frau.
4. Er erzählt von der Prüfung.
5. Sie geht in den Laden.
6. Fahren sie mit den Booten?

diese

7. Die Spazierfahrt ist schön.
8. Sie hat die Tasche nicht.

E. *Answer each question with* **Nein,** *but affirm in the first person plural.*

Example: Sehen Sie sein Haus?
　　　　　Nein, aber wir sehen unser Haus.

1. Sehen Sie seine Schwester?
2. Sehen Sie seinen Vater?
3. Sehen Sie sein Geld?
4. Sehen Sie seinen Freund?

5. Sehen Sie seine Familie?
6. Sehen Sie seine Mutter?
7. Sehen Sie seine Freunde?
8. Sehen Sie seine Arbeiten?

F. *Answer affirmatively.*

Example: Geht es Ihnen gut?
　　　　　Ja, es geht mir gut.

darin — in it

1. Haben Sie manchmal Glück?
2. Antworten Sie Ihrem Professor auf deutsch?
3. Gehen Sie jeden Abend ins Studentenlokal?
4. Sind Sie jeden Tag im Studentenlokal?
5. Arbeitet er seit einem Jahr in der Fabrik?
6. Arbeitet er seit zwei Jahren darin?
7. Macht er jeden Morgen einen Spaziergang?

G. *Answer each question affirmatively, using the possessive adjective corresponding to the subject.*

Example: Dankt er dem Professor?
　　　　　Ja, er dankt seinem Professor.

1. Kauft er die Lebensmittel hier?
2. Kauft sie die Lebensmittel hier?
3. Kaufen wir die Lebensmittel hier?
4. Gehen wir durch den Park?
5. Geht er durch den Park?
6. Denkt sie an die Prüfung?
7. Denken sie an die Prüfungen?
8. Schreiben sie den Schwestern?

the personal pronouns take on the end of the indefinite article.

H. *Answer the questions affirmatively, using* **sein** *or* **ihr** *as required.*

Examples: Ist das Haus des Professors groß?
　　　　　Ja, sein Haus ist groß.

Ist das Haus der Schwester klein?
Ja, ihr Haus ist klein.

1. Ist die Tasche der Frau neu?
2. Ist die Tasche des Mädchens neu?
3. Ist die Arbeit des Mechanikers wichtig?
4. Ist die Arbeit des Studenten wichtig?
5. Ist das Zimmer der Studentin schön?   *Ja, ihr Zimmer ist schön*
6. Ist das Zimmer des Bruders schön?   *Ja, sein " " "*
7. Ist die Frau des Arbeiters dick?
8. Ist das Englisch des Studenten gut?

V. Pronunciation Practice

Read the words aloud, first from left to right, then each column from top to bottom.

initial **b**	*intervocalic* **b**	*final* **b**
der **B**erg	ha**b**en	a**b**holen *t pick up*
bald *soon*	ge**b**en	hal**b**
bitten	a**b**er	lie**b**
das **B**oot	schrei**b**en	star**b**
bekommen	glau**b**en	ga**b**

Read aloud: final **d**:   der Freun**d**   das Lan**d**   das Ba**d**   das Fahrra**d**

Read the words aloud, first from left to right, then each column from top to bottom.

final **g**	*final* **ig**
der Ber**g**	wicht**ig**
der Mitta**g**	fert**ig**
la**g**	der Kön**ig**
der We**g**	wald**ig**
der Sie**g**	lust**ig**

Read aloud: **j**:   **j**a   **j**eder   das **J**ahr   **j**emand

Vocabulary

der **Mann,** ⸚**er**   man, husband

heißen   be called, named
leben   live

fleißig   diligent, hard-working

frei   free
sympa'thisch   likeable

obwohl'   although
solang'e   as long as (*sub. conj.*)

Idioms

per Autostopp   by hitchhiking

ich heiße Bill   my name is Bill

Cognates and Compounds

das **Auto, -s**
die **Biologie'**
bringen
direkt
der **Fan, -s**
die **Freizeit**
die **Germanis'tik**
das **Hobby, -s**

die **Idee', -n**
das **Institut', -e**
interessant'
der **Kapitalist', -en, -en**
der **Kommunist', -en, -en**
lernen
der **Marxist', -en, -en**

die **Philosophie', -n**
der **Profit', -e**
die **Realität', -en**
der **Sport**
das **Studen'tenzimmer, -**
trinken
der **VW*, -s**

---

* For pronunciation of letters of the alphabet, see Introduction, p. ix.

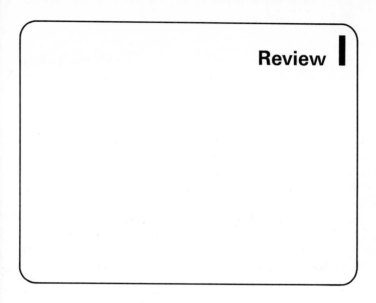

Review **I**

I. Reading

Heikes Glück und Bills Profit

„Bill besucht uns jetzt an manchen Wochenenden in Hannover",
schreibt Heike an ihre Schwester Inge in Pennsylvanien. „Vater findet
ihn sympatisch und diskutiert oft mit ihm — natürlich auf deutsch;
Arno sagt, er ist sein Freund, weil er ein VW-Fan ist und Bill in Amerika
auch einen VW hat, und Mutter findet ihn interessant."

Bill sitzt in Marburg am Tisch seines Studentenzimmers und schreibt
seinem College-Professor in Chicago: „Von Zeit zu Zeit fahre ich nach
Hannover; leider nicht mit meinem Auto, denn ich habe hier keins.
Also fahre ich oft per Autostopp, weil das kein Geld kostet. In
Hannover wohnt meine Freundin. Sie heißt Heike Brehm und ist
Studentin der Biologie. Sagen Sie jetzt bitte nicht: O Bill, studieren
Sie, solange Sie in Deutschland sind, und besuchen Sie Ihre
Freundinnen, wenn Sie wieder in Amerika sind! Nein, nein, Herr
Professor, das ist nicht richtig. Denn ich sehe, höre und lerne mehr,
wenn ich Heikes Eltern und ihren Bruder in Hannover besuche. Ich
sehe, wie diese Familie lebt, wie sie arbeitet, wie sie wohnt, was sie
während ihrer Freizeit macht. Hannover und Norddeutschland sind
heute für mich schon viel mehr als nur Namen. Natürlich studiere ich

auch fleißig, oft sechs oder sieben Stunden am Tag; ich gehe auch viel ins Institut für Germanistik, und manchmal diskutiere ich mit anderen Studenten der Universität.

In meinem Haus direkt unter mir wohnt ein Student der Philosophie, der ist Marxist. Ich finde ihn sehr interessant, da er in seinen Ideen radikal, in der Realität aber konservativ ist. Hören Sie nur, Herr Professor, dieser Mann sagt, daß er Kommunist ist, obwohl er wie ein Kapitalist lebt! Immer wenn Studenten protestieren, ist er dabei; aber er hat einen Mercedes Sportwagen, und seine Hobbys sind Einkaufen, Essen und Trinken.

Glauben Sie mir, mein Leben und mein Studium hier bringen mir sehr, sehr viel Profit, und darum danke ich Ihnen; nur durch Sie ist es mir heute möglich, hier in Marburg zu studieren. Ich danke aber auch den Brehms für meine Wochenenden in Hannover."

Von Zeit zu Zeit fahre ich per Autostopp, weil das kein Geld kostet.

II. Grammar

1. The following table shows all the case forms of the definite article and of **kein** in the same order in which you have studied them.

	M.	N.	F.	PL.		M.	N.	F.	PL.
N.	der	das	die	die		kein	kein	keine	keine
A.	den	das	die	die		keinen	kein	keine	keine
D.	dem	dem	der	den		keinem	keinem	keiner	keinen
G.	des	des	der	der		keines	keines	keiner	keiner

2. The table below points up the many identical endings in the case forms.

	M.	N.	F.	PL.		M.	N.	F.	PL.
N.	der	das	die	die		kein	kein	keine	keine
A.	den	das	die	die		keinen	kein	keine	keine
D.	dem	dem	der	den		keinem	keinem	keiner	keinen
G.	des	des	der	der		keines	keines	keiner	keiner

3. For a listing of the genders and cases in the traditional order, as used, e.g., in Latin grammars, see Appendix, p. 252.

4. See Appendix, pp. 253–255, for a summary of the formation of noun plurals. This summary should be consulted frequently, as it can give you valuable help in learning noun plurals.

III. Exercises

A. After consulting the section on noun plurals in the Appendix (pp. 253–255), arrange the nouns in the vocabularies of Chapters 1 to 6 and Review I according to their class, grouping them according to gender within each class. List separately those having an irregular plural, and omit those having no plural.

B. Answer orally.

1. An wen schreibt Heike einen Brief? 2. Was macht Bill an manchen Wochenenden? 3. Wer findet Bill sympathisch? 4. Wie diskutiert Bill mit dem Vater? 5. Hat Bill in Amerika einen Wagen? 6. Hat die Familie Brehm auch ein Auto? 7. Wo sitzt Bill? 8. Was macht er da? 9. Wem schreibt er? 10. Wo ist Hannover? 11. Wie kommt Bill von Marburg nach Hannover? 12. Ist das teuer für ihn? 13. Was studiert Bills Freundin? 14. Was sagt jetzt vielleicht Bills Professor? 15. Warum findet Bill das nicht richtig? 16. Arbeitet Bill zu wenig für sein Studium? 17. Mit wem diskutiert er manchmal? 18. Wer wohnt in Bills Haus? 19. Warum findet Bill ihn interessant? 20. Wie lebt dieser Student? 21. Was macht er, wenn Studenten protestieren? 22. Hat er ein Auto? 23. Was sind Einkaufen, Essen und Trinken für ihn? 24. Warum dankt Bill seinem Professor? 25. Wofür dankt er den Brehms?

C. Change each **dieser**-*word to the indefinite article. In the case of plurals, omit the indefinite article.*

1. Dieser Brief ist auf diesem Tisch. 2. Diese Universität ist in dieser Stadt. 3. Dieses Mädchen kennt jeden Supermarkt. 4. Jede Fabrik hat solche Maschinen. 5. Diese Diktatur ist nicht gut. 6. Wir sehen jenen See. 7. Wir sehen jeden Film. 8. Ich sitze an diesem Tisch. 9. Ich gehe mit diesen Freunden. 10. Jeder Sportwagen ist teuer. 11. Jedes Brötchen ist frisch. 12. Diese Familie wohnt in diesem Neubau. 13. Jenes Gebäude ist modern. 14. Diese Prüfung ist nicht leicht. 15. Dieses Stück Kuchen macht dich nicht dick. 16. Er arbeitet für jene Reformen. 17. Manche Idee ist nicht dumm. 18. Jede Wirtin ruft mich ans Telefon.

D. Change the nouns in sentences 1 and 3–17 in Exercise C to personal pronouns or, where required, to **da**-*compounds.*

E. Supply the possessive adjectives corresponding to the subject of the sentence.

1. Hans geht mit — Vater, — Bruder, — Schwester und — Mutter. 2. Diese Gruppe diskutiert in — Studentenlokal.

3. Heike und Arno machen oft mit — Eltern einen Spaziergang.
4. Von — Wohnung sehen wir — Gymnasium.   5. Wir haben
— Haus schon lange.   6. Jede Kultur hat — Krise.   7. Die
Wirtin bringt — Studentinnen einen Kuchen.   8. Der Mechaniker arbeitet während — Freizeit.   9. Der Student glaubt,
daß — Sportwagen schön ist.   10. Die Hausfrauen vergessen —
Einkaufstaschen nie.   11. Glaubst du, daß — Uni konservativ ist?

F. Supply an appropriate preposition for each blank.

1. Die Freunde fahren — ihrem Volkswagen.   2. Bill besucht
Heike — jedem Wochenende.   3. Unser Haus ist nah — der
Fabrik.   4. Der Mann geht — den Park und dann — den See.
5. Die Straße ist — dem Markt und der Universität.   6. Ich
protestiere — seine Ideen.   7. Inge sitzt — ihren Freunden —
einem Tisch.   8. In der Wohnung — Bill wohnt ein Mann —
einem Sportwagen.   9. Sie sehen das Segelboot — dem See.
10. Weil ich Kapitalist bin, bin ich — den Profit.   11. Sagen Sie
das nicht — englisch, denn das ist — mein Prinzip!   12. Die
Lebensmittel — dem Markt sind immer frisch.

*G. Form short sentences from the following groups of words, using
possessive adjectives whenever possible.*

1. er, danken, Freund, für, Besuch.   2. er, sitzen, zwischen,
Freunde.   3. sie, sitzen, an, Tisch.   4. ich, sein (*verb*), in,
Wohnung.   5. wir, helfen, Freund.   6. Bill, gehen, zu, Professor.
7. wir, fahren, in, Stadt.   8. sie, wohnen, in, Fünfzimmer-
Wohnung.   9. ihr, finden, Brief, auf, Fernsehapparat.   10.
Vater, Spaziergang, machen, mit, Frau.   11. sie, protestieren,
gegen, Politik.   12. du, trinken, zu viel, in, Studentenlokal.
13. wegen, Hobby, ich, vergessen, Studium.   14. während,
Freizeit, er, sein (*verb*), nicht glücklich, ohne, Kino.

H. Form short sentences beginning with the following expressions.

1. manchmal   2. jeden Tag   3. eines Abends   4. heute abend
5. mittags   6. seit einem Jahr   7. dort   8. schade   9. es gibt
10. zum erstenmal   11. solange

I. *Give the nominative singular, nominative plural, and dative plural with the appropriate definite article for each of the following nouns.*

Mädchen, Professor, Antwort, Sprache, Freund, Amerikaner, Tag, Schwester, Abend, Zeit, Stunde, Park, See, Reform, Gebäude, Wort, Stadt, Studium, Protest, Kino, Jahr, Prüfung, Straße, Film, Tisch, Staat, Gruppe, Telefon, Neubau, Fabrik, Wirtin, Vater, Wohnung, Bruder, Zimmer, Maschine, Fernsehapparat, Mutter, Kuchen, Nachmittag, Wochenende, Morgen, Prinzip, Laden, Tasche, Brötchen, Methode, Vorteil, Haus, Ding, Einkauf

J. *Review the reading selections in Chapters 3, 4, 5, and 6 and in Review I, then write from memory or give orally at least 10 sentences about the situations described.*

K. *Write in German.*

1. Bill is an American; he now lives in Germany.   2. He studies German in Marburg.   3. His (girl) friend lives in Hannover. 4. That is a city in northern Germany.   5. Her name is Heike Brehm, and she is a student.   6. She studies biology and works diligently.   7. The university in Marburg is no longer conservative.   8. Some find it progressive, because many buildings are modern.   9. But that is not quite correct, as many students are too radical.   10. They demonstrate against many things, but they sometimes forget to work.   11. Bill writes to his professor: "I know a student of (the) philosophy.   12. He thinks that he is a Marxist.   13. His car is very expensive.   14. I believe that he is a capitalist."   15. Heike often asks Bill to come to Hannover. 16. Her father works in a machine factory.   17. The Brehm family has an apartment in a new building.   18. They drive a Volkswagen.   19. Heike's sister Inge is a student at a college in Pennsylvania.   20. She wishes to stay in America.   21. Every morning the women in Marburg go into the city with their shopping bags.   22. They buy their meat and their milk there.   23. There are too many (little) stores.   24. Heike knows her sister very well. 25. She writes her: "Visit Marburg when you are here again. 26. It is very romantic, and it has many advantages.   27. Don't study too much. Your sister Heike."

IV. Pattern Drills

(*Review I–A*)

A. *Answer the questions affirmatively, using the possessive adjective corresponding to the subject.*

Example: Gehen wir in ein Studentenlokal?
Ja, wir gehen in unser Studentenlokal.

1. Übt er für eine Prüfung?
2. Übt sie für eine Prüfung?
3. Üben wir für eine Prüfung?
4. Üben die Studenten für eine Prüfung?
5. Arbeitet der Mann für eine Familie?
6. Arbeitet die Frau für eine Familie?
7. Arbeiten wir für eine Familie?
8. Arbeiten die Männer für eine Familie?

B. *Proceed as in Drill A.*

Example: Kommt sie von der Arbeit?
Ja, sie kommt von ihrer Arbeit.

1. Sagt er es der Freundin?
2. Sagt sie es der Freundin?
3. Sagen wir es der Freundin?
4. Sagen die Schwestern es der Freundin?
5. Kommt der Mann aus der Stadt?
6. Kommt die Frau aus der Stadt?
7. Kommen wir aus der Stadt?
8. Kommen die Eltern aus der Stadt?

C. *Answer the following questions in the first person singular, using the nouns in parentheses.*

Example: Wovon leben Sie? (meine Arbeit)
Ich lebe von meiner Arbeit.

1. Mit wem gehen Sie? (mein Vater)
2. Zu wem fahren Sie? (mein Bruder)
3. Wovon erzählen Sie? (mein Spaziergang)
4. Womit bezahlen Sie? (mein Geld)

    5. Bei wem essen Sie? (meine Mutter)
    6. Von wem kommen Sie? (meine Schwester)
    7. Woraus kommen Sie? (mein Studentenlokal)
    8. Zu wem fahren Sie? (meine Eltern)

D. *Answer* **Nein** *to the following questions, but add a clause with the verb* **gehen**, *showing motion to the place mentioned.*

    Example: Ist er in der Stadt?
                Nein, aber er geht in die Stadt.

    1. Ist er in dem Zimmer?
    2. Ist er in der Fabrik?
    3. Ist er am Telefon?
    4. Ist er auf der Straße?
    5. Ist er in dem Park?
    6. Ist er auf dem Markt?
    7. Ist er an der Arbeit?
    8. Ist er hinter dem Gebäude?

E. *Answer the questions affirmatively, placing the expressions in italics at the beginning.*

    Example: Kommt er *manchmal* zu uns?
                Ja, manchmal kommt er zu uns.

    1. Geht er *oft* in die Stadt?
    2. Geht diese Frau *jeden Morgen* auf den Markt?
    3. Fahren wir mit dem Wagen *nach Marburg*?
    4. Fahren wir *mit unserem Wagen* nach Marburg?
    5. Fahren wir *trotz der Energiekrise* nach Deutschland?
    6. Gehen Sie *mittags* in ein Lokal?
    7. Kommen seine Freunde *heute abend*?
    8. Besuchen Sie Ihre Schwester *in der Stadt*?

F. *Join each pair of sentences, using the conjunction given in parentheses.*

    Example: Ich mache einen Spaziergang. (weil) Ich habe viel Zeit.
                Ich mache einen Spaziergang, weil ich viel Zeit habe.

    1. Sie kaufen so viel. (obwohl) Sie haben wenig Geld.
    2. Ich kenne die Stadt gut. (weil) Ich bin oft hier.
    3. Er schreibt dem Freund. (daß) Er arbeitet immer.
    4. Sie fragt mich. (ob) Ich studiere Germanistik.

5. (obwohl) Die Stadt ist modern. Ich finde sie romantisch.
6. (weil) Ich studiere fleißig. Ich lerne viel.
7. (daß) Du bist Amerikaner. Ich glaube nicht.
8. (ob) Sie arbeitet heute. Ihr Freund fragt.

G. *Answer each question affirmatively, replacing the definite or indefinite article in the genitive with the possessive adjective corresponding to the subject.*

Example: Hat er das Auto des Freundes?
Ja, er hat das Auto seines Freundes.

1. Hat er den Brief eines Freundes?
2. Hat sie den Brief eines Freundes?
3. Haben wir den Brief eines Freundes?
4. Haben sie den Brief eines Freundes?
5. Fragt er den Mann der Wirtin?
6. Fragt sie den Mann der Wirtin?
7. Fragen wir den Mann der Wirtin?
8. Fragen sie den Mann der Wirtin?

H. *Change the following sentences to the plural.*

Example: Meine Freundin ist hier.
Meine Freundinnen sind hier.

1. Der Abend ist schön.
2. Der Tag ist lang.
3. Das Mädchen ist noch klein.
4. Diese Kultur ist schon alt.
5. Die Zeit ist nicht gut.
6. Dieses Wort kennen sie gut.
7. Meine Prüfung ist leicht.
8. Unsere Straße ist lang.
9. Ihr Brötchen ist frisch.
10. Diese Fabrik ist modern.
11. Ihre Wirtin ist nicht dumm.

(*Review I–B*)

A. *Answer affirmatively, using the possessive adjective corresponding to the subject.*

Example: Bringt sie das Geld?
Ja, sie bringt ihr Geld.

1. Kennt er die Wirtin?
2. Kennen wir die Wirtin?
3. Kennt sie die Wirtin?
4. Kennen die Studenten die Wirtinnen?
5. Übt sie in der Freizeit Deutsch?
6. Üben wir in der Freizeit Deutsch?
7. Üben die Studenten in der Freizeit Deutsch?
8. Hat sie eine Tasche?
9. Haben wir eine Tasche?
10. Haben die Frauen eine Tasche?

B. *Replace each definite article with the correct form of* **solcher**.

Example: Die Frauen haben es nicht leicht.
           Solche Frauen haben es nicht leicht.

1. Die Arbeit ist leicht.
2. Der Kaffee ist immer gut.
3. Ich esse das Brot nicht.
4. Die Menschen kenne ich nicht.
5. Die Studenten sind fleißig.
6. Das Einkaufen kostet viel Geld.

C. *Answer* **Nein** *to the following questions, but add a statement showing motion to the place mentioned.*

Example: Ist er in einem Haus?
           Nein, aber er geht jetzt in ein Haus.

1. Ist er an einem See?
2. Ist er in einem Zimmer?
3. Ist er in einer Stadt?
4. Ist er in der Wohnung?
5. Ist er vor dem Kino?
6. Ist er an der Maschine?
7. Ist er vor der Gruppe?

D. *Join each pair of sentences, using the conjunction given in parentheses.*

Examples: Mein Freund geht ins Kino. (aber) Ich arbeite heute.
            Mein Freund geht ins Kino, aber ich arbeite heute.

            Ich gehe ins Kino. (obwohl) Ich habe eine Prüfung.
            Ich gehe ins Kino, obwohl ich eine Prüfung habe.

1. Er hat kein Hobby. (denn) Er hat keine Zeit.
2. Sie studiert fleißig. (aber) Sie ist leider dumm.
3. Wir nehmen ein Boot. (und) Wir machen eine Spazierfahrt.
4. Sie fragen uns nicht. (obwohl) Wir antworten ihnen gern.
5. Ich wohne bei einem Freund. (wenn) Ich besuche Deutschland.
6. Er findet es interessant. (daß) Viele Studenten sind radikal.
7. Sie studiert Deutsch. (wenn) Sie geht auf die Uni.
8. Sie protestieren oft. (weil) Sie haben vielleicht zu viel Zeit.

E. *Restate the following sentences, placing the subordinate clause first and changing the word order as required.*

Example: Er kommt ins Haus, wenn es Abend wird.
Wenn es Abend wird, kommt er ins Haus.

1. Ich fahre nicht nach Marburg, obwohl ich die Stadt romantisch finde.
2. Sie glauben mir nicht, daß ich Kommunist bin.
3. Sie hat nicht viel Freizeit, weil sie so fleißig ist.
4. Wir hören oft, daß die Studenten radikal sind.
5. Man findet ihn nicht sympathisch, weil er wenig lacht.
6. Bill kauft viel, wenn er auf den Markt geht.
7. Ich höre den Professor, obwohl es so laut ist.
8. Wir besuchen unsere Freunde, wenn wir wieder in Amerika sind.

F. *Answer affirmatively, using* **ihr** *or* **sein** *as required.*

Examples: Ist das Zimmer des Bruders groß?
Ja, sein Zimmer ist groß.

Ist das Zimmer der Schwester groß?
Ja, ihr Zimmer ist groß.

1. Ist die Antwort des Studenten richtig?
2. Ist die Antwort der Studentin richtig?
3. Ist das Haus des Professors groß?
4. Ist das Haus dieser Frau groß?
5. Ist die Frage des Studenten dumm?
6. Ist die Frage der Studentin dumm?
7. Ist die Freundin der Schwester interessant?
8. Ist der Wagen des Arbeiters klein?

G. *Restate the following sentences, beginning with* **dies** *and replacing the second noun with a possessive pronoun.*

Example: Dieser Brief ist sein Brief.
Dies ist seiner.

1. Dieses Haus ist mein Haus.
2. Dieser Wagen ist unser Wagen.
3. Dieser Brief ist dein Brief.
4. Dieser Tisch ist ihr Tisch.
5. Dieses Lokal ist unser Lokal.
6. Dieses Institut ist ihr Institut.
7. Dieser Kaffee ist mein Kaffee.
8. Dieses Telefon ist mein Telefon.

H. *Answer affirmatively in the first person singular.*

Example: Arbeiten Sie jeden Tag acht Stunden?
Ja, ich arbeite jeden Tag acht Stunden.

1. Geht es Ihnen manchmal gut?
2. Haben Sie oft recht?
3. Arbeiten Sie ganz schön viel?
4. Kennen Sie die Familie Brehm?
5. Kommen Sie jeden Tag in dieses Zimmer?
6. Sind Sie heute zum erstenmal hier?
7. Essen Sie noch ein Stück von diesem Kuchen?
8. Machen Sie oft Einkäufe?

V. Pronunciation Practice

(*Review I–A*)

Read aloud:

l: lieben   leben   laufen   halten   alle   soll   viele   klein

ng: singen   der Finger   Zeitungen   anfangen   jünger

r: das Brot   groß   froh   die Regel   reisen   rufen   der Park   kurz
das Werk   die Art   sehr   nur   der Herr

(Review I–B)

Read aloud:

s *before a vowel:* sollen also die Krise die Musik' reisen sagen

s *initial before* **p** *or* **t**: der Sport das Spiel der Spazier'gang sprechen
stehen der Stuhl sterben die Stadt

z *and* **tz**: zehn die Zone zwischen die Zeit erzählen ganz
die Information' funktionie'ren der Platz die Katze letzt

Vocabulary

der **Monat, -e**   month

das **Kind, -er**   child

die **Frage, -n**   question
die **Heimat, -en**   home (country or town)

brauchen   need
dürfen   be allowed to, may (*permission*)
erfahren   experience; find out, learn
fühlen   feel
können   can, be able to
mögen   like; may (*possibility*)
müssen   must, have to

sollen   be supposed to, be to, shall
sprechen   speak, talk
verstehen   understand
wissen   know (*facts*)
wollen   want to, intend to, will

hoch   high
plötzlich   sudden
schwer   heavy; difficult
sicher   sure, certain

allein   alone
besonders   especially
damit'   so that (*conj.*)
endlich   finally
nichts   nothing

Idioms

eine Antwort auf (*acc.*)   an answer to
das geht nicht   that's not possible
gern haben, gern mögen   like

gern tun (arbeiten)   like to do (to work)
ich (er) möchte   I (he) would like
mit der Zeit   with time

Cognates and Compounds

attraktiv'
die **Demokratie', -n**
(das) **Euro'pa**
der **Europä'er, -**
fasziniert'

der **Konflikt', -e**
der **Lebensstandard, -s**
das **Motto, -s**
die **Perspekti've, -n**
der **Plan, ∸e**

das **Problem', -e**
das **Resultat', -e**
die **USA**   (*pl.*)
vierhundertachtzig

Chapter 7

Present Tense
of Modal Auxiliaries and *wissen*
Numerals

I. Reading

Amerika für immer?

„Ich sehe es schon kommen, daß du wirklich für immer in Amerika bleibst", steht in einem Brief Heikes an ihre Schwester. „Aber unseren Eltern darfst du davon noch nichts schreiben. Du weißt, wie schwer sie arbeiten, damit wir Kinder studieren können. Natürlich wollen sie die Resultate unseres Studiums hier in Deutschland sehen und nicht in Amerika."

„In diesen Monaten", antwortet Inge, „lerne ich wirklich verstehen, was ein Konflikt ist. Ich kenne Amerika schon ganz gut, und ich kann noch immer sagen, daß ich von dem Land fasziniert bin. Man mag von den USA denken, was man will: Trotz aller Probleme kann man hier gut leben — und nicht nur wegen des Lebensstandards. Das Motto ,leben und leben lassen' ist hier genau so wichtig. Aber ich fühle doch, daß ich mit der Zeit skeptisch werde, weil ich aus der Perspektive Amerikas endlich auch die Vorteile Europas sehen lerne. Soll Amerika wirklich meine Heimat werden? Ich muß mehr Zeit haben, um das ganz sicher zu wissen."

Natürlich möchte auch Mark, Inges Freund, etwas über ihre Pläne erfahren. „Du brauchst nicht wieder nach Deutschland zu gehen, wenn du nicht willst", sagt er. „Oder magst du Amerika nicht so gern wie Europa?"

„Das ist nicht so leicht zu sagen, wie du vielleicht denken magst", antwortet Inge. „Seit über 480 Jahren kommen Europäer nach Amerika, und alle müssen eine Antwort auf die Frage finden, ob sie für immer in Amerika leben wollen. Für die Deutschen ist das heute besonders schwer, da ihr Lebensstandard auch hoch und Deutschland endlich eine Demokratie ist."

„Ich weiß", sagt Mark, „daß viele von ihnen wieder nach Europa wollen. Sie finden Deutschland plötzlich wieder attraktiv. Aber ich möchte, daß du hier bleibst, Inge. Kann ich dir nicht helfen, eine Antwort auf die Frage zu finden, ob Amerika deine Heimat werden soll?"

Inge muß lachen. „Das geht leider nicht. Die Antwort muß und kann ich ganz allein finden."

Deutschland oder Amerika? Inge lernt verstehen, was ein Konflikt ist.

II. Grammar

1. The modal auxiliaries are:

dürfen	be allowed to, may (*permission*)
können	can, be able to
mögen	like, like to; may (*possibility*)
müssen	must, have to
sollen	be supposed to, shall, be to
wollen	want to, intend to, will

2. Conjugation of present tense. Note irregularities in singular.

ich	**darf**	**kann**	**mag**	**muß**	**soll**	**will**
du	**darfst**	**kannst**	**magst**	**mußt**	**sollst**	**willst**
er	**darf**	**kann**	**mag**	**muß**	**soll**	**will**
wir	dürfen	können	mögen	müssen	sollen	wollen
ihr	dürft	könnt	mögt	müßt	sollt	wollt
sie	dürfen	können	mögen	müssen	sollen	wollen

Note: ich **möchte (-est, -e, -en, -et, -en)** are subjunctive forms meaning *would like* (see p. 272).

3. As with their English counterparts, **zu** *to* is not used with infinitives following modals.

Ich kann gehen.	I can go.

The same rule applies to the verbs **fühlen, hören, lassen, sehen,** and usually to **lernen.**

Ich höre ihn kommen.	I hear him come.
Ich lasse ihn gehen.	I let him go.

4. Often an infinitive, usually (*to*) *do* or (*to*) *go*, is understood after a modal without being expressed.

Ich kann es nicht.	I can't do it.
Viele wollen nach Europa.	Many want to go to Europe.

5. Note that while many of the modal forms do not exist in English (e.g., no infinitive or past participle of *can* or *must*), the modals are complete with all forms in German.

6. The chief difficulty in modals lies in their meanings. As in English, there is some overlapping in meaning among them, but it will be

observed that they never deviate far from the basic meanings given above. Whenever a modal is encountered in reading, it should be carefully analyzed to determine its meaning as precisely as possible.

7. Like the modals, the verb **wissen** *to know* is irregular in the present singular:

ich **weiß**	wir wissen
du **weißt**	ihr wißt
er **weiß**	sie wissen

German has two words for English *to know*. **Kennen** is used with persons and generally with things; **wissen** is used with facts.

Ich **kenne** diesen Mann gut, aber ich **weiß** nicht, wo er ist.

I know this man well, but I don't know where he is.

8. Numerals:

elf	eleven	**einundzwanzig**	twenty-one
zwölf	twelve	**dreißig**	thirty
dreizehn	thirteen	**vierzig**	forty
vierzehn	fourteen	**fünfzig**	fifty
fünfzehn	fifteen	**sechzig**	sixty
sechzehn	sixteen	**siebzig**	seventy
siebzehn	seventeen	**achtzig**	eighty
achtzehn	eighteen	**neunzig**	ninety
neunzehn	nineteen	**(ein)hundert**	(one) hundred
zwanzig	twenty	**(ein)hundertzehn**	(one) hundred and ten
		(ein)tausend	(one) thousand
eine Million'	one million		
eine Milliar'de	one billion		

In writing numbers, German generally uses a comma where English uses a decimal point: **1,25 (eins Komma zwei fünf)** for English 1.25.

III. Exercises

A. Give the English for each of the modal auxiliaries in "Amerika für immer?" America for always.

B. Answer orally.

1. Was darf Inge ihren Eltern noch nicht schreiben? 2. Warum *why* müssen Inges Eltern schwer arbeiten? *must Inge's Parents work hard?* 3. Müssen Sie auch viel *must she also work a lot.*

arbeiten? 4. Was lernt Inge jetzt wirklich verstehen? 5. Was
sagt sie über die USA? 6. Können Sie das auch sagen?
7. Welches Motto ist in Amerika sehr wichtig? 8. Weiß Inge
schon, ob sie für immer in Amerika bleiben will? 9. Muß Inge
wieder nach Deutschland, wenn sie es nicht möchte? 10. Mögen
Sie Europa so gern wie Amerika? 11. Wollen Sie für immer in
Amerika leben? 12. Wissen Sie schon viel über Deutschland?
13. Kennen Sie Ihre Heimat schon sehr gut? 14. Wie lange
sollen Sie jeden Tag arbeiten? 15. Zählen Sie von zehn bis
dreißig!

C. *Change the following sentences to the singular.*

1. Wir können das nicht wissen. 2. Die Studenten mögen nicht
arbeiten. 3. Die Kinder wollen nicht kommen. 4. Die Mädchen
sollen heute in die Stadt gehen. 5. Wir dürfen nicht nur den
Lebensstandard sehen. 6. Sie müssen die Kultur des Landes
verstehen lernen. 7. Kinder wissen noch nicht alles.

D. *Translate the sentences in Exercise C into English.*

E. *Supply the correct German form of the expression in parentheses.*

1. Das Kind — in die Stadt gehen. (*is not allowed to*) 2. Er —
diese Woche seine Eltern besuchen. (*has to*) 3. Ich — arbeiten.
(*don't want to*) 4. Die Studentin — nach Europa fahren. (*would
like to*) 5. — du mir helfen? (*can*) 6. Wir — jeden Tag acht
Stunden arbeiten. (*are supposed to*) 7. Der Student —, wo seine
Freundin ist. (*knows*) 8. Ich — dieses Mädchen nicht. (*know*)

F. *Write in German.*

1. Are you supposed to go to Germany again, Inge? 2. She says
that she cannot find an answer. 3. We know Germany very well.
4. He learns to understand the problems of the country. 5. You
are not permitted to do that, Hans. 6. I know that you do not
like America. 7. This year she wants to visit Germany. 8. She
would like to learn the language. 9. My parents have to work
hard in order that I can attend the university. 10. You needn't
write a letter, since I [shall] see you this weekend.

IV. Pattern Drills

A. *For each item, give the numeral one higher than the one given.*

Example: dreiundfünfzig — vierundfünfzig

1. sechsundzwanzig
2. siebzehn
3. einundvierzig
4. neunzehn
5. dreizehn
6. zwanzig
7. fünfundvierzig
8. achtzehn
9. siebenundsiebzig
10. dreißig
11. zweiundsechzig
12. neunundzwanzig
13. neunundfünfzig
14. vierundachtzig
15. elf
16. neunundneunzig

B. *Answer affirmatively in the first person plural.*

Example: Dürfen Sie heute in die Stadt fahren?
Ja, wir dürfen heute in die Stadt fahren.

1. Müssen Sie heute viel lernen?
2. Wollen Sie dem Freund helfen?
3. Dürfen Sie das tun?
4. Sollen Sie jeden Tag arbeiten?
5. Mögen Sie solche Autos?
6. Können Sie alles lernen?
7. Möchten Sie da wohnen?
8. Müssen Sie zur Stadt gehen?
9. Wissen Sie etwas über Deutschland?

C. *Answer affirmatively in the first person singular.*

Example: Wollen Sie Deutsch lernen?
Ja, ich will Deutsch lernen.

1. Müssen Sie manchmal arbeiten?
2. Mögen Sie solch einen Sport?
3. Sollen Sie etwas lernen?
4. Wollen Sie etwas darüber wissen?
5. Müssen Sie der Mutter oft helfen?
6. Können Sie alles verstehen?

7. Möchten Sie ihn sehen? *Ja, Ich mochte ihn sehe*
8. Wollen Sie heute abend arbeiten? *Ja, Ich will heute abend arbeite*
9. Dürfen Sie das erzählen? *Ja, Ich darf das erzähle*
10. Wissen Sie alles? *Ja, Ich wisse alles*

D. *Answer the questions negatively, using* **noch nicht.**

Example: Kann er schon alles verstehen?
Nein, er kann noch nicht alles verstehen.

1. Darf das Kind schon Kaffee trinken?
2. Können die Studenten schon alles verstehen?
3. Weiß der Student schon alles?
4. Kann man jetzt schon essen?
5. Möchte das Mädchen schon gehen?
6. Darf sein Bruder schon das Auto fahren?
7. Soll man ihm schon helfen?
8. Können wir schon richtig antworten?

E. *Answer the questions affirmatively in the first person singular.*

Examples: Kennen Sie seine Heimat?
Ja, ich kenne seine Heimat.

Wissen Sie, wo seine Heimat ist?
Ja, ich weiß, wo seine Heimat ist.

1. Kennen Sie seinen Vater? *Ja, Ich kenne seine Vater.*
2. Wissen Sie etwas über ihn? *Ja, Ich wisse etwas über ihm.*
3. Kennen Sie Deutschland gut? *Ja, Ich kenne Deutschland gut*
4. Wissen Sie viel über dieses Land? *Ja, Ich wisse viel über dieses Land*
5. Kennen Sie diesen Mann? *Ja, Ich kenne diesen Mann.*
6. Wissen Sie, wo er wohnt? *Ja, Ich wisse wo er wohnt*
7. Kennen Sie diese Fabrik? *Ja, Ich kenne diese Fabrik*
8. Wissen Sie, daß Herr Brehm darin arbeitet? *Ja, Ich wisse dass Herr Brehm darin arbeitet.*

F. *Answer negatively, changing from plural to singular, using* **keiner** *as the subject.*

Example: Müssen alle schwer arbeiten?
Nein, keiner muß schwer arbeiten.

1. Können alle gut arbeiten? *Nein, keiner kann gut arbeiten*
2. Mögen alle diese Stadt gern? *Nein, keiner mag diese Stadt gern.*
3. Müssen alle das wissen? *Nein, keiner muß das wissen*
4. Dürfen alle das hören? *Nein, keiner darf das hören.*
5. Sollen alle schwer arbeiten? *Nein, keiner soll schwer arbeiten*
6. Wollen alle Deutsch lernen? *Nein, keiner will Deutsch lernen*
7. Wissen alle das? *Nein, keiner weiß das.*

G. *Answer affirmatively in the first person singular.*

Example: Müssen Sie oft deutsch sprechen?
Ja, ich muß oft deutsch sprechen.

1. Sprechen Sie oft deutsch?
2. Wollen Sie oft deutsch sprechen?
3. Möchten Sie alles gut verstehen?
4. Möchten Sie gern nach Deutschland fahren?
5. Müssen Sie viel sprechen, um die Sprache zu lernen?
6. Sprechen Sie gern deutsch?
7. Können Sie eine Antwort auf jede Frage finden?
8. Möchten Sie immer in Amerika bleiben?

H. *Restate each of the following sentences, using the correct form of the modal in parentheses.*

Example: Ich esse nichts. (dürfen)
Ich darf nichts essen.

1. Wir sagen nichts. (können) *Wir können nichts sagen.*
2. Er fragt den Professor. (müssen) *Er muß den Professor fragen*
3. Das macht man nicht. (dürfen) *Das darf man nicht machen*
4. Meine Freunde fahren nach Deutschland. (wollen) *Meine Freunde wollen nach Deutschland fahren*
5. Heute üben wir für die Prüfung. (sollen) *Heute sollen wir für die Prüfung üben*
6. Ich esse nicht viel. (mögen) *Ich mag nicht viel essen*
7. Ich glaube es nicht. (können) *Ich kann es nicht glauben*
8. Wir lernen viel. (müssen) *Wir müssen viel lernen.*

I. *For each item, give the numeral one higher than the one given.*

Example: neunundzwanzig — dreißig

1. zehn
2. zweiundvierzig
3. fünfzig
4. vierzehn
5. einundzwanzig

6. neunundsechzig
7. siebzehn
8. achtundachtzig
9. einunddreißig
10. dreiundneunzig

11. zwölf
12. sechzig
13. hundert
14. hundertzehn
15. hundertsiebzehn

Vocabulary

der **Bahnhof, ̈e** railway station
der **Berg, -e** mountain
der **Fuß, ̈e** foot
der **Geist, -er** spirit
der **Rhein** Rhine
der **Spazier'weg, -e** footpath
der **Zug, ̈e** train

das **Beispiel, -e** example
das **Buch, ̈er** book
das **Dorf, ̈er** village
das **Leder, -** leather
(das) **München** Munich
das **Viertel, -** quarter

die **Gemütlichkeit** coziness
die **Geschichte, -n** story; history
die **Hose, -n** pants
die **Lederhose, -n** leather shorts or
 pants
die **Uhr, -en** clock, watch

gefallen please
halten hold, keep; stop

laufen run, walk
lesen read
sterben die
tragen wear; carry
unterbrechen interrupt

ernst serious
furchtbar terrible, dreadful
kurz short
offen open
schnell quick, fast
spät late

alles everything
erst first (*adj.*); not until, only
 (*adv.*)
fast almost
genug enough
halb half
hierher to here
schließlich finally; after all
überall everywhere
wohl probably; indeed, to be sure
zuerst first, at first

Idioms

auch ein Tourist' even a tourist
es ist ein Uhr it is one o'clock
**gefallen: der Wagen gefällt mir
 (ihm)** I like (he likes) the car

mehr als more than
immer noch still
zu Fuß on foot

Cognates and Compounds

die **Alpen** (*pl.*)
beginnen
enden
faszinie'ren
das **Fernsehprogramm, -e**
die **Hand, ̈e**

die **Kombination', -en**
das **Land, ̈er**
lang
naiv
pessimistisch
das **Programm', -e**

der **Roman'tiker, -**
das **Sauerkraut**
der **Tourist', -en**
die **Tradition', -en**
typisch
der **Werktag, -e**

Chapter 8

Vowel Changes
in Present and Imperative |
Telling Time

I. Reading

Deutschland von heute?

Bill erzählt:

„Ich weiß noch nicht genau, warum Deutschland dir so gut gefällt, Bill", sagt Heike am Schluß eines Wochenendes in Hannover. Sie läßt mich aber nicht antworten, sondern sieht auf die Uhr. „Es ist schon spät, kurz vor halb zehn. Wann fährt dein Zug heute abend?"

„Erst um 22.47 Uhr (zweiundzwanzig Uhr siebenundvierzig)", antworte ich, „noch Zeit genug für eine Diskussion. Du willst also wissen, warum Deutschland mich so fasziniert?"

„Ja, sprich mal ganz offen!" sagt Heike. „Du weißt doch: Für viele Amerikaner wohnt jeder Deutsche in den Bergen, trägt Lederhosen und ißt furchtbar gern Sauerkraut. Wenigstens liest man das oft hier. Wie siehst du das Deutschland von heute? Du kennst es doch jetzt. Findest du mich auch typisch deutsch, obwohl ich kein Sauerkraut mag?"

Ich lache. „Nur wenn man sehr naiv ist, nimmt man solche Geschichten ernst. Viele Amerikaner wissen genau, wie Deutschland heute wirklich ist. Vergiß nicht, wie viele Touristen jedes Jahr hierher kommen!"

Heike unterbricht: „Aber was besucht ein Tourist? Die Alpen, München und den Rhein. Ist das genug?"

„Natürlich nicht, aber trotzdem sieht auch ein Tourist, daß das Land sehr modern ist. Doch laß mich jetzt auf deine Frage antworten, warum mir Deutschland gefällt. Eigentlich muß man darüber ein Buch schreiben. Vielleicht ist es genug, wenn ich dir drei Beispiele gebe. Zuerst: Obwohl fast jede Familie ein Auto hat, nimmt man nicht immer den Wagen, sondern läuft auch oft zu Fuß; Spazierwege gibt es überall. Dann: Das Fernsehprogramm ist nicht so lang wie in Amerika; an Werktagen beginnt es erst gegen 17 Uhr und endet schon vor 24 Uhr. Und schließlich: Obwohl das Land modern ist, findet man in seinen Dörfern und Städten den Geist der Geschichte; darum gibt es auch wohl noch Gemütlichkeit hier."

„Du bist ein Romantiker!" ruft Heike. „Aber was hilft das alles? In fünfzig oder sechzig Jahren gibt es vielleicht kein Europa mehr und kein Amerika, sondern nur noch eine Kombination, ein Ameropa."

Ich protestiere: „Du bist zu pessimistisch, Heike. So schnell stirbt die Tradition nicht. Das hat noch Zeit."

Heike hält ihre Uhr in der Hand. „Aber du hast jetzt keine Zeit mehr", sagt sie. „Es ist schon Viertel nach zehn — also schnell zum Bahnhof!"

II. Grammar

1. A strong verb is one which forms its past by changing the stem vowel: **trinken, trank**. (A weak verb is one which forms its past by adding -(e)te to the stem.)

2. Strong verbs with the stem vowels **a** and **e** undergo a regular change in the second and third person singular of the present:

a becomes **ä**
e becomes **ie** or **i**

ich	lasse	halte	sehe	lese	nehme	vergesse
du	**läßt***	**hältst**	**siehst**	**liest***	**nimmst***	**vergißt***
er	**läßt**	**hält***	**sieht**	**liest**	**nimmt***	**vergißt**
wir	lassen	halten	sehen	lesen	nehmen	vergessen
ihr	laßt	haltet	seht	lest	nehmt	vergeßt
sie	lassen	halten	sehen	lesen	nehmen	vergessen

---

* Note irregularities.

Obwohl das Land modern ist, findet man überall den Geist der Geschichte.

The change of **a** to **ä** includes **laufen**: du **läufst**, er **läuft**. By exception the vowels of **gehen, stehen**, and **heben** *to lift* are not changed.

3. It will be observed from the above examples that verbs with stems ending in a sibilant contract the second person singular, thus making the second and third person forms identical, e.g., du **läßt**, er **läßt**. This is true of all verbs, both weak and strong.

4. Strong verbs changing the stem vowel from **e** to **ie** or **i** in the second and third person singular undergo the same change in the familiar imperative. They also drop the ending **-e**. The other forms of the imperative are regular.

> **Sprich** nicht immer, Fritz, **nimm** dein Buch und **lies**!
> Sprecht nicht so laut, Kinder!
> Nehmen Sie das Buch, Herr Professor!

5. Imperative of **sein** and **werden**:

sei	werde
seid	werdet
seien Sie	werden Sie

6. Telling time:

Wieviel Uhr ist es?	What time is it?
Wie spät ist es?	What time is it?
Es ist sieben Uhr morgens.	It is seven o'clock in the morning.
Es ist zehn Uhr vormittags.	It is ten in the forenoon.
Es ist fünf Minuten nach zehn.	It is five after ten.
Es ist (ein) Viertel nach zehn.	It is a quarter past ten.
Es ist halb elf.	It is half past ten.
Es ist (ein) Viertel vor zwölf.	It is a quarter to twelve.
Es ist Mittag.	It is noon.
Es ist halb vier nachmittags.	It is half past three in the afternoon.
Es ist fünf vor (nach) halb acht.	It is seven twenty-five (thirty-five).
or Es ist sieben Uhr fünfundzwanzig (fünfunddreißig).	
Es ist acht Uhr abends.	It is eight o'clock in the evening.
um neun Uhr	at nine o'clock

Railroad and other official time is reckoned on a 24-hour basis from midnight to midnight.

3.20 (drei Uhr zwanzig)   3:20 A.M.
15.20 (fünfzehn Uhr zwanzig)   3:20 P.M.
0.00 (null Uhr)   12:00 midnight

7. With parts of the body and articles of clothing the possessive adjective is usually replaced by the definite article.

Er hat ein Buch in **der** Hand.   He has a book in his hand.

III. Exercises

A. Answer orally.

1. Welches Land gefällt Bill gut? 2. Wann fährt Bills Zug? 3. Wie spät ist es jetzt? 4. Wohnen alle Deutschen in den Bergen? 5. Ißt Heike gern Sauerkraut? 6. Ist es richtig, daß jeder Deutsche Lederhosen trägt? 7. Was sieht ein Tourist in Deutschland? 8. Läuft man in Deutschland noch oft zu Fuß? 9. Wo findet man Spazierwege? 10. Wann beginnt in Deutschland das Fernsehprogramm? 11. Wann endet es? 12. Was gibt es noch in Städten und Dörfern? 13. Warum findet Bill Heike zu pessimistisch? 14. Was sagt Bill über die Tradition?

B. Give the infinitive of all verbs occurring in "Deutschland von heute?"

C. Change the following sentences (a) to third person masculine singular, (b) to first person plural, making any necessary changes in possessive adjectives.

1. Ich fahre oft durch Deutschland. 2. Ich trage immer meine Lederhosen. 3. Ich halte mein Buch in der Hand. 4. Ich laufe oft durch die Berge. 5. Um neun Uhr nehme ich den Zug. 6. Ich spreche manchmal mit dem Geschäftsführer. 7. Am Abend sehe ich einen Film. 8. Ich gebe meiner Freundin etwas Geld. 9. Ich lese das Fernsehprogramm. 10. Sauerkraut esse ich nicht gern.

D. Conjugate in the present tense, changing the possessive adjective to correspond to the subject.

1. seinem Freunde helfen 2. seinen Freund unterbrechen 3. in seinem Wagen fahren 4. sein Buch lesen 5. seine Uhr in der Hand halten

E. *Supply the correct form of the verbs in parentheses.*

1. Der Student — zur Universität. (laufen)   2. Er — keine Lederhosen. (tragen)   3. Eine Studentin — den Professor. (unterbrechen)   4. So schnell — Europa nicht. (sterben)   5. Warum — du nicht mit ihr? (sprechen)   6. Diese Stadt — mir nicht. (gefallen)   7. Das Mädchen — ein Buch. (lesen)   8. — du den Zug nach Hannover? (nehmen)   9. Bitte, — mir ein Stück Kuchen, Inge! (geben)   10. Um acht Uhr — er mit seiner Freundin nach Hannover. (fahren)

F. *Rewrite sentences 1, 2, 3, 5, 6, and 7 in Exercise E above, changing nouns, pronouns, and verbs to the plural.*

G. *Form imperative sentences from the following groups of words.*

1. kommen, ins Haus, Kinder   2. sprechen, nicht so viel, Karl
3. unterbrechen, mich, nicht immer, Heidi   4. helfen, mir, Herr Schwarz   5. fahren, nicht so schnell, Hans   6. lesen, das Fernsehprogramm, Fräulein Weiß

H. *Write in German.*

1. Not every German wears leather pants and eats sauerkraut.
2. She forgets that many tourists visit Germany.   3. Bill often takes the train to Hannover.   4. Today his train leaves (*use* **fahren**) at 1:30 P.M.   5. In Germany there are many footpaths.   6. What pleases a tourist?   7. Please let me answer, Hans.   8. Don't read this book, children.   9. Give me your watch please, Inge.
10. Heike eats no cake.

IV. Pattern Drills

A. *Change the following sentences from the third person plural to the third person singular.*

Example: Sie geben ihm nichts.
Er gibt ihm nichts.

1. Sie tragen Lederhosen.	5. Sie laufen oft zu Fuß.
2. Sie stehen am Tisch.	6. Sie lesen nicht viel.
3. Sie sprechen mit ihm.	7. Sie vergessen nichts.
4. Sie halten vor der Fabrik.	8. Sie fahren im Auto.

└ *B. Change the following imperative sentences to the familiar singular.*

Example: Sprechen Sie laut!
Sprich laut!

1. Laufen Sie nicht so schnell!
2. Nehmen Sie bitte meinen Wagen!
3. Geben Sie mir bitte den Brief!
4. Lassen Sie mich jetzt gehen!
5. Fahren Sie nicht so schnell!
6. Unterbrechen Sie mich nicht!
7. Helfen Sie mir bitte!
8. Essen Sie bitte nicht so viel!
9. Sehen Sie das Dorf!
10. Seien Sie nicht so dumm!

C. Change the following sentences from the third person plural to the third person singular.

Example: Sie sprechen zu schnell.
Er spricht zu schnell.

1. Sie helfen mir nicht.
2. Sie vergessen die Zeit.
3. Sie laufen nicht sehr schnell.
4. Sie essen im Bahnhof.
5. Sie lassen die Kinder gehen.
6. Sie nehmen die Bücher vom Tisch.
7. Sie werden ganz schön dick.
8. Sie geben ihm etwas zu essen.

D. Answer the questions negatively in the first person singular, but affirm in the third person singular.

Example: Sehen Sie es?
Nein, ich sehe es nicht, aber er sieht es.

1. Tragen Sie es?
2. Helfen Sie ihr?
3. Nehmen Sie es?
4. Halten Sie es?
5. Essen Sie viel?
6. Lesen Sie viel?
7. Geben Sie es ihm?
8. Unterbrechen Sie ihn?

E. *Below is a series of complete statements, each followed by an incomplete one. Finish the incomplete one by filling in the correct clock time.*

Example: Es ist drei Uhr. In einer halben Stunde ist es . . .
In einer halben Stunde ist es halb vier.

1. Es ist acht Uhr. In einer Viertelstunde ist es . . .
2. Es ist acht Uhr. In einer halben Stunde ist es . . .
3. Es ist acht Uhr. In Dreiviertelstunden ist es . . .
4. Es ist neun Uhr. In einer Stunde ist es . . .
5. Es ist neun Uhr. In fünf Minuten ist es . . .
6. Es ist neun Uhr. In zwölf Minuten ist es . . .
7. Es ist neun Uhr. In zwanzig Minuten ist es . . .
8. Es ist zehn Uhr. In fünfundzwanzig Minuten ist es . . .
9. Es ist zehn Uhr. In fünfunddreißig Minuten ist es . . .
10. Es ist zwölf Uhr. In einer halben Stunde ist es . . .

F. *Change the following sentences to the third person singular, using* **die Frau** *as subject and changing the possessive adjectives where necessary.*

Example: Ich esse mein Brot.
Die Frau ißt ihr Brot.

1. Ich unterbreche meine Freundin.
2. Ich fahre in meinem Auto.
3. Ich vergesse meine Tasche.
4. Ich spreche mit meinen Eltern.
5. Ich laufe aus meinem Haus.
6. Ich sehe mein Auto vor dem Bahnhof.
7. Ich lasse meinen Bruder gehen.
8. Ich gebe es meinem Freund.
9. Ich helfe meiner Schwester.
10. Ich werde noch nicht alt.

G. *Answer the questions affirmatively, beginning with the expression of time.*

Example: Kommt unser Freund manchmal zu uns?
Ja, manchmal kommt unser Freund zu uns.

1. Stirbt die Tradition so schnell?
2. Sind wir endlich am Bahnhof?
3. Kommt der Zug um Viertel vor eins?

4. Liest der Student heute abend viel?
5. Geht er um halb elf auf sein Zimmer?
6. Sitzt die Familie abends vor dem Fernsehapparat?
7. Kann der Student oft richtig antworten?
8. Hilft er seinem Freund manchmal?
9. Ist er seit einem Jahr hier?

H. Answer the question **Wie spät ist es?** *according to the 24-hour system.*

Example: Wie spät ist es? 11:10 P.M.
    Es ist dreiundzwanzig Uhr zehn.

1. 9:00 P.M.
2. 9:25 A.M.
3. 12:00 midnight
4. 2:15 P.M.

5. 12:00 noon
6. 7:30 P.M.
7. 1:40 A.M.
8. 1:45 P.M.

Vocabulary

der **Feind, -e** enemy
der **Franzo'se, -n, -n** Frenchman
der **Krieg, -e** war
der **Soldat', -en, -en** soldier

das **Geschäft, -e** place of business,
   store; business

die **Brücke, -n** bridge
die **Bundeswehr** *West German
   army*
die **Hilfe, -n** help
die **Kellnerin, -nen** waitress
die **Kleidung** clothing
die **Kohle, -n** coal
die **Luft, ⸚e** air

die **Luftbrücke, -n** airlift
die **Welt, -en** world
die **Zeitung, -en** newspaper

rauchen smoke
tun, tat, getan do

bunt colorful
jung young
neugierig curious
schwarz black

abends in the evening
damals at that time
ein paar a few, a couple
gestern yesterday

Idioms

gestern morgen yesterday morning
   (*noun* **Morgen** *used as an adverb*)
halten für [hielt, gehalten (hält)]
   deem, consider

zum Beispiel (*abbr.* **z.B.**) for
   example

Cognates and Compounds

der **Arti'kel, -**
die **Blockade, -n**
freundlich
die **Garnison', -en**
human'

hungrig
der **Marburger, -**
die **Medizin', -en**
der **Offizier', -e**
das **Restaurant', -s**

rollen
der **Schwarzmarkt, ⸚e**
der **Tank, -s**
das **Zentrum, Zentren**
die **Zigaret'te, -n**

Chapter 9

Principal Parts of Verbs | Past Tense

I. Reading

Aus Marburgs Geschichte

Bill erzählt:

Gestern morgen fand ich in der Zeitung einen Artikel über die Geschichte Marburgs seit 1945 (neunzehnhundertfünfundvierzig). „Am Ende des Krieges", so las ich, „rollten die Tanks der Amerikaner in unsere Stadt. Die Amerikaner blieben sechs Jahre; danach kamen die Franzosen, und 1956 (neunzehnhundertsechsundfünfzig) wurde Marburg eine Garnison der Bundeswehr. Natürlich brachten die Soldaten viel Leben nach Marburg und manchmal auch Probleme. Besonders bunt waren die Jahre mit den Amerikanern..."

Ich wurde neugierig und wollte noch mehr über diese Zeit hören. Darum ging ich abends zu Gundlachs und fragte meine Wirtin: „Frau Gundlach, Sie erzählten mir einmal, daß Sie damals ein paar Amerikaner kannten. Mochten Sie die? Sie waren doch die Feinde!"

„Nach dem Krieg", antwortete sie lachend, „wurden sie plötzlich unsere Freunde. Wie gesagt, ich war noch sehr jung und arbeitete als Kellnerin in einem Restaurant der Amerikaner. Die Soldaten wußten genau, daß wir immer hungrig waren. In den Geschäften konnte man nichts kaufen, und darum gaben die Amerikaner uns oft Lebensmittel,

Kaffee und Zigaretten. Da ich nicht rauchte, bekam ich auf dem Schwarzmarkt für die Zigaretten solche Dinge wie Kleidung, Medizin und Kohlen. Ich fand die Amerikaner immer besonders freundlich. Sie halfen uns, so gut sie konnten."

Hier unterbrach Herr Gundlach seine Frau: „Das glaubten aber nicht alle Marburger. Viele Familien durften zum Beispiel nicht mehr in ihren Häusern bleiben, weil die Offiziere der Amerikaner darin wohnen mußten."

„Du hast natürlich recht", antwortete Frau Gundlach, „aber ich fand immer, daß die Deutschen die Amerikaner für sehr human und sympathisch hielten. Und das tun sie wohl auch heute noch."

„Nur die Politik der Amerikaner gefällt ihnen nicht!" rief ich.

„Heute manchmal nicht mehr", sagte Herr Gundlach. „Damals aber gefiel sie ihnen gut. Denken Sie nur an den Marshall-Plan und an die Luftbrücke während der Blockade Berlins! Ja, ja, in jenen Jahren taten die Amerikaner alles für uns; denn wir standen im Zentrum der Weltpolitik. Heute brauchen wir nur noch wenig Hilfe von Amerika."

II. Grammar

1. German verbs are classified as *weak* or *strong* according to the way in which they form their past tense and past participle.

   The principal parts of a verb, that is, those forms from which all other forms are derived, are the *infinitive, first person singular past*, and the *past participle*.

2. Formation of tenses:

   a. Weak verbs:

   (1) The past is formed by adding to the infinitive stem **-(e)te** plus the personal endings **-, -st, -, -n, -t, -n**.

sagen		arbeiten	
ich sagte	wir sagten	ich arbeitete	wir arbeiteten
du sagtest	ihr sagtet	du arbeitetest	ihr arbeitetet
er sagte	sie sagten	er arbeitete	sie arbeiteten

   Note: The past of **haben** is irregular: **hatte**.

   (2) The past participle is formed by prefixing **ge-** to the infinitive stem and adding **-(e)t: sagen, gesagt; arbeiten, gearbeitet**.

Nach dem Krieg halfen die Amerikaner den Deutschen, so gut sie konnten.

b. Strong verbs:

(1) The past is formed by a change in the stem vowel. The personal endings are: **-, -st, -, -en, -t, -en.**

bleiben		sprechen	
ich blieb	wir blieben	ich sprach	wir sprachen
du bliebst	ihr bliebt	du sprachst	ihr spracht
er blieb	sie blieben	er sprach	sie sprachen

(2) The past participle takes the prefix **ge-,** the ending **-en,** and usually makes a change in the stem vowel.

bleiben, geblieben   **sprechen, gesprochen**

(3) Verbs not accented on the first syllable do not take **ge-** in the past participle.

study	studieren	studierte	studiert
interrupt	unterbrechen	unterbrach	unterbrochen
forget	vergessen	vergaß	vergessen
understand	verstehen	verstand	verstanden

c. Irregular weak verbs:

A few weak verbs are irregular, that is, they change their stem vowel in the past and past participle in addition to adding **-t.**

3. Principal parts and irregular third person singular present of verbs that have occurred so far (note that the vowel changes follow a certain fairly regular pattern):

a. Strong verbs:

	INFINITIVE	PAST	PAST PART.	3RD. PERS. PRES.
remain	bleiben	blieb	geblieben	
write	schreiben	schrieb	geschrieben	
eat	essen	aß	gegessen	ißt
give	geben	gab	gegeben	gibt
read	lesen	las	gelesen	liest
see	sehen	sah	gesehen	sieht
forget	vergessen	vergaß	vergessen	vergißt

Note the extra **-g-** in **gegessen.**

desire	bitten	bat	gebeten
sit	sitzen	saß	gesessen

Note the additional irregularity in **gesessen.**

begin	beginnen	begann	begonnen
come	bekommen	bekam	bekommen

	INFINITIVE	PAST	PAST PART.	3RD. PERS. PRES.
help	helfen	half	geholfen	hilft
come	kommen	kam	gekommen	
name	nehmen	nahm	genommen	nimmt
speak	sprechen	sprach	gesprochen	spricht
die	sterben	starb	gestorben	stirbt
interrupt	unterbrechen	unterbrach	unterbrochen	unterbricht
find	finden		...len	
drink	trinken		...ken	
stop	halten		...en	hält
please	gefallen		...n	gefällt
leave, let	lassen		...n	läßt
laugh	laufen		...n	läuft
call	rufen		...	
drive	fahren		...n	fährt
experience	erfahren		...n	erfährt
wear, carry	tragen		...n	trägt
go	gehen		...n	
be	sein		...	ist
stand	stehen		...en	
do	tun			
understand	verstehen		...len	
become, get	werden		...n	wird

A list of the most   given in the Appendix, pp. 267–272.

b. Irregular weak ver

know	kennen		
bring	bringen	brachte	gebracht
think	denken	dachte	gedacht
know	wissen	wußte	gewußt	weiß
may	dürfen	durfte	gedurft	darf
can	können	konnte	gekonnt	kann
like, may	mögen	mochte	gemocht	mag
must	müssen	mußte	gemußt	muß

Note: The modals **sollen** and **wollen** are regular in their principal parts: sollen, sollte, gesollt; wollen, wollte, gewollt.

4. Uses of the past tense:

   a. For narration in the past.

   Er arbeitete in der Fabrik.   He worked in the factory.

b. Where English uses *was* with the present participle.

Er arbeitete. He was working.

5. The uses of the past participle will be discussed in Chapter 10.

6. The present participle is formed by adding **-d** to the infinitive: lachen — lachen**d**.

7. The main use of the present participle is as an adjective or an adverb.

Frau Gundlach antwortete **lachend**. Mrs. Gundlach answered laughingly.

III. Exercises

A. Answer orally.

1. Wo fand Bill den Artikel über Marburgs Geschichte? 2. Wer kam 1945 nach Marburg? 3. Sind heute noch Franzosen oder Amerikaner in der Stadt? 4. Was brachten die Soldaten nach Marburg? 5. Wohin ging Bill abends? 6. Wen kannte Frau Gundlach in den Jahren nach dem Kriege? 7. Wo arbeitete Frau Gundlach damals? 8. Hatte sie genug zu essen? 9. Was konnte man in den Geschäften kaufen? 10. Was gaben die Amerikaner ihr? 11. Was bekam sie dafür auf dem Schwarzmarkt? 12. Warum fand Frau Gundlach die Amerikaner freundlich? 13. Fanden alle Marburger die Soldaten freundlich? 14. Wo mußten die Offiziere der Amerikaner wohnen? 15. Halten die Deutschen die Amerikaner auch heute noch für human? 16. Wo stand Deutschland in den Jahren nach dem Kriege?

B. Give the third person singular present and past of the verbs listed below.

1. sagen 2. essen 3. schreiben 4. finden 5. lesen
6. lassen 7. tragen 8. geben 9. sein 10. antworten
11. werden 12. kommen 13. sprechen 14. verstehen
15. laufen 16. sitzen 17. helfen 18. tun 19. halten
20. wünschen 21. geben 22. fahren 23. sterben

er hatte gesprochen — he had spoken
er wird sprechen — he will speak

24. erfahren 25. denken 26. unterbrechen 27. halten
28. vergessen

C. Change the following sentences to the past tense.

1. Die Kellnerin arbeitet in einem Restaurant. 2. Hier essen
jeden Tag zwei Amerikaner.   3. Ein Student hilft ihr bei ihrer
Arbeit.   4. Er versteht diesen Artikel nicht.   5. Wir sprechen
manchmal mit dem Geschäftsführer.   6. Abends sitzen sie in
ihrem Studentenlokal.   7. Am Wochenende fährt sie in die Berge.
8. Viele Deutsche finden die Amerikaner human.   9. Die Kinder
mögen kein Sauerkraut.   10. Er unterbricht sie immer, obwohl
sie lesen will.   11. Um Viertel vor elf kommt das Mädchen endlich
zum Bahnhof.   12. Die Politik des Landes gefällt ihnen nicht.

D. Write in German.

1. Bill found an article in the newspaper.   2. We read about the
history of the city since the war.   3. (The) life in the city was
colorful, but there were also problems.   4. Bill asked his landlady,
"Did you like the Americans?"   5. She answered, "They did not
remain our enemies.   6. They helped us where[ever] they could.
7. I got food and cigarettes from them."   8. Mr. Gundlach said,
"Not everyone believed that the Americans were friendly.   9.
Many families in Marburg had to give their houses to the
Americans."   10. Today the Germans do not always like (= are
not always pleased with) the politics of America but they liked it
during the blockade of Berlin.

IV. Pattern Drills

A. Change the following sentences to past time.

Example: Mein Bruder antwortet ihm nicht.
　　　　　 Mein Bruder antwortete ihm nicht.

1. Unser Vater arbeitet schwer.
2. Wir bezahlen viel Geld dafür.
3. Hast du Zeit für ihn?

4. Er lacht laut darüber.
5. Sie haben einen Volkswagen.
6. Wir hören oft etwas über den Krieg.
7. Er antwortet mir nicht.
8. Er folgt mir nicht oft.
9. Ich wohne in der Stadt.
10. Sie studieren Deutsch und Englisch.

B. Change the sentences to the past.

    Example: Sie sitzt am Tisch.
                Sie saß am Tisch.

1. Ich esse meinen Kuchen.
2. Es gibt viel zu essen.
3. Sie liest dieses Buch.
4. Das Kind sitzt am See.
5. Du siehst die Fabrik.
6. Er sitzt hinter mir.
7. Er vergißt sein Geld.
8. Sie hilft ihrem Freund.
9. Sie kommt aus ihrem Zimmer.
10. Sie nimmt die Zeitung.
11. Wir sprechen mit ihm.
12. Ich unterbreche ihn nicht.

C. Give the past participles of the following verbs.

    Example: unterbrechen — unterbrochen

1. essen	11. sprechen
2. gehen	12. vergessen
3. lesen	13. werden
4. bitten	14. wissen
5. sehen	15. laufen
6. sitzen	16. müssen
7. sterben	17. trinken
8. helfen	18. kennen
9. kommen	19. tun
10. nehmen	20. können

D. Answer the questions affirmatively.

Example: War er damals schon Professor?
Ja, er war damals schon Professor.

1. Hatte das Kind genug zu essen?
2. Hielten sie die Amerikaner für human?
3. War die Geschichte wahr?
4. Sprach der Mann über Politik?
5. Kamen Soldaten in die Stadt?
6. Rief das Kind seine Mutter?
7. Hatten die Deutschen zu wenig zu essen?
8. Sprachen sie über den Krieg?
9. Gefiel ihr die Politik der Amerikaner?
10. War sie damals noch jung?

E. Change the sentences from present to past.

Example: Kennen Sie diese Zeitung?
Kannten Sie diese Zeitung?

1. Der Soldat bringt ihr Kaffee.
2. Er weiß, daß wir immer hungrig sind.
3. Denkt sie oft an diese Zeit?
4. Dürfen wir das tun?
5. Sie muß als Kellnerin arbeiten.
6. Ich mag die Amerikaner gern.
7. Hier können die Offiziere wohnen.
8. Wir kennen die Geschichte dieser Stadt.

F. Change the sentences to the past.

Example: Er ist heute nicht hier.
Er war heute nicht hier.

1. Er findet das Geld.
2. Wir trinken viel Kaffee.
3. Wir gehen zu Fuß.
4. Sie steht auf dem Markt.
5. Heute tut er nichts.
6. Versteht er Deutsch?
7. Dann wird es dramatisch.
8. Sind viele Soldaten in der Stadt?

G. *Form questions based on the following statements, using* **wo** *or* **wohin** *as required.*

Examples: Er war im Haus.
　　　　　 Wo war er?

　　　　　 Er ging ins Haus.
　　　　　 Wohin ging er?

1. Er ging zur Fabrik.
2. Er war in der Fabrik.
3. Er kam in die Fabrik.
4. Sie starb in der Heimat.
5. Es stand in dem Brief.
6. Ihr gingt auf den Markt.
7. Das Kind lief in den Bahnhof.

H. *Answer the questions affirmatively, beginning with the expression of time.*

Example: Kam sie damals zu uns?
　　　　　 Ja, damals kam sie zu uns.

1. Saß er oft zu Hause?
2. Las er das Buch zum erstenmal?
3. Trank er jeden Morgen Kaffee?
4. Verstand sie endlich das Problem?
5. Unterbrach er seine Wirtin immer?
6. Kam er oft nach Berlin?
7. Bekam sie manchmal einen Brief?
8. Stand er gestern vor dem Kino?
9. Saß sie bis halb zehn vor dem Fernsehapparat?

I. *Answer in the past tense, beginning each sentence with* **Nein, aber damals . . .**

Example: Schreibt er oft?
　　　　　 Nein, aber damals schrieb er oft.

1. Bleibt sie lange?
2. Hält er immer sein Wort?
3. Lassen sie uns ins Kino gehen?
4. Nimmt sie die Medizin?
5. Läuft ihr Bruder um den See?

6. Gefällt ihr das? *Nein, aber damals gefiel ihr das*
7. Fahren wir im Auto? *" fuhren wir im Auto*
8. Erfährt er von dem Plan? *" erfuhr er von dem Plan*
9. Findet sie ihr Glück? *" fandt sie ihr Glück*
10. Trinken sie dort Kaffee? *" tranken sie dort Kaffee*

Vocabulary

der **Bund, ⸚e** federation
der **Fernseher, -** television set
der **Käfer, -** beetle
der **Kampf, ⸚e** battle, fight

(das) **Bremen** *German city*
das **Werk, -e** work, factory
das **Werkzeug, -e** tool

die **Leica,** die **Zeiss Ikon** *names of German cameras*
die **Stelle, -n** place, position

Bundes- federal (*combined with other nouns*)

bauen build
blühen blossom, bloom

gelingen, gelang, ist gelungen succeed
gewinnen, gewann, gewonnen win, gain
hoffen hope
nennen, nannte, genannt call, name
verkaufen sell

fertig finished, ready
lustig amusing, funny; gay

allerdings to be sure (*adv.*)
als when, as (*conj.*)
denn then (*particle*)
gerade just; precise, straight
nämlich you know, that is
sofort' immediately, at once
überhaupt' at all
übrigens by the way, moreover
vor allem above all

Idiom

es gelingt ihm (ihr) he (she) succeeds

Cognates and Compounds

der **Amateur', -e**
das **Baby, -s**
die **Chemie'**
die **Chemika'lie, -n**
der **Export', -e**
exportie'ren
die **Firma, Firmen**
das **Foto, -s**
der **Fotoapparat, -e**
der **Import', -e**

international'
(das) **Ita'lien**
(das) **Ja'pan**
der **Japa'ner, -**
der **Job, -s**
die **Kamera, -s**
die **Korresponden'tin, -nen**
das **Labor'** = **Laborato'rium, Laborato'rien**

das **Mikroskop', -e**
populär'
das **Produkt', -e**
produzie'ren
die **Republik', -en**
die **Textil'industrie, -n**
die **Ware, -n**
(das) **Westdeutschland**
der **Westen**

Chapter 10

Present Perfect Tense

I. Reading

Der Kampf um den Export

„Habe ich dir schon von meiner Freundin Karin aus Hannover erzählt, Mark?" fragte Inge während eines Spazierganges. „Als Karin gelesen hat, daß Firmen aus Deutschland Fabriken in den USA gebaut haben, hat sie sofort nach Amerika geschrieben. Sie hat gehofft, eine Stelle bei solch einer Firma zu bekommen."

„Von diesen Werken habe ich gehört", sagte Mark. „Sie produzieren Chemikalien und Textilwaren. Der Export von Fertigprodukten kostet heute nämlich manchmal mehr als der Export von Fabriken. Darum ist auch Volkswagen endlich zu dem Schluß gekommen, ein Werk in Amerika zu bauen."

„Da du gerade von Volkswagen sprichst", unterbrach Inge, „schon immer habe ich dich fragen wollen, wann du zum erstenmal in deinem Leben in einem VW gesessen hast."

„Ich bin schon in einem Käfer gefahren, als ich noch ein Baby war", antwortete Mark. „Aber erst um 1965 ist dieser Wagen hier wirklich populär geworden. Damals hat der Autoimport aus Deutschland geblüht—wie zehn Jahre davor der Kameraimport."

„Und wo sind die Kameras aus Deutschland geblieben, die Leicas und Zeiss Ikons? Im Biologie-Labor hier im College habe ich Mikroskope der Firma Zeiss gesehen, aber die Fotoapparate sind fast alle aus Japan."

„Richtig! Den Kampf um den Kameraimport haben die Japaner gewinnen können, weil ihre Apparate so wenig gekostet haben. Wenn man aber heute den Namen Zeiss nennt, kennen die Fotoamateure ihn oft nicht mehr."

„Was exportiert die Bundesrepublik denn überhaupt noch nach Amerika?" wollte Inge wissen.

„Genug! Westdeutschland hat immer vom Export leben müssen und tut es auch jetzt noch. Nach Amerika verkauft es vor allem Maschinen, Werkzeuge, Chemieprodukte und immer noch Autos. — Übrigens, du hast mir bis jetzt nicht gesagt, ob und wann Karin ihre Stelle in Amerika bekommen hat."

Inge mußte lachen. „Ich weiß nicht mehr, wann es ihr endlich gelungen ist, sie hat aber einen Job im Exportgeschäft finden können. Lustig ist nur, daß sie in Deutschland arbeitet. Sie ist Korrespondentin für Kellogg in Bremen. Das *corn* für ihre Cornflakes, so hat sie mir geschrieben, kommt aus Amerika, ihr Fernseher aus Japan und ihr Auto aus Italien. So lebt sie von und mit dem Export. Ganz international!"

II. Grammar

1. The present perfect tense is formed with the present of the auxiliary **haben** (except as in 2 below) plus the past participle.

ich habe gesehen	I have seen
du hast gesehen	you have seen
etc.	etc.

2. The auxiliary **sein** rather than **haben** is used with intransitive verbs showing motion from one place to another or change of condition, and with these verbs: **bleiben, gelingen, geschehen** *to happen*, **sein.**

ich bin gelaufen	I have run
ich bin gewesen	I have been
ich bin geworden	I have become

A few verbs can take either **sein** or **haben**, depending on whether they are used transitively or intransitively.

Ich **habe** schon oft einen VW **gefahren.**
Wir **sind** nach Hamburg **gefahren.**

3. Special problems with modal auxiliaries:

All modals have two past participles. The first one, with the prefix **ge-**, is used when no infinitive is used with the modal (even though such an infinitive may be understood).

Ich habe es immer **gemocht**.	I have always liked it.
Ich habe es nie **gekonnt**.	I have never been able (to do) it.

The second past participle, which looks exactly like the infinitive, is used when a complementary infinitive is used with the modal.

Das habe ich dich immer **fragen wollen**.	I have always wanted to ask you that.

For the sake of convenience (since the past participle is identical with the infinitive), this construction is commonly called the double infinitive construction.

Die Kameras aus Deutschland sind oft zu teuer geworden für den Export.

4. Word order:

    a. In compound tenses the auxiliary is regarded as the verb and therefore, in a main clause, it stands in second place. The past participle stands at the end.

        Sie **hat** den Job nicht **bekommen**.
        Sie **ist** nicht nach Amerika **gefahren**.

    Note: In a sentence containing both a past participle and an infinitive, the infinitive phrase stands at the end, set off by a comma.

        Sie haben diese Waren **produziert**, um sie zu **exportieren**.

    b. In a dependent clause, the auxiliary stands at the end.

        Ich weiß, daß sie eine Stelle bekommen **hat**.
        Ich weiß nicht, ob es ihr gelungen **ist**.

    c. The double infinitive construction *always* stands at the end, even in a subordinate clause.

Jeder weiß, daß West-
    deutschland immer vom
    Export hat **leben müssen**.
	Everyone knows that West
	    Germany has always had to
	    live from export.

    d. The verbs **fühlen, hören, lassen, sehen** are like modals in that they usually employ a double infinitive construction in the perfect tenses.

        Ich habe es **kommen sehen**.   I saw it coming.

5. Use of the present perfect:
The present perfect is used chiefly for past time in conversation, even where English uses the simple past.

        Sie **hat** sofort nach Amerika   She immediately wrote to America.
        geschrieben.

6. The three German words for *when* are used as follows:

    a. **als** for past time (except as in *c* below)

        Ich **bin** schon in einem VW **gefahren, als** ich noch ein Baby **war**.

    b. **wann** for direct and indirect questions

        Wann ist es ihr gelungen? Ich weiß nicht, **wann** es ihr gelungen ist.

c. **wenn** for present and future time and for past time if *whenever* is implied

    Wenn ich sie **frage**, antwortet sie mir sofort.
    Sie antwortete mir **immer, wenn** ich sie etwas fragte.

III. Exercises

A. Answer orally.

1. Von wem erzählt Inge Mark während eines Spazierganges?
2. Was hat Karin gelesen?   3. Was hat sie danach sofort getan?
4. Hat Mark gewußt, daß es solche Fabriken in Amerika gibt?
5. Gibt es eine Volkswagenfabrik in den USA?   6. Wann hat Mark zum erstenmal in einem Volkswagen gesessen?   7. Wann hat in Amerika der Kameraimport aus Deutschland geblüht?
8. Woher kommen jetzt viele Fotoapparate in Amerika?   9. Kann Westdeutschland ohne den Export leben?   10. Was kauft Amerika von Westdeutschland?   11. Ist es Karin gelungen, eine Stelle bei einer Firma in Amerika zu bekommen?   12. Für wen arbeitet sie jetzt?   13. Woher kommen ihr Auto und ihr Fernseher?

B. Give the third person singular in the present perfect of the verbs in Chapter 9, Exercise B (p. 102-103).

C. Change the sentences in Chapter 9, Exercise C (p. 103), to the present perfect.

D. Repeat the sentences in Exercise C above, introducing each one with **Ich weiß, daß . . .**

E. Change to present perfect tense.

1. Das wollte ich dir schon gestern erzählen.   2. Diesen Wagen konnte sie nicht fahren.   3. Für die Prüfung mußten wir viele Bücher lesen.   4. Mochte sie nicht gern darüber sprechen?
5. Warum ließen Sie die Werkzeuge nicht exportieren?   6. Er sollte nicht so oft nach Bremen fahren.   7. Die Marburger sahen die Tanks in ihre Stadt rollen.   8. Sie konnten den Kampf um den Export leider nicht gewinnen.   9. Trotz der Maschinen hörte ich den Mechaniker sprechen.   10. Sie wollte sofort nach Amerika schreiben.

F. Write in German, using the present perfect whenever possible.

1. Have I told you about my friend Karin?   2. Did you know that Germany has firms in the U.S.A.?   3. I do not know when Volkswagens became so expensive.   4. When did you drive a "beetle" for the first time?   5. I was a baby when this car came to America.   6. Around 1955 Germany sold many cameras in the U.S.A.   7. Japan has been able to win the battle for (**um**) the export.   8. My friend has never heard the name Zeiss.   9. West Germany has not been able to live without its export.   10. America received many tools from Germany.   11. Karin finally found a job in the export business.   12. I don't know when she bought her car and her TV set.   13. When she was not able to work in America, she took a job with (**bei**) Kellogg in Bremen.

IV. Pattern Drills

A. Answer the questions affirmatively in the past tense.

Example: Hat er das Buch gelesen?
Ja, er las das Buch.

1. Hat sie einen Brief geschrieben?
2. Hat sie eine Stelle bekommen?
3. Hat er davon gehört?
4. Sind sie in einem VW gefahren?
5. Hat er viele Mikroskope gesehen?
6. Ist das Auto damals populär geworden?
7. Hat die Bundesrepublik viel exportiert?
8. Hat die Freundin schwer gearbeitet?

B. Change the sentences from the past to the present perfect tense.

Example: Er sagte es ihm nicht.
Er hat es ihm nicht gesagt.

1. Das Land lebte vom Export.
2. Sie kannten den Namen der Kamera.
3. Wir saßen in einem Volkswagen.
4. Er antwortete ihr sofort.
5. Unterbrachen sie das Fernsehprogramm?
6. Ich schrieb sofort nach Amerika.

7. Sie fragten ihn nach dem Export.
8. Man las viel darüber.

C. *Answer the following questions affirmatively in the first person singular, and add a clause in the third person singular with* **mein Freund** *as subject.*

Example: Sind Sie ins Haus gegangen?
　　　　Ja, ich bin ins Haus gegangen, und mein Freund ist auch ins Haus gegangen.

1. Sind Sie nach Deutschland gefahren?
2. Sind Sie lange da geblieben?
3. Sind Sie in Hannover gewesen?
4. Sind Sie in den Park gefahren?
5. Sind Sie nach Marburg gekommen?
6. Sind Sie durch das Dorf gegangen?
7. Sind Sie zum Bahnhof gelaufen?
8. Sind Sie glücklich geworden?

D. *Change the sentences from the past to the present perfect tense.*

Example: Am Wochenende fuhr er nach Hannover.
　　　　Am Wochenende ist er nach Hannover gefahren.

1. Sie kam sehr oft zu uns.
2. Schnell lief er zum Bahnhof.
3. Trotz der Energiekrise ging es uns gut.
4. Er starb sehr plötzlich.
5. Viele blieben in Amerika.
6. Mein Bruder wurde Professor.
7. Waren Sie dieses Jahr in Deutschland?
8. Wer gab ihr die Zigaretten?
9. Wann gelang es ihr?

E. *Introduce each of the following sentences with* **Ich weiß, daß . . . ,** *placing the auxiliary at the end.*

Example: Er hat den Offizier gesehen.
　　　　Ich weiß, daß er den Offizier gesehen hat.

1. Das Mädchen ist heute gekommen.
2. Das Kind ist zu Hause geblieben.

3. Sie haben nur Kaffee getrunken.
4. Er hat erst um halb neun gegessen.
5. Sie hat ihre Heimat schon vergessen.
6. Mein Bruder hat nichts davon verstanden.
7. Er hat ihn am Bahnhof gesehen.
8. Es ist ihr endlich gelungen.

F. *Answer the questions affirmatively in the past tense.*

Example: Hat man darüber diskutieren wollen?
Ja, man wollte darüber diskutieren.

1. Hat sie etwas über den Export wissen wollen?
2. Haben sie die Chemikalien verkaufen dürfen?
3. Hat die Textilindustrie die Krise kommen sehen?
4. Hat er schnell einen Job finden können?
5. Haben die Kinder das Sauerkraut essen mögen?
6. Hat die Firma hier ein Werk bauen sollen?
7. Hat dieser Wagen den Markt gewinnen können?
8. Haben sie seine Freundin in Amerika arbeiten lassen?

G. *Change the sentences to the present perfect tense.*

Example: Ich will dich fragen.
Ich habe dich fragen wollen.

1. Deutschland kann viel exportieren.
2. Die Deutschen müssen vom Export leben.
3. Ich sehe ihn arbeiten.
4. Sie will mir schreiben.
5. Er soll nicht so viel essen.
6. Wir lassen ihn kommen.
7. Sie mag das nicht tun.
8. Das darfst du den Eltern nicht schreiben.

H. *Connect the following pairs of sentences with* **als, wenn,** *or* **wann** *as required.*

Example: Ich war schon da. Er kam endlich.
Ich war schon da, als er endlich kam.

1. Ich kann hier sein. Er kommt.
2. Ich verstehe ihn. Er spricht laut genug.
3. Ich lief ins Haus. Ich sah ihn.

4. Ich sah ihn. Er kam ins Zimmer.
5. Er saß immer da. Ich kam ins Zimmer.
6. Er las ein Buch. Wir fanden ihn. *Er las ein Buch. als wir ihn fanden*
7. Ich weiß nicht. Kommt er? *Wann er kommt*
8. Ich weiß nicht. Geht er mit ihr?

Vocabulary

der **Bundestag** *Lower House of German Parliament*
der **Hund, -e** dog
der **Kanzler, -** chancellor
der **Ort, -e** town, place
der **Platz, ⁻e** place
der **Politolo'ge, -n, -n** political scientist
der **Vortrag, ⁻e** lecture

(das) **Bonn** *capital of West Germany*
das **Studentenhaus, ⁻er** Student Union Building

die **Altstadt** *old section of a city*
die **Anmeldung, -en** registration
die **Anzeige, -n** notice, announcement
die **CDU (Christlich-Demokratische Union)** Christian Democratic Union
die **Fahrt, -en** drive, trip
die **Hauptstadt, ⁻e** capital city
die **Kunst, ⁻e** art

die **Partei', -en** (political) party
die **Regierung, -en** government
die **Reise, -n** trip
die **Sitzung, -en** session; meeting
die **SPD (Sozialdemokratische Partei Deutschlands)** Social Democratic Party

erklären explain, declare
erreichen reach; achieve
fliegen, flog, ist geflogen fly
geschehen, geschah, ist geschehen (geschieht) happen, take place
schlafen, schlief, geschlafen (schläft) sleep

klar clear
müde tired
vorig previous

bald soon
nachdem after (*conj.*)
vorher before (*adv.*)
zwar to be sure

Idioms

eine Fahrt (eine Reise) machen take a trip
heute mittag this noon (*the noun* **Mittag** *used as an adverb*)

vor vier Wochen (einem Jahr) four weeks (a year) ago

Cognates and Compounds

der **Bus, -se**
die **Debatte, -n**
demokratisch
diszipliniert'
funktionie'ren
hundemüde

die **Information', -en**
die **Informations'fahrt, -en**
das **Kabinett', -e**
die **Kosten** (*pl. only*)
phantastisch
der **Poli'tiker, -**

der **Repräsentant', -en, -en**
reservie'ren
die **Tour, -en**
die **Truppe, -n**
die **Villa, Villen**

Chapter 11

Pluperfect and Future Tenses

I. Reading

Bonn und die Demokratie

Bill erzählt:

Im vorigen Monat hatte ich im Studentenhaus eine Anzeige gelesen: INFORMATIONSFAHRT NACH BONN, 4 TAGE—NICHT NUR FÜR POLITOLOGEN. ANMELDUNG BEIM INSTITUT FÜR POLITIK. Sofort war ich zum Institut gegangen, um mir einen Platz zu reservieren.

„Sie werden die Bundeshauptstadt sehen, Vorträge hören und mit Politikern diskutieren", hatte ein Assistenzprofessor im Institut mir erklärt. „Nachdem Sie diese Informationsfahrt gemacht haben, werden Sie sicher Politik studieren wollen."

Lachend hatte ich geantwortet: „Oder ich werde nie wieder etwas von Politik hören wollen."

Das war vor vier Wochen geschehen. Vor fünf Tagen begann dann die Tour, und gestern war ich wieder in Marburg. Ich muß wirklich sagen: Es war phantastisch. Natürlich hatte ich schon viel über die Bundesregierung gehört, aber nie war mir ganz klar geworden, daß sie wirklich demokratisch ist und so gut funktioniert. Nachdem wir Bonns Altstadt und die Neubauten des Ortes gesehen hatten, besuchten wir eine Sitzung des Bundestages. Oh, gab es da eine Debatte! Die Repräsentanten der SPD und der CDU diskutierten über die Kosten für die US-Truppen in der Bundesrepublik. Manchmal dachte ich: Wie wird das nur enden?! Aber obwohl sie oft laut wurden, blieb die Sitzung diszipliniert. Ich sah: Diese Politiker hatten die Kunst der Debatte gelernt.

Wir hatten keine Minute Freizeit in Bonn, und die Busfahrt war zwar schön, aber lang. Als wir Marburg endlich wieder erreichten, war ich hundemüde.

„Haben Sie wenigstens den Kanzler gesehen?" fragte Herr Gundlach mich heute mittag, nachdem ich 12 Stunden geschlafen hatte.

„Leider nicht", sagte ich, „er war am Tage vorher nach Washington geflogen. Wir haben mit Herren seines Kabinetts gesprochen und wenigstens seine Villa gesehen. Glauben Sie mir, diese Reise nach Bonn werde ich nicht so bald vergessen."

Bill sah: Die Politiker in Bonn hatten die Kunst der Debatte gelernt.

II. Grammar

1. The pluperfect tense is formed with the past of **haben** or **sein** plus the past participle.

ich hatte gesehen	I had seen
du hattest gesehen	you had seen
etc.	etc.

2. The use of the pluperfect tense in German corresponds to its use in English: it designates an action in the past that took place before another action in the past.

> Er **hatte** schon viel über Bonn **gehört**, aber er **kannte** die Stadt noch nicht.

> He had already heard a lot about Bonn, but he did not yet know the city.

3. The future tense is formed with the present of the auxiliary **werden** plus the infinitive of the verb concerned.

ich werde gehen	I will go
du wirst gehen	you will go
er wird gehen	he will go
etc.	etc.

4. In conversational German, when either context or an adverb of time indicates the future, the present tense is frequently substituted for the future tense.

> Morgen **besuchen** wir eine Sitzung des Bundestages.

> Tomorrow we'll visit a session of the *Bundestag*.

5. Word Order:

   a. In the compound tenses discussed above, the auxiliary stands in second place in the main clause. The past participle or the infinitive stands at the end.

   > Die Politiker **hatten** die Kunst der Debatte **gelernt**.
   > Die Reise **werde** ich nicht so bald **vergessen**.

   b. In a dependent clause, the auxiliary stands at the end.

   > Wir hörten, daß der Kanzler nach Washington geflogen **war**.
   > Ich glaube, daß ich diese Reise nie vergessen **werde**.

c. With modals, the same principle applies as in the present perfect (see section 3, p. 111).

> Sie hatten mit Herren des Kabinetts **sprechen können.**
> Es ist mir klar, daß er nie wieder etwas von Politik wird **hören wollen.**

6. With **nachdem** *after*, German usage varies from English. In English, we may say:

> He came (*past*) soon after I went (*past*) to the institute.
> He will come (*fut.*) soon after I go (*present*) to the institute.

In German, the sequence of tenses is as follows:

> Er **kam** (*past*), bald nachdem ich zum Institut **gegangen war** (*pluperf.*).
> Er **wird kommen** (*fut.*), bald nachdem ich zum Institut **gegangen bin** (*pres. perf.*).

III. Exercises

A. Answer orally.

1. Was hatte Bill im Studentenhaus gesehen?   2. Wohin hatte er gehen müssen, um einen Platz zu reservieren?   3. Mit wem hatte er im Institut gesprochen?   4. Was hatte man ihm im Institut über die Fahrt gesagt?   5. Glaubt Bill, daß er nach der Informationsfahrt Politik studieren wird?   6. Wann war das geschehen?   7. Wieviel Tage war Bill in Bonn gewesen?   8. Hatte es ihm gefallen?   9. Wie hatte er die Bundesregierung gefunden?   10. Was hatten die Studenten in Bonn besucht? 11. Worüber hatten die Repräsentanten diskutiert?   12. Was dachte Bill manchmal?   13. War die Debatte laut?   14. War Bill sehr müde gewesen, als er Marburg wieder erreichte?   15. Wen hatte er in Bonn nicht gesehen?   16. Wohin war der Kanzler geflogen?   17. Was sagt Bill am Ende über diese Reise nach Bonn?

B. Give the third person singular in the pluperfect and the future of the verbs listed in Chapter 9, Exercise B, pp. 102–103.

C. Change the sentences in Chapter 9, Exercise C to the pluperfect and the future.

X *D. Repeat the sentences in Exercise C above, introducing each with* **Ich weiß, daß**. . .

E. Form sentences (a) in the future, (b) in the past.

1. nachdem, die Studenten, Bonn, sehen, sie, sicher, viel, über Politik, diskutieren   2. wir, hören, die Debatte, nachdem, wir, die Villa des Kanzlers, sehen

F. Write in German.

1. Bill had seen an announcement about a tour to Bonn.   2. After he had read it, he went to the Political Science Institute (= Institute for Politics).   3. He had talked with an assistant professor. 4. "You will see Bonn and learn much about politics," the professor said.   5. "After this tour, you will perhaps want to become a politician."   6. "I don't believe that," Bill had answered. 7. "But we shall see."   8. Bill found the trip fantastic.   9. He saw the old section of Bonn and sat in on (= visited) a session of the *Bundestag*.   10. There the representatives had a debate about the U.S. troops in Germany.   11. The debate often got loud but remained disciplined.   12. The students had liked the bus trip (*use* **gefallen**).   13. But they were dog-tired when the bus reached Marburg.   14. Bill had not seen the chancellor in Bonn.   15. He said to his landlady, "I hope that I will be able to travel to Bonn again."

IV. Pattern Drills

A. Change the sentences from the present perfect to the pluperfect.

Example: Er hat das Buch genommen.
　　　　　Er hatte das Buch genommen.

1. Ich habe die Anzeige gelesen.
2. Er hat mir die Prüfung erklärt.
3. Wir sind nach Bonn gefahren.
4. Das ist mir nie klar geworden.
5. Sie haben über das Problem diskutiert.
6. Sind sie aus dem Haus gegangen?
7. Sie haben den Kanzler nicht gesehen.
8. Das ist damals geschehen.

B. *Change the sentences from the future to the present perfect.*

Example: Er wird uns schreiben.
Er hat uns geschrieben.

1. Er wird vielleicht studieren.
2. Sie wird mich sicher vergessen.
3. Es wird ihm nicht gelingen.
4. Manchmal wird er ihn um Geld bitten.
5. Sie werden wohl schnell sterben.
6. Ich werde daran denken.
7. Das wird nicht glücklich enden.
8. Der Kanzler wird nach Bonn fliegen.

C. *Answer the following questions with* **Nein, aber** . . . , *and affirm in the future with* **bald.**

Example: Geht er jetzt in die Stadt?
Nein, aber er wird bald in die Stadt gehen.

1. Tut er es jetzt?
2. Hilft sie ihm jetzt?
3. Fährt er jetzt nach Bonn?
4. Spricht er jetzt mit dem Politiker?
5. Reserviert er den Platz jetzt?
6. Besucht er die Altstadt jetzt?
7. Hört er jetzt eine Debatte?
8. Fliegt er jetzt nach Berlin?

D. *Change the following sentences from the present perfect or pluperfect to the past.*

Example: Er hatte nach Berlin fliegen wollen.
Er wollte nach Berlin fliegen.

1. Wir hatten nichts exportieren können.
2. Man hat es nicht tun müssen.
3. Sie hatte nicht so lange schlafen mögen.
4. Damals haben sie demonstrieren dürfen.
5. Ich habe mich nicht unterbrechen lassen.
6. Sie hatten es damals tun können.
7. Er hatte es immer kommen sehen.
8. Wir haben mit ihm sprechen wollen.

E. Answer the following questions affirmatively in the future tense.

Example: Darf sie nach Bonn fahren?

Ja, sie wird nach Bonn fahren dürfen.

1. Muß er die Waren bezahlen? *müssen*
2. Können wir den Kanzler sehen? *können*
3. Darf man solch eine Sitzung besuchen? *dürfen*
4. Muß sie zum Institut gehen? *müssen*
5. Läßt seine Wirtin ihn lange schlafen? *lassen*
6. Hören sie die Repräsentanten diskutieren? *hören*
7. Will er Politiker werden? *wollen*
8. Muß sie dort einen Platz reservieren? *müssen*

F. Introduce each of the following sentences with **Ich weiß, daß . . .** , *and make the appropriate changes in word order.*

Example: Er war nach Amerika gereist.

Ich weiß, daß er nach Amerika gereist war.

1. Der Export hat damals geblüht. *Ich weiß, daß der Export damals geblüht hat.*
2. Die Debatte wird sehr laut werden. *die Debatte sehr laut werden wird.*
3. Sie hatte eine Stelle in Bremen gefunden. *sie eine Stelle in Bremen gefunden hatte.*
4. Sie sind mit dem Bus gefahren. *Sie mit dem Bus gefahren sind.*
5. Es war uns nicht oft gelungen. *Es uns nicht oft gelungen war.*
6. Das wird er nicht jeden Tag tun. *Das er nicht jeden Tag tun wird.*
7. Das wird er nicht jeden Tag tun wollen. *das er nicht jeden Tag tun wollen wird.*
8. Das werden sie nie vergessen können. *das sie nie vergessen können werden.*

G. Connect the following sentence pairs with **nachdem,** *and make the appropriate tense changes in the second sentence.*

Examples: Ich lief ins Haus.   (nachdem)   Ich sah ihn.

Ich lief ins Haus, nachdem ich ihn gesehen hatte.

Er wird mich besuchen.   (nachdem)   Er arbeitet.

Er wird mich besuchen, nachdem er gearbeitet hat.

1. Sie ging ins Kino.   (nachdem)   Sie las das Buch. *das Buch gelesen hatte*
2. Sie vergaßen ihre Freunde.   (nachdem)   Sie gewannen so viel Geld. *hatten*
3. Er fand eine Stelle.   (nachdem)   Er schrieb viele Briefe. *viele Briefe geschrieben hat*
4. Er war sehr müde.   (nachdem)   Er fuhr fünf Stunden. *fährt hat.*
5. Wir werden hungrig sein.   (nachdem)   Wir erreichen Marburg. *hatten.*
6. Ich werde es glauben.   (nachdem)   Ich sehe es. *gesehe hatte.*
7. Er wird Politiker werden wollen.   (nachdem)   Er sieht Bonn. *gesehen hat.*

Vocabulary

der **Hügel,** - hill
der **Norden** north
der **Osten** east
der **Raum,** ⸚e space, region
der **Süden** south
der **Wald,** ⸚er forest, woods
der **Wunsch,** ⸚e wish

das **Feld, -er** field
das **Gebiet, -e** region, realm
das **Gebirge,** - mountains
das **Ruhrgebiet** *region around the Ruhr River*
(das) **Schleswig-Holstein** *province on the coast of northern Germany*

die **Burg, -en** castle
die **Heide, -n** heather
die **Landschaft, -en** landscape
die **Mitte** middle, center
die **Ostsee** Baltic Sea
die **See, -n** sea
die **Umge'bung** surroundings
die **Wiese, -n** meadow

die **Ferien** vacation (*pl. only*)

gehören (zu) belong to

liegen, lag, gelegen lie, be located
reisen travel

ander– different, other
arm poor
bayrisch Bavarian
bergig mountainous
dunkel dark
eigen own
flach flat
fruchtbar fruitful, fertile
früh early
grün green
kalt cold
kühl cool
merkwürdig peculiar, strange
mittel– central
ruhig quiet
sauber clean
schmutzig dirty
stolz proud
waldig wooded
weit wide; far
zufrieden satisfied, content

hin to there (*expresses motion away from the speaker*)
sogar' even (*adv.*)
sonst otherwise

Idioms

ich Arme! poor me (*fem.*)
der Gute! bless his heart

heute morgen this morning
was für ein what kind of

Cognates and Compounds

alpin'
amerika'nisch
der **Arm, -e**
der **August'**
der **Charak'ter, Charakte're**

dorthin
die **Geographie'**
geographisch
historisch
industriell'
der **Juni**

die **Nordsee**
stürmisch
systematisch
ultramodern'
die **Zone, -n**

Chapter 12

Adjectives

I. Reading

Ein Plan für geographische Ferien

Heike erzählt:

Heute morgen hat Bill mich gefragt, wohin er in seinen langen Semesterferien fahren kann. Er will drei typische deutsche Landschaften sehen: den flachen Norden, die bergige Mitte und den alpinen Süden — und das alles in drei kurzen Monaten. Der Gute! Ich kenne ihn und seine merkwürdigen Wünsche sehr genau. Bei Bill muß alles systematisch sein, sonst ist er nicht zufrieden.

Natürlich hat Bill die dunklen Wälder, die grünen Berge und die fruchtbaren Felder in der nahen Umgebung Marburgs gesehen. Auch die weiten Wiesen des norddeutschen Raums kennt er schon. Sogar die blühende Heide ist ihm nichts Neues mehr. Unseren stolzen schmutzigen Rhein hat er besucht und das industrielle Ruhrgebiet. In historischen Burgen, in alten und in ultramodernen Städten ist er gewesen.

„Was soll ich Arme dir nur sagen?" habe ich ihn gefragt. „Du weißt doch, daß man von keiner ,typisch deutschen' Landschaft sprechen kann, sondern nur von vielen deutschen Landschaften. Jede geographische Zone hat ihren eigenen Charakter, und es gibt wirklich mehr als nur drei solcher geographischen Zonen. Die Semesterferien sind viel zu kurz für eine solche Reise."

Erst nach langer Diskussion hat Bill mich verstanden, und jetzt hat er einen ganz anderen Plan. Im späten Juni reist er nach Schleswig-Holstein. Dort sieht er die stürmische, kalte Nordsee und die ruhige, aber nicht ganz saubere Ostsee. Im frühen August will er in die bayrischen Alpen. Doch glaube ich noch nicht, daß er dorthin fahren wird. Es wird ihm im kühlen Norden viel zu gut gefallen, weil er dort nicht so oft in die Arme amerikanischer Touristen läuft.

Mitteldeutschland will er gar nicht mehr besuchen, denn er weiß jetzt, daß er ein paar typische Gebiete davon schon kennt.

„Ich habe gar nicht gewußt", sagte er zu mir, „in was für einer geographischen Zone Marburg liegt. Daß unsere schönen waldigen Hügel zu den Mittelgebirgen gehören, war mir neu. Wenn ich das Wort Gebirge hörte, habe ich immer an hohe Berge gedacht."

Ich mußte lachen. „Du siehst also, daß man sogar von einer norddeutschen Biologiestudentin etwas über mitteldeutsche Geographie lernen kann."

Die grünen Berge der nahen Umgebung hat Bill schon gesehen.

II. Grammar

1. *Predicate* adjectives are uninflected.

   Die Semesterferien sind zu **kurz**.

2. *Attributive* adjectives (preceding a noun) are always inflected. There are two sets of declensional endings:

	STRONG[1]				WEAK			
	MASC.	NEUT.	FEM.	PL.	MASC.	NEUT.	FEM.	PL.
N.	-er	-es	-e	-e	-e	-e	-e	-en
A.	-en	-es	-e	-e	-en	-e	-e	-en
D.	-em	-em	-er	-en	-en	-en	-en	-en
G.	-en	-en	-er	-er	-en	-en	-en	-en

   Note that with the exception of those boxed, all weak endings are **-en**. For adjective declensions in the traditional order, see Appendix, pp. 256–257.

3. How to determine whether an adjective is weak or strong:

   a. When *no article* precedes the adjective, *always* use the strong endings.

   Nach lang**er** Diskussion hat er mich verstanden.
   Er läuft in die Arme amerikanisch**er** Touristen.

   b. When the *definite article* or a **dieser**-*word* precedes the adjective, *always* use the weak endings.

   Diese historisch**e** Burg liegt im Wald.

   c. When an **ein**-word precedes the adjective, follow this rule:

   (1) If the **ein**-word has an ending, use the weak ending on the adjective.

   Jetzt hat er einen neu**en** Plan.
   Er will unseren stolz**en** Rhein besuchen.

   (2) If the **ein**-word has no ending, use the strong ending on the adjective.

   Mein gut**er** Freund kennt unser kühl**es** Norddeutschland schon gut.

---

[1] Except in the masculine and neuter genitive these endings are identical with those of **dieser**.

d. If more than one adjective precedes the noun, they are all treated alike.

> Auf **hohen**[1], **grünen** Bergen ist er gewesen, und die **stürmische, kalte** Nordsee hat er gesehen.

e. After **alle** the adjective is weak.

f. After **andere, einige** *a few*, **viele** it is usually strong.

g. **Viel** itself is ordinarily undeclined in the singular.

4. Adjectives ending in **-el** or in **-er** drop the **e** when inflected:

> dunkel — der **dunkle** Wald
> teuer — ein **teures** Haus

5. Present and past participles used as adjectives are inflected like adjectives: die **blühende** Heide, das **gesprochene** Wort.

6. Adjectives are often used as nouns referring to persons or things having the quality of the adjective. Thus an old man may be called **der Alte, ein Alter**; an old woman **die Alte, eine Alte**; old people **die Alten**; *the old* in the sense of that which is old, is **das Alte**; *something old* is **etwas Altes**. When so used the adjectives are capitalized and declined just as if the noun for which they stand were present.

7. There is in German a fairly large number of adjectival nouns, that is, nouns that were originally adjectives. Such nouns take adjective endings: **der Deutsche, ein Deutscher, die Deutschen**.

8. Any adjective may be used as an adverb.

> Er ist ein **guter** Student. He is a good student.
> Er arbeitet **gut**. He works well.

9. In the interrogative expression **was für ein** *what kind of*, the case of the following noun is determined by its function in the sentence, not by the preposition **für**.

> **Was für ein** Mann ist er? What kind of a man is he?
> **In was für einem** Haus wohnen Sie? In what kind of a house do you live?

---

[1] Note irregularity: when **hoch** is declined, the c is dropped.

III. Exercises

A. Answer orally.

1. Wann möchte Bill eine Reise machen?   2. Was will er auf dieser Reise besuchen?   3. Wieviel Zeit hat er für diese Reise?   4. Wie nennt Heike Bills Wünsche?   5. Was hat Bill in der Umgebung Marburgs schon gesehen?   6. Was kennt er im norddeutschen Raum?   7. Ist der Rhein sauber?   8. Hat Bill schon Burgen und Städte besucht?   9. Gibt es eine typische deutsche Landschaft?   10. Hat Bill Heike sofort verstanden?   11. Wohin will er zuerst fahren?   12. Wann will er in die Alpen?   13. Warum glaubt Heike nicht, daß Bill in die Alpen fahren wird?   14. Warum ist Mitteldeutschland für Bills Reise nicht so wichtig?   15. Gibt es bei Marburg sehr hohe Berge?   16. Aus welchem Gebiet Deutschlands kommt Heike?

B. Supply endings where necessary.

1. Dieser amerikanisch— Student hat merkwürdig— Wünsche.   2. Er möchte während der kurz— Ferien drei typisch— deutsch— Landschaften besuchen.   3. Er weiß, daß der Norden flach—, der Süden alpin— und die Mitte bergig— ist.   4. Aber er weiß noch nicht, daß es mehr als drei geographisch— Zonen in Deutschland gibt.   5. Er kennt schon die grün— Wiesen und die blühend— Heide.   6. Am schmutzig— stolz— Rhein ist er gewesen.   7. Auch die dunkl— Wälder auf den hoh— Bergen hat er gesehen.   8. Seine deutsch— Freundin hilft ihm, ein— ander— Plan zu machen.   ×9. Den kühl— Norden mit sein— weit— Wiesen will er besuchen.   10. Auch die kalt— Nordsee und die ruhig— Ostsee gehören zu sein— neu— Programm.   11. Vielleicht fährt er auch in die bayrisch— Alpen.   12. Aber dort gibt es zu viel— amerikanisch— Touristen.   13. Die grün—, waldig— Hügel der deutsch— Mittelgebirge sind ihm nichts Neu— mehr.   14. Er wird sie also in sein— „geographisch— Ferien" nicht besuchen.

C. Make short sentences with each of the following groups of words, using the adjectives attributively.

1. ich, unser, schön, Haus, sehen   2. mein, jung, Schwester, kommen   3. Student, in, sein, ruhig, Zimmer, wohnen   4. unser, Städte, haben, viel, neu, Gebäude   5. in, die Ferien, ich, in, alpin, Süden, reisen   6. Frau, auf, alt, Markt, gehen   7. Burg, stehen,

auf, hoch, Berg   8. Sie, mit, Ihr, gut, Freund, kommen
9. Mutter, ihr, arm, Freundin, helfen   10. mein, Bruder, in, ein,
ander, Stadt, leben

D. *Change the sentences in Exercise C above to the plural.*

E. *From the following list of adjectives, select an appropriate one for
each of the blanks below. Add endings if necessary.*

schön, hoch, grün, flach, stürmisch, blühend, romantisch, ganz,
schmutzig, ruhig, bergig, stolz, weit, modern, dunkel, industriell

1. Deutschland hat einen — Norden und einen — Süden.
2. In Schleswig-Holstein finden wir die — Nordsee, die —
Ostsee und — Wiesen.   3. Im August können wir die —,—
Heide sehen.   4. — Berge sieht man nur im Süden.   5. Aber —
Wälder sind im — Land.   6. Auch das — Ruhrgebiet ist
interessant.   7. Die Ostsee und auch der — Rhein sind heute
leider —.   8. Es gibt viele — Städte, aber auch noch immer —
Burgen.

F. *Write in German.*

1. Where (to) can I travel in my long vacation from (the) late June
until August?   2. Have you seen the three geographical zones of
Germany?   3. Yes, I know the flat north, the green hills of the
middle, and the high mountains in the south.   4. Then these
regions are nothing new to you.   5. Why don't you visit the
stormy North Sea?   6. There you don't find too many American
tourists.   7. But I do not like the cool north.   8. Then you
must see the beautiful Rhine or the wooded mountains in the south.
9. Perhaps you can also travel to (= into the) modern Berlin.
10. (I) thank you, I will surely learn much about German geography
in these two (= both) months.

IV. Pattern Drills

A. *From the sentence pairs below, form a new sentence by making the
adjective modify the noun.*

   Example: Hier ist das Haus. Es ist alt.
   　　　　　Hier ist das alte Haus.

1. Hier ist der Bahnhof. Er ist modern.
2. Hier ist die Brücke. Sie ist schön.
3. Hier ist das Mädchen. Es ist jung.
4. Hier ist der Berg. Er ist hoch.
5. Hier ist die Wiese. Sie ist grün.
6. Hier ist das Feld. Es ist fruchtbar. *(fruitful)*
7. Hier ist die Straße. Sie ist lang.
8. Hier ist der Hügel. Er ist waldig.

B. *Proceed as in Drill A.*

Example: Ich sah die Brücke. Sie war neu.
Ich sah die neue Brücke.

1. Er sah die Straße. Sie war lang.
2. Er gab die Antwort. Sie war richtig.
3. Ich sah die Frau. Sie war jung.
4. Er erzählte die Geschichte. Sie war interessant.
5. Er sah das Land. Es war schön.
6. Ich sah den Rhein. Er war schmutzig.
7. Er aß das Brot. Es war frisch.
8. Ich mochte das Zimmer nicht. Es war kalt.

C. *Proceed as in Drills A and B.*

Example: Sie kennt einen Mann. Er ist jung.
Sie kennt einen jungen Mann.

1. Wir sehen den Wald. Er ist dunkel.
2. Er kennt den Studenten. Er ist freundlich.
3. Sie sehen den Norden. Er ist kühl.
4. Ich sehe den Tisch. Er ist alt.
5. Wir sehen einen Wald. Er ist dunkel.
6. Er kennt einen Studenten. Er ist freundlich.
7. Sie sehen einen Markt. Er ist typisch.
8. Ich sehe einen Tisch. Er ist alt.

D. *Answer the questions affirmatively in the first person singular, inserting the adjectives in parentheses.*

Example: Haben Sie ein Haus? (modern)
Ja, ich habe ein modernes Haus.

1. Haben Sie ein Buch? (gut)
2. Haben Sie ein Mikroskop? (deutsch)

3. Sehen Sie ein Gebirge? (schön)
4. Sehen Sie ein Gebäude? (modern)
5. Haben Sie ein Auto? (groß)
6. Kennen Sie ein Lokal? (klein)
7. Haben Sie ein Zimmer? (kühl)
8. Kennen Sie ein Mädchen? (fleißig) *delligent,*

E. *Change each of the following sentences by substituting a pronoun for the subject and making the adjective modify the predicate noun.*

Example: Dieser Mann ist alt.
Er ist ein alter Mann.

1. Dieser Professor ist alt.
2. Dieser Arbeiter ist jung.
3. Dieser Offizier ist freundlich.
4. Dieser Vater ist ruhig.
5. Dieser Mann ist glücklich.
6. Dieser Student ist dumm.
7. Dieser Amerikaner ist interessant.
8. Dieser Verkäufer ist froh.

F. *Proceed as in Drill E.*

Example: Dieses Mädchen ist jung.
Es ist ein junges Mädchen.

1. Dieses Auto ist schnell.
2. Dieses Land ist fruchtbar.
3. Dieses Haus ist kühl.
4. Dieses Gebäude ist alt.
5. Dieses Mädchen ist lustig.
6. Dieses Wort ist geschrieben.
7. Dieses Prinzip ist gut.
8. Dieses Haus ist attraktiv.

G. *Answer the questions affirmatively, using the adjectives in parentheses.*

Example: Stand er vor dem Haus? (groß)
Ja, er stand vor dem großen Haus.

1. Sprach er von der Arbeit? (schwer)
2. Sprach er von einer Arbeit? (schwer)
3. Stand er auf dem Berg? (hoch)
4. War er in dem Haus? (klein)

5. War er in einem Haus? (klein)
6. War er in dem Zimmer? (historisch)
7. Gab er es einem Freund? (jung)
8. Besucht er eine Burg? (romantisch)

H. *Restate each of the following sentences, using the appropriate form of the adjective in parentheses.*

Example: Das war Energie. (teuer)
Das war teure Energie.

1. Das waren Studenten. (diskutierend)
2. Er aß Gemüse. (frisch)
3. Das war Fleisch. (gut)
4. Ich hatte Bücher. (dick)
5. Sie studierte Geschichte. (deutsch)
6. Wir aßen Brot. (alt)
7. Das war Kaffee. (schwarz)
8. Sie trank Kaffee. (schwarz)

I. *Restate the following sentences, inserting the adjective* **jung** *before each noun.*

Example: Männer sind hier.
Junge Männer sind hier.

1. Kinder sind hier.
2. Frauen sind hier.
3. Ich sehe Kinder.
4. Ich sehe Frauen.
5. Die Kinder sind hier.
6. Die Frauen sind hier.
7. Ich sehe die Kinder.
8. Ich sehe die Frauen.
9. Wir sprechen von Kindern.
10. Wir sprechen von den Kindern.

J. *Answer the questions, using the adjectives in parentheses.*

Example: Was für ein Kind sah er? (klein)
Er sah ein kleines Kind.

1. Was für ein Haus war das? (alt)
2. Was für ein Mann war das? (glücklich)
3. Was für eine Frau war das? (fleißig)
4. Was für eine Heide sah er? (blühend)
5. Was für einen Mann sah er? (jung)
6. Was für eine Frau sah er? (lachend)
7. In was für einem Haus wohnte er? (modern)
8. Mit was für einer Frau sprach er? (jung)

Vocabulary

der **Mensch, -en, -en**   human being, man

(das) **Frankreich**   France
(das) **Griechenland**   Greece
(das) **Mallor'ca**   Mallorca (*Spanish island in the Mediterranean*)
das **Meer, -e**   sea
das **Mittelmeer**   Mediterranean Sea

die **Bahn, -en**   railroad, train; track
die **Mo'sel**   Moselle River

blau   blue
vergangen   past
voll   full
während   while (*conj.*)

Idioms

fragen nach   ask about
nicht einmal   not even

zu Hause   at home

Cognates and Compounds

antik
das **Hotel, -s**
die **Invasion', -en**
(das) **Jugoslawien**
der **Kontinent', -e**
luxuriös'
die **Rui'ne, -n**

der **Schwarzwald**
schwimmen, schwamm, ist geschwommen
sentimental'
der **Sommer, -**
(das) **Spanien**
(das) **Südeuro'pa**

(das) **Südfrankreich**
das **Tagebuch, ̈-er**
die **Wanderung, -en**
warm
das **Wasser, -**
die **Weile**
westeuropäisch

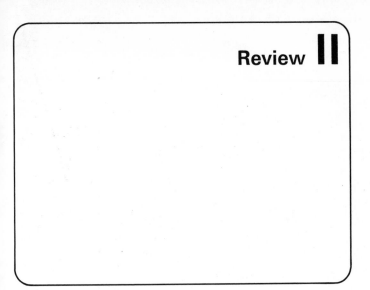

I. Reading

Touristen, Touristen!

Nachdem Inge von Bills Ferienplänen für den kommenden Sommer gehört hatte, schrieb sie in ihr Tagebuch:

Ich finde es gut, daß Heikes amerikanischer Freund „geographische Ferien" machen möchte. Als ich davon las, dachte ich sofort an meine europäischen Ferien vergangener Jahre. Denn ich bin zwar oft in die Länder des europäischen Südens gefahren; von den Landschaften im kühlen Norden Europas habe ich aber noch nicht viel gesehen. Jetzt, nachdem ich den amerikanischen Kontinent besuchen durfte, ist es mir klar geworden, wie wenig ich eigentlich von meiner deutschen Heimat kenne. Ich werde manchmal richtig sentimental, wenn ich an die romantischen alten Städte und Dörfer zu Hause denke. Mark, mein Freund, hat viel über diese historischen Orte gelesen. Wenn er mich nach ihnen fragt, kann ich meist keine Antwort geben.

Ja, so sind die modernen Deutschen! Sie besuchen zu gern andere Länder, vor allem Spanien, Italien, Jugoslawien und Griechenland. Mit ihren teuren Autos fahren sie in die armen Staaten Südeuropas, wohnen in luxuriösen Hotels und kaufen tausend Dinge für viel Geld. Sie schwimmen im warmen Wasser des blauen Mittelmeers und

Historische Städte wie Nürnberg sind meist voll von Touristen.

Birthplace of Dürer (artist

machen ihre Spaziergänge zwischen antiken Ruinen. In Deutschland aber kennen sie nicht einmal die nahe Umgebung ihrer Heimatstädte.

Während es am Mittelmeer eine Invasion von deutschen Touristen gibt, sind historische deutsche Städte wie Heidelberg, München, Nürnberg und Rothenburg voll von Touristen aus westeuropäischen Ländern, Amerika und sogar Japan.

Bis jetzt habe ich mich leider auch eine „typisch deutsche" Touristin nennen müssen: Obwohl ich schon in Rom, auf Mallorca und in Südfrankreich gewesen bin, habe ich den Schwarzwald, die Mosel und viele historische deutsche Städte noch nie gesehen.

Das soll anders werden, wenn ich wieder im guten alten Europa bin. Ich muß und will jetzt zuerst deutsche Landschaften und Orte sehen, und ich habe auch schon einen Plan. Mit der Bahn werde ich die besonders wichtigen Städte besuchen und von dort lange Wanderungen machen. An jedem Ort werde ich eine Weile wohnen, damit ich auch die Menschen dort verstehen lerne. Natürlich werde ich mit der Kamera reisen; denn ich habe bis heute nur wenige Fotos von meiner Heimat. Wer weiß, vielleicht reise ich in den kommenden Jahren wieder einmal nach Amerika und muß meinen Freunden dort etwas über Deutschland und seine Geschichte erzählen!

II. Exercises

A. Answer orally.

1. Wovon hatte Inge gehört? 2. Wer will „geographische Ferien" machen? 3. Woran dachte Inge, als sie von diesem Plan las? 4. Wo war Inge in den Ferien jener Jahre gewesen? 5. Welche Gebiete Europas kennt Inge schon? 6. Hat sie viel von ihrer deutschen Heimat gesehen? 7. Wann ist ihr das richtig klar geworden? 8. Wann wird sie sentimental? 9. Weiß Mark viel über historische Orte in Deutschland? 10. Kann Inge auf seine Fragen antworten? 11. Was besuchen die modernen Deutschen zu gern? 12. Wohin reisen sie? 13. Was für Autos haben sie? 14. Wo wohnen diese Touristen und was kaufen sie? 15. Wo schwimmen sie? 16. Wo machen sie ihre Spaziergänge? 17. Kennen diese Deutschen Deutschland gut? 18. Wen findet man im Sommer in Deutschland? 19. Wo in Deutschland sieht man diese Touristen vor allem? 20. Hat Inge schon viel von

Europa und Deutschland gesehen? 21. Was will Inge tun, wenn sie wieder in der Heimat ist? 22. Was wird sie besuchen? 23. Wird sie mit dem Auto dorthin fahren? 24. Was will sie an jedem Ort tun und warum will sie das? 25. Was wird mit ihr reisen? 26. Warum will sie viele Fotos machen?

B. Change everything possible in the following sentences to the plural, at the same time changing the verbs to the past.

1. Der Wald auf diesem Hügel ist dunkel. 2. Neben diesem Haus steht ein Neubau. 3. Der Berg bei diesem Dorf ist hoch. 4. Der Professor fährt mit seinem Studenten nach Bonn. 5. Mittags geht die Mutter mit ihrem Kind aus dem Haus. 6. Der Tourist läuft durch die Ruinen der Stadt. 7. Auf dem Tisch liegt ein Brötchen. 8. In diesem Laden kaufe ich eine Lederhose. 9. Er kennt nicht einmal seine Heimatstadt. 10. In ihrem Zimmer findet sie das Buch. 11. Das Mädchen lernt die Landschaft dieses Staates kennen. 12. Er sitzt im Restaurant und raucht eine Zigarette. 13. Der Tourist reist in das Gebirge. 14. Das Jahr ist lang.

C. Supply endings.

1. Da findet man die historisch— Burg. 2. Er wohnt in der luxuriös— Wohnung. 3. Die gut— Studentin ist meine Freundin. 4. Ich fragte die gut— Studentin. 5. Sie gibt es dem schön— Mädchen. 6. Das dick— Buch ist teuer. 7. Das ist die romantisch— Stadt. 8. Das ist der deutsch— Tourist. 9. Ich sehe den deutsch— Wagen. 10. Dies ist das groß— Zimmer. 11. Der Professor sitzt an dem neu— Tisch. 12. Er geht an das schwarz— Telefon. 13. Ich sah den alt— Mann. 14. Er schreibt den lang— Brief. 15. Ich verstehe das amerikanisch— Wort. 16. Ich gehe zu dem modern— Bahnhof. 17. Der jung— Geschäftsführer ist da. 18. Der alt— Mann saß in dem klein— Restaurant. 19. Das klein— Kind liegt auf der grün— Wiese. 20. Der schnell— Zug fährt nach Hamburg. 21. Die blühend— Heide ist schön. 22. Die Familie stand auf dem hoh— Berg. 23. Das fruchtbar— Feld gehört ihrem Bruder. 24. Sehen Sie die müd— Studentin? 25. Die Männer sind mit dem groß— Segelboot gekommen. 26. Berlin war die alt— Hauptstadt. 27. Siehst du den freundlich— Alten? 28. Siehst du das modern— Studentenhaus? 29. Der jung— Mann sieht die alt— Stadt am schön— Fluß. 30. Hinter dem neugierig—

Mädchen stand die lustig— Kellnerin.   31. Das ist der populär—
Käfer.   32. Die importiert— Kamera gefällt mir nicht.   33. Ich
kaufe die importiert— Kamera nicht.   34. Sie produzierten die
neu— Chemikalie.   35. Ich besuchte das glücklich— Kind.
36. Die Familie fährt mit dem Kind an den ruhig— See.   37. Er
wohnte im waldig— Gebiet.   38. Ich hörte die alt— Geschichte.
39. Ich nahm den früh— Zug.   40. Die lang— Debatte ist
nicht immer diszipliniert.

*D. In the sentences in Exercise C above, replace the definite articles
with indefinite articles, making the necessary changes in adjective
endings.*

E. Change everything possible in Exercise C to the plural.

F. Answer orally.

1. Um wieviel Uhr beginnt unsere Deutschstunde?   2. Um
wieviel Uhr endet sie?   3. Um wieviel Uhr essen Sie mittags?
4. Um wieviel Uhr essen Sie abends?   5. Wie spät ist es jetzt?
6. Wieviel Uhr war es vor 10 Minuten?   7. Wieviel Uhr wird es
in fünfzehn Minuten sein?

G. Give in German.

9:30 A.M., 9:30 P.M., 7:45 P.M., 4:15 A.M., 11:35 P.M.

H. Supply the correct German word for when.

1. — fahren Sie nach Deutschland?   2. Ich weiß noch nicht, —
ich dahin fahre.   3. — ich studierte, waren die Studenten noch
fleißig.   4. Ich sah immer viele Touristen, — ich in den Süden
fuhr.   5. — ich Norddeutschland besuche, werde ich auch die
Heide sehen.   6. — die Amerikaner in die Stadt kamen, begann
ein buntes Leben.

*I. Change the following sentences (a) to third person singular, (b) to
imperatives in the familiar singular, making any necessary changes in
personal pronouns.*

1. Wir nehmen heute ein Segelboot.   2. Mit diesem Auto fahre
ich nicht.   3. Sie laufen über die grüne Wiese.   4. Ich trinke
das klare Wasser.   5. Ich vergesse dich nie.   6. Wir essen oft
frisches Gemüse.   7. Diesen Film sehen sie diese Woche.   8. Sie

unterbrechen den Professor nicht immer. 9. Ich lasse das Programm nicht unterbrechen. 10. Davon sprechen sie heute manchmal.

J. Rewrite Exercise I above in past tense.

K. Write in German.

1. Inge's parents have to work hard. 2. She wants to stay in America. 3. She is not supposed to write her parents about that. 4. But she lets her sister know her plans. 5. Mark often speaks of Germany. 6. He would like to see the country. 7. If he comes this year, he can visit Bill here. 8. Inge's brother often says, "I am not permitted to travel to the U.S.A. 9. But my sisters are allowed to do everything. 10. Although I am 16 years old, I have to be (at) home at half past ten." 11. He always takes two or three books to (**auf**) his room and reads an hour or two. 12. On weekends he doesn't read the paper until 11 or 11:15 in the morning. 13. Arno says, "For (**seit**) years I have been wanting to travel to America. 14. My parents say that I am still too young, but that I can go in a few years. 15. Since our family is large, we can't always do what we want to. 16. I know, of course, that my parents are really right." 17. While I was walking to the university today, I saw a good friend. 18. He had been in Germany from June until August. 19. "Did you stay long in the big cities?" I asked him. 20. "No," he answered, "I did not go to (= into) the big cities, because I don't like them. 21. But I did see a very romantic small city while I was in Germany. 22. After I had seen the flat country in the north, I traveled to (= into) the center of the Federal Republic. 23. There I stayed in Marburg four weeks. 24. It is a very interesting place. 25. When I go to Germany again, I will visit only small villages. 26. When I was there this year, I saw too many American tourists."

III. Pattern Drills

(Review II-A)

*A. Answer each question affirmatively in first person singular, but add a negative sentence with **mein Freund** as subject, changing each possessive adjective to correspond to the subject.*

Example: Helfen Sie Ihrem Bruder?

Ja, ich helfe meinem Bruder, aber mein Freund hilft seinem Bruder nicht.

1. Lesen Sie Ihre Zeitung?
2. Essen Sie Ihr Sauerkraut?
3. Fahren Sie Ihren Sportwagen?
4. Unterbrechen Sie Ihren Vater?
5. Nehmen Sie Ihre Medizin?
6. Vergessen Sie Ihre Kamera?
7. Halten Sie Ihr Wort?

B. From each of the following sentences, form a phrase using the adjective attributively.

Example: Unsere Stadt ist romantisch.
unsere romantische Stadt

1. Meine Frage ist dumm.
2. Unsere Ostsee ist schmutzig.
3. Seine Freizeit ist kurz.
4. Ihr Fernsehprogramm ist gut.
5. Dein Freund ist pessimistisch.
6. Euer Gebäude ist hoch.
7. Unser Zimmer ist dunkel.
8. Unsere Kamera ist teuer.

C. Make new phrases, following the same pattern as in Drill B.

Example: Sein Platz ist reserviert.
sein reservierter Platz

1. Euer Park ist ruhig.
2. Sein Haus ist verkauft.
3. Unser Rhein ist stolz.
4. Ihr Kampf ist gewonnen.
5. Mein Konflikt ist furchtbar.
6. Unser Land ist flach.
7. Euer Berg ist hoch.
8. Ihre Wohnung ist bequem.

*D. Answer the following questions with **Nein,** but affirm in the future, beginning with **aber eines Tages.***

Example: Hat er ihn gesehen?
Nein, aber eines Tages wird er ihn sehen.

1. Hat er es getan?
2. Hat er ihm geholfen?
3. Hat er es gekonnt?
4. Hat er es bekommen?
5. Hat er es geschrieben?
6. Hat er ihm geglaubt?
7. Hat er es vergessen?
8. Hat er es gewollt?

E. *Answer the following questions with* **Nein,** *but affirm in the present perfect tense, replacing* **schon** *with* **erst heute.**

Example: Hatte sie schon mit ihm gesprochen?
Nein, sie hat erst heute mit ihm gesprochen.

1. Hatte sie es schon verstanden?
2. Hatte sie es schon getan?
3. Hatte sie es schon gekonnt?
4. Hatte sie es schon erfahren?
5. Hatte sie es schon gebracht?
6. War sie schon gekommen?
7. War sie schon gestorben?

F. *Connect each pair of sentences with* **als, wenn,** *or* **wann,** *as required, and make the necessary changes in word order.*

Example: Er wird nach Bonn fahren. Er hat Geld.
Er wird nach Bonn fahren, wenn er Geld hat.

1. Ich war nach Hause gegangen. Es wurde dunkel.
2. Er geht heute abend nach Hause. Es wird dunkel.
3. Sie ging immer nach Hause. Es wurde dunkel.
4. Er hat mich gefragt. Wird es dunkel?
5. Wir wissen nicht. Gehen wir schwimmen?
6. Sie wird mir schreiben. Sie ist in Berlin.
7. Sie hat mir geschrieben. Sie war damals in Berlin.
8. Sie hat mir immer geschrieben. Sie war in Berlin.
9. Er hat lange geschlafen. Er kam wieder nach Marburg.

G. *Answer each of the following questions affirmatively, inserting the possessive adjective corresponding to the subject and the adjective* **eigen** *before the noun.*

Example: Hat er ein Auto?
Ja, er hat sein eigenes Auto.

1. Hat er ein Tagebuch?
2. Hat sie ein Tagebuch?
3. Haben wir ein Tagebuch?
4. Haben die Mädchen ein Tagebuch?
5. Hat er einen Wagen?
6. Hat sie einen Wagen?
7. Haben wir einen Wagen?
8. Haben die Männer einen Wagen?
9. Hat er eine Kamera?
10. Hat sie eine Kamera?
11. Haben wir eine Kamera?
12. Haben die Touristen eine Kamera?

H. *Change the sentences from present to past.*

Example: Er hat zu wenig Zeit.
Er hatte zu wenig Zeit.

1. Sie bringt mir etwas Milch.
2. Die Soldaten haben keine Freizeit.
3. Der Film ist viel zu lang.
4. Wir sprechen oft über den Krieg.
5. Wir gehen leider nie zu Fuß.
6. Es gibt hier eine sehr freundliche Kellnerin.
7. Er kennt seine Heimat nicht.
8. Wir denken oft an diese Zeit.

(Review II-B)

A. *From each of the following sentences make a phrase using the adjective attributively.*

Example: Sein Mikroskop ist neu.
sein neues Mikroskop

1. Unser Dorf ist romantisch.
2. Mein Hotel ist sauber.
3. Ihr Restaurant ist teuer.
4. Sein Studium ist lang.
5. Euer Land ist fruchtbar.
6. Dein Glück ist kurz.
7. Ihr Baby ist hungrig.
8. Unser Leben ist schwer.

B. *Answer the questions affirmatively, inserting the possessive adjective corresponding to the subject plus the adjective* **eigen** *before the noun.*

Example: Saß er an einem Tisch?
        Ja, er saß an seinem eigenen Tisch.

1. Wohnt er in einer Wohnung?
2. Wohnt sie in einer Wohnung?
3. Wohnen wir in einer Wohnung?
4. Wohnen die Eltern in einer Wohnung?
5. Sprach er von einem Hobby?
6. Sprach sie von einem Hobby?
7. Sprachen wir von einem Hobby?
8. Sprachen beide von einem Hobby?
9. Dachte er an einen Profit?
10. Dachte sie an einen Profit?
11. Dachten wir an einen Profit?
12. Dachten die Politiker an einen Profit?

C. *Change the sentences from present to past.*

Example: Ich kann es nicht erzählen.
        Ich konnte es nicht erzählen.

1. Sie dürfen immer protestieren.
2. Du darfst ans Mittelmeer fahren.
3. Wir mögen kein Sauerkraut.
4. Ihr könnt den ganzen Kuchen essen.
5. Will sie es dir erklären?
6. Er soll jeden Abend üben.
7. Du willst den Kampf gewinnen.

D. *Change the sentences to the present perfect tense, then restate each sentence as a subordinate clause, beginning with* **Es ist schade, daß** . . .

Examples: Man durfte hier nicht schwimmen.
         Man hat hier nicht schwimmen dürfen.
         Es ist schade, daß man hier nicht hat schwimmen dürfen.

         Man konnte es nicht allein.
         Man hat es nicht allein gekonnt.
         Es ist schade, daß man es nicht allein gekonnt hat.

1. Er wollte es nie.
2. Ich konnte die Debatte nicht hören.

3. Sie mag es auch nicht.
4. Das durfte er nicht.
5. Er wollte nicht allein sein.
6. Er mußte sein Auto verkaufen.
7. Das soll er nicht lesen.
8. Sie kann nicht Deutsch sprechen.

E. *Answer each question using the adjective in parentheses.*

Example: Von was für einem Restaurant sprach er? (teuer)
Er sprach von einem teuren Restaurant.

1. In was für einem Wagen fuhr er? (schnell)
2. Was für eine Geschichte erzählte er? (dumm)
3. Was für einen Wald sah er? (dunkel)
4. In was für einer Wohnung wohnte er? (modern)
5. Was für Kameras sind dies? (deutsch)
6. In was für Länder fahren sie? (warm)
7. Was für ein Mensch ist er? (ruhig)
8. Was für Touristen findet man? (amerikanisch)

F. *Below appear statements concerning clock time, each one followed by a question. Answer in the first person singular, giving the clock time five minutes later than that in the statement.*

Example: Ich fahre um halb sechs. Wann fahren Sie?
Ich fahre um fünf Minuten nach halb sechs.

1. Ich bin um sieben Uhr am Bahnhof. Wann sind Sie am Bahnhof?
2. Ich bin um zehn Minuten nach sechs am Bahnhof. Wann sind Sie am Bahnhof?
3. Ich bin um fünf vor halb sieben am Bahnhof. Wann sind Sie am Bahnhof?
4. Ich bin um halb sieben am Bahnhof. Wann sind Sie am Bahnhof?
5. Ich habe bis zwanzig nach acht geschlafen. Bis wann haben Sie geschlafen?
6. Ich habe bis fünf Minuten vor halb elf gearbeitet. Bis wann haben Sie gearbeitet?
7. Ich habe bis Viertel nach elf gearbeitet. Bis wann haben Sie gearbeitet?
8. Ich habe bis Mittag gearbeitet. Bis wann haben Sie gearbeitet?
9. Ich habe bis zwanzig Minuten vor neun geschlafen. Bis wann haben Sie geschlafen?

Vocabulary

der **Bayer,** -n, -n Bavarian (*male*)
der **Blick,** -e view, outlook
der **Fluß,** ⸚sse river
der **Fortschritt,** -e progress
der **Fremd-,** stranger, tourist (*adj.*
   used as a noun)
der **Großglock'ner** *name of a*
   mountain
der **Irrtum,** ⸚er mistake, error
der **Österreicher,** - Austrian (*male*)
der **Paß,** ⸚sse passport
der **Verkehr** traffic; business
der **Zeller See** *name of a lake*
der **Zoll,** ⸚e customs

(das) **Badgastein'** *name of a spa*
(das) **Bayern** Bavaria
(das) **Kärnten** *Austrian province*
(das) **Oberbayern** Upper Bavaria
(das) **Österreich** Austria
(das) **Salzburg** *Austrian city*
das **Tal,** ⸚er valley
(das) **Wien** Vienna

die **Donau** Danube
die **Grenze,** -n boundary, border

die **Salzach** *name of a river in*
   Austria
begreifen, begriff, begriffen
   comprehend, understand
blicken look, glance
entschuldigen excuse
erwachen wake up
folgen follow
verbringen, verbrachte, verbracht
   spend, pass (time)

bekannt well-known
derselbe, dasselbe, dieselbe the
   same
fröhlich joyous, happy
gemütlich cozy
herrlich splendid
letzt- last
mehrer- several
nächst- next
treu faithful, loyal
verwandt related

ja *common particle roughly equiv-*
   alent to you know, after all
je ever

Idioms

auch gut well, okay
Ferien machen take a vacation

eine Tour machen take a tour

Cognates and Compounds

die **Atmosphä're,** -n
charmant'
der **Dialekt',** -e
der **Fremdenverkehr**
gigantisch
die **Industrie',** -n
kulturell'

das **Meter,** -
die **Metropo'le,** -n
die **Monarchie',** -n
die **Musik'**
österreichisch
planen
die **Postkarte,** -n

das **Prozent,** -e
der **Ski,** -er (*pronounced,*
   and often spelled, **Schi**)
die **Uniform',** -en
der **Wein,** -e
wild
der **Winter,** -

Chapter **13**

Comparison of Adjectives and Adverbs

I. Reading

Österreichs Alpen, Österreichs Wien

Bill erzählt:

„Die Pässe bitte!" Ich erwachte und sah einen Mann in grüner Zolluniform. Ich hatte längere Zeit geschlafen und wußte sofort, daß ich weiter gefahren war als geplant. Mein Zug rollte gerade über die österreichische Grenze und hielt wenige Minuten später in Salzburg. Auch gut, sagte ich mir, dann mache ich also Ferien in Österreich! Oberbayern kann ich ja auch später noch sehen.

So begannen die schönsten Ferien meines Lebens. Nur einen Tag verbrachte ich in Salzburg; am nächsten Morgen schon fuhr ich in die Alpen. Mein Zug folgte der Salzach durch eines der wildesten Flußtäler dieses gigantischen Gebirges. Die Landschaft war phantastisch, wohin ich auch blickte. Mehrere Tage blieb ich am Zeller See, einem der bekanntesten Bergseen Österreichs. Von hier machte ich eine Tour zum Großglockner, mit seinen fast 4000 Metern der höchste Berg des Landes. Auf der weiteren Reise durch die Alpen kam ich über Badgastein nach Kärnten. Dort schwamm ich in den klarsten und wärmsten Seen der Alpen. Wieder ein paar Tage später erreichte ich den flacheren Osten des Landes und Österreichs größte Stadt, das herrliche Wien.

Von allen Städten Österreichs hat mir Wien am besten gefallen.

In Badgastein hatte ich an Heike geschrieben: „Jetzt weiß ich, warum die meisten Amerikaner glauben, daß fast alle Deutschen in den Bergen wohnen: Sie sehen in den Österreichern und den Bayern dasselbe Volk. Da 62% (Prozent) von Österreich in den Alpen liegen, kann man diesen Irrtum entschuldigen. Sogar die Dialekte Österreichs und Bayerns sind ja verwandt. (Nur ist der österreichische für mich noch schwerer zu verstehen als der bayrische.) Auch begreife ich jetzt, warum der Fremdenverkehr hier die wichtigste ‚Industrie' geworden ist; auch ich möchte ja am liebsten den ganzen Sommer hier verbringen — oder noch besser: im kommenden Winter längere Skiferien hier machen. Österreich ist noch viel schöner, als ich gedacht habe."

Als ich dies schrieb, kannte ich Wien noch nicht. Heute muß ich sagen: Von allen Städten des Landes hat mir Wien am besten gefallen. Es ist größer als München (25% aller Österreicher wohnen in Wien), aber es ist trotzdem fast so gemütlich wie das viel kleinere Marburg. Hier lebt noch die Musik von Mozart, Schubert und Strauß. Hier fühlt man noch die kulturelle Atmosphäre der früheren Metropole der Donau-Monarchie. Damit will ich nicht sagen, daß die österreichische Hauptstadt nicht modern ist. Wie das ganze Land, so hat auch Wien schwer für seinen Fortschritt gearbeitet, und der Lebensstandard der Österreicher ist heute der beste seit je. Und doch ist das Leben hier immer noch ruhiger, fröhlicher, gemütlicher als in den meisten deutschen Städten.

Am letzten Tage in Wien bekam ich übrigens eine Postkarte von Heike: „Ich verstehe, daß Österreich dich so fasziniert. Der Wein ist schwerer, die Berge sind höher und die Mädchen charmanter. Aber vergiß nicht, im Norden ist der Blick freier, und die Mädchen sind treuer."

II. Grammar

1. The comparison of adjectives is similar to that in English. To form the comparative, **-er** is added. To form the superlative **-st** is added, or **-est**, if the adjective ends in **d, t, s, z,** or **sch.** There is no equivalent of the English comparative with *more* and superlative with *most*.

klein, kleiner, kleinst-	small, smaller, smallest
interessant, interessanter, interessantest-	interesting, more interesting, most interesting

2. Most of the common monosyllabic adjectives take an umlaut on the vowel in the comparative and superlative.

alt, älter, ältest-   jung, jünger, jüngst-

3. Irregular adjective comparisons:

gut, besser, best-
groß, größer, größt-
hoch, höher, höchst-   *hoch drops the "c" when the an ending*
nah, näher, nächst-
viel, mehr, meist-

4. When used attributively, the comparative and superlative are inflected like the positive with appropriate weak or strong endings.

ein kleineres Kind; der größte Mann; höhere Häuser

Exception: **mehr** is never inflected: Er hat **mehr** Freunde als ich.

5. The comparative, like the positive, is uninflected in the predicate.

München ist **groß**, aber Wien ist noch **größer**.

6. The superlative is always inflected. In the predicate, it is most commonly used with **am** and the ending **-en**.

Im Sommer sind die Alpen   In summer the Alps are (the) most
am schönsten.   beautiful.

But if *the most beautiful one* is meant, **der (das, die) schönste** is used.

Dieser See ist **der schönste** im   This lake is the most beautiful one
ganzen Land, aber er ist   in the whole country, but it is
nicht **der größte.**   not the largest.

7. **Derselbe, dasselbe, dieselbe** *the same* are actually two words written without a space between them, and each part is therefore inflected as if written separately.

Er spricht **denselben** Dialekt wie ich.
Dies ist nicht **dasselbe** Gebirge.

But when they are used after a preposition contracted with an article, the two parts are separated.

Er kam **am selben** Tag und wohnte **im selben** Haus.

8. Comparison of adverbs:
   Adverbs are compared like adjectives, except that the superlative is always used with **am.**

   > Er arbeitet **gut**, sie arbeiten **besser**, wir arbeiten **am besten.**

9. Irregular adverb **gern, lieber, am liebsten:**

Ich habe München **gern.**	I like Munich.
Ich habe Wien **lieber.**	I like Vienna better.
Ich habe Marburg **am liebsten.**	I like Marburg best.

10. In making comparisons, **so ... wie** is used with the positive, **als** with the comparative.

Das Wasser der Seen ist **so klar wie** das der Flüsse, aber die Seen sind **wärmer als** die Flüsse.	The water of the lakes is as clear as that of the rivers, but the lakes are warmer than the rivers.

III. Exercises

A. Answer orally.

1. Wovon erwachte Bill? 2. Hat er nur kurz geschlafen? 3. Wo ist sein Zug gerade? 4. Wann ist er in Salzburg? 5. Wann will er Oberbayern sehen? 6. Wie ist das Salzachtal? 7. Wie lange blieb Bill am Zeller See? 8. Ist der Großglockner ein kleiner Berg? 9. Wie ist das Wasser der Seen in Kärnten? 10. Ist der Osten Österreichs auch bergig? 11. Warum sehen viele Amerikaner in den Österreichern und Bayern dasselbe Volk? 12. Ist der österreichische Dialekt leicht zu verstehen? 13. Was ist die wichtigste Industrie Österreichs? 14. Was möchte Bill am liebsten tun? 15. Welche Stadt hat Bill am besten gefallen? 16. Ist die Stadt größer als München? 17. Ist sie gemütlicher als Marburg? 18. Was erfahren Sie über den österreichischen Lebensstandard? 19. Wie ist das Leben in Wien? 20. Was schreibt Heike von den Mädchen im Norden?

B. Supply the German for the words in parentheses.

1. Ihr — Bruder bleibt — in Deutschland. (*younger, longer*)

2. Er ist mein — Freund. (*best*) 3. Hat dieses Land — Züge als Deutschland? (*faster*) 4. Hinter unserem Haus steht ein —. (*higher one*) 5. Ihre — Schwester ist eine — Studentin als sie. (*oldest, better*) 6. Der Sommer ist die — Zeit des Jahres. (*warmest*) 7. Er ist ein viel — Mensch als ich. (*more interesting*) 8. Den — See findet man in den — Bergen. (*clearest, highest*) 9. Dieser Student ist der — von allen. (*stupidest*) 10. Gegen Abend wurde der Wald noch —. (*darker*) 11. Die — wohnt ganz allein in ihrem Haus. (*old woman = old one*) 12. Diese Studentenproteste sind etwas — für mich. (*new*)

C. *Change the sentences in Exercise B above to plural (except 6 and 12).*

D. *Form sentences using the comparative of the adjectives or adverbs in parentheses.*

Example: Deutschland, Amerika (klein)
   Deutschland ist kleiner als Amerika.

1. die Nordsee, die Ostsee (sauber) 2. Amerika, Deutschland (groß) 3. Vater, Mutter (alt) 4. der Sommer, der Winter (warm) 5. die Burg, das Haus (hoch) 6. unser Haus, dein Haus (schön) 7. österreichische Mädchen, deutsche Mädchen (charmant) 8. die Schwester, ihr Bruder (jung) 9. ich, er (glücklich) 10. sie, Biologie, Deutsch, haben (gern)

E. *Write in German.*

1. Bill had traveled longer than he had wanted to. 2. He woke up and was in Austria a few minutes later. 3. On the next day he saw one of the most interesting valleys of the Alps. 4. He visited one of the most beautiful lakes in the country and also saw Austria's highest mountain. 5. The lakes in Kärnten are even cleaner and warmer than the Zeller See. 6. Americans sometimes believe that Bavarians and Austrians are the same nation. 7. It is correct that they are more [closely] related than many other nations. 8. Bill would like best to spend a whole summer here. 9. He thinks that Vienna is the most beautiful city in the country. 10. Marburg is much smaller than Vienna but not much cozier. 11. Vienna is almost as gay as it was when Mozart lived here. 12. The Austrian standard of living is higher than ever.

IV. Pattern Drills

A. Form sentences comparing the persons and things mentioned.

> *Example:* Der Mann ist jung. Aber die Frau?
> Die Frau ist jünger als der Mann.

1. Karl ist groß. Aber Arno?
2. Heike ist jung. Aber Inge?
3. Das Haus ist hoch. Aber die Fabrik?
4. Die Mittelgebirge sind schön. Aber die Alpen?
5. Mein Auto ist schnell. Aber sein Auto?
6. Dieser Student ist fleißig. Aber der andere?
7. Deine Geschichte ist interessant. Aber mein Buch?
8. Wir haben viel Arbeit. Aber er?
9. Der Politiker ist alt. Aber der Kanzler?
10. Der Film ist lang. Aber die Debatte?

B. Change the sentences from the positive to the comparative.

> *Example:* Mein Haus ist so groß wie seins.
> Mein Haus ist größer als seins.

1. Mein Vater ist so alt wie deiner.
2. Er hat so viele Freunde wie ich.
3. Ihre Stadt ist so bekannt wie unsere.
4. Ihr Haus ist so hoch wie unseres.
5. Deine Ferien sind so kurz wie meine.
6. Euer Zimmer ist so dunkel wie unseres.
7. Dein Bruder ist so jung wie meiner.
8. Meine Schwester ist so charmant wie deine.
9. Seine Kamera ist so teuer wie meine.
10. Sein Fernseher kostet so viel wie meiner.

C. From each statement below, form a new one in the first person singular introduced by **aber,** *and add* **noch** *to the comparative of the adjective.*

> *Example:* Er ist ein fleißiger Arbeiter.
> Aber ich bin ein noch fleißigerer Arbeiter.

1. Er ist ein ruhiger Mensch.
2. Er hat einen guten Plan.
3. Er macht weite Reisen.
4. Er kennt viele Österreicher.

5. Er fährt gern nach Kärnten.
6. Er wohnt in einem romantischen Ort.
7. Er verkauft sein Auto für viel Geld.
8. Er hat eine freundliche Wirtin.
9. Er macht eine wichtige Prüfung.
10. Er hat ein fröhliches Leben.

D. *Answer the questions affirmatively, using the superlative of the adjective and the phrase* **im ganzen Land.**

Example: Ist dies der hohe Berg?
Ja, dies ist der höchste Berg im ganzen Land.

1. Sind dies die wilden Flußtäler?
2. Sind dies die warmen Seen?
3. Ist dies die große Stadt?
4. Ist dies der gute Wein?
5. Ist dies das treue Mädchen?
6. Ist dies das gemütliche Städtchen?
7. Ist dies die wichtige Industrie?
8. Sind dies die bekannten Politiker?
9. Sind dies die lauten Touristen?
10. Sind dies die klaren Seen?

E. *Answer the questions affirmatively, using the superlative of the adjective and the phrase* **von allen.**

Example: Ist sein Auto schneller als meins?
Ja, sein Auto ist das schnellste von allen.

1. Ist seine Uhr neuer als meine?
2. Ist seine Antwort besser als meine?
3. Ist sein Fortschritt größer als meiner?
4. Ist sein Bruder ruhiger als er?
5. Ist sein Freund pessimistischer als er?
6. Hat er eine freundlichere Wirtin als ich?
7. Bezahlt er höheren Zoll als wir?
8. Hat er mehr Freunde als ich?

F. *Change the adjectives and adverbs in the following sentences to the superlative with* **am.**

Example: Mittags arbeite ich gern.
Mittags arbeite ich am liebsten.

1. Mittags arbeite ich gut.
2. Mittags ist es immer warm.
3. Im Haus ist es immer kühl.
4. Dieser Berg gefällt mir gut.
5. Ich fahre gern in den Süden.
6. Das Wasser dieses Sees ist klar.
7. In den Ferien schlafe ich immer viel.
8. Hier ist der Wald dunkel.

G. *Change the following sentences from the positive to the comparative.*

> *Example:* Ich habe den Süden so gern wie den Norden.
> Ich habe den Süden lieber als den Norden.

1. Er hat die Kommunisten so gern wie die Kapitalisten.
2. Sie trinkt Wein so gern wie Milch.
3. Wir haben unsere Heimat so gern wie eure.
4. Er liest deutsche Bücher so gern wie amerikanische.
5. Die Freizeit gefällt uns so gut wie die Arbeit.
6. Mir gefällt eine Methode so gut wie die andere.
7. Es gefällt ihr dort so gut wie zu Hause.
8. Es gibt hier so viel Autos wie Familien.

Vocabulary

der **Auftrag, ⸚e** task
der **Beruf, -e** profession
der **Fußball** soccer
der **Herbst, -e** autumn, fall
der **König, -e** king
der **Schüler, -** pupil
der **Sonntag, -e** Sunday
der **Sportler, -** sportsman, athlete
der **Teil, -e** part
der **Verein, -e** club
der **Vergleich, -e** comparison

das **Fernsehen** television (*from the inf*. **fern·sehen** watch television)
das **Jagen** hunting
das **Kegeln** *game like bowling*
das **Rad, ⸚er** wheel (*short for* **das Fahrrad, ⸚er** bicycle)
das **Spiel, -e** game

die **Art, -en** kind
die **Jahreszeit, -en** season
die **Mannschaft, -en** team
die **Regel, -n** rule
die **Sendung, -en** broadcast
die **Unterhal'tung, -en** entertainment; conversation
die **Witwe, -n** widow

an·bieten, bot an, angeboten offer

an·fangen, fing an, angefangen (fängt an) start
an·sehen* look at, watch
auf·schreiben* write down
aus·füllen fill up; fill in
ein·laden, lud ein, eingeladen (lädt ein) invite
ein·treten, trat ein, ist eingetreten (tritt ein) enter
erfüllen fulfill
mit·gehen* go along
mit·machen take part in; participate
spielen play
teil·nehmen* take part
überneh'men* take on, take over
vor·sehen* provide for
vor·ziehen, zog vor, vorgezogen prefer
zu·nehmen* increase
zurück·treten, trat zurück, ist zurückgetreten (tritt zurück) step back; resign
zu·schauen look at (*with dat.*)

ähnlich similar
beliebt popular
lieb dear

jedoch however
kaum hardly, barely
zurück back, behind

Idioms

anders als different from
sowohl ... als auch as well as

teil·nehmen an take part in (*dat.*)

Cognates and Compounds

der **Baseball**
der **Basketball**
der **Berufssport**
der **Berufssportler, -**

die **Fami'lienkrise, -n**
der **Football**
das **Interes'se, -n**
die **Reporta'ge, -n**

das **Schwimmen**
die **Schule, -n**
die **Schulzeitung, -en**
das **Tennis**

---

*The principal parts of verbs with prefixes are not given when the simple forms have previously occurred.

Chapter 14

Separable and Inseparable Prefixes

I. Reading

Sport in zwei Ländern

„Lieber Arno!" schrieb Inge aus Amerika an ihren jüngeren Bruder in Hannover. „Du hast also den Auftrag übernommen, eine Reportage für Deine[1] Schulzeitung zu machen. Gern erfülle ich Deinen Wunsch und schreibe Dir hier ein paar Vergleiche über den Sport in Amerika und Deutschland auf.

Ich fange am besten mit Football an. Obwohl ich nicht zu viel davon verstehe, habe ich nun schon neun College-Spiele angesehen. (Ein guter Freund lud mich dazu ein, und ich ging natürlich mit.) Jeder weiß, daß der amerikanische Football ganz anders ist als das deutsche Fußballspiel. Leider kann ich Dir die Spielregeln nicht erklären. Besonders interessant finde ich, daß man Football nur im Herbst mitmachen oder ansehen kann. Für die anderen Jahreszeiten sind Basketball und Baseball vorgesehen. Der deutsche Fußball ist jedoch während des ganzen Jahres ‚König‘, und darum müssen alle anderen Sportarten zurücktreten. Baseball gibt es in Europa kaum.

---

[1] In letters, **du** and **ihr** and their derivatives are capitalized.

Wenn man in Deutschland Fußball spielen will, tritt man in einen Verein ein. Jeder kleine Ort hat wenigstens einen Fußball- oder Sportverein. In Amerika muß man Schüler, Student oder Berufs- sportler sein. Fast alle Schulen und viele Universitäten haben ihre eigene Football-Mannschaft. Die Schulen bieten auch noch viele andere Sportarten an wie Tennis, Schwimmen und Basketball. Der Radsport ist in Europa schon lange populär; in den USA nimmt das Interesse daran erst seit der Energiekrise zu. Ähnlich gewinnt auch der Skisport erst in den letzten Jahren mehr Freunde. Andere beliebte amerikanische Sportarten, z.B. (zum Beispiel) Jagen und Kegeln, sind für die Deutschen eigentlich mehr Unterhaltung als Sport.

Die Amerikaner haben schon manchen Amateursport zum Berufs- sport gemacht, aber die Deutschen ziehen den Amateursport immer noch vor. ‚Sport ist Sport, und Geschäft ist Geschäft‘, hört man sie oft sagen. Ein Problem gibt es jedoch in beiden Ländern: Sowohl Deutschland als auch Amerika hat zu viele passive Sportfreunde. Diese ‚Sportler‘ schauen dem Sport nur zu, aktiv nehmen sie nie daran teil. Die Sportsendungen des amerikanischen Fernsehens füllen den größten Teil des Wochenendprogrammes aus. Da vor allem die Männer zuschauen, kommt es oft zu Familienkrisen. Ähnliches geschieht natürlich auch in Deutschland, wo die ‚Fußballfrau‘ an jedem Sonntagnachmittag zu einer ‚Fußballwitwe‘ wird.

Viel Glück für Deine Reportage!
Tschüß, Deine Inge"

II. Grammar

1. There are two kinds of prefixes frequently used with verbs: separable and inseparable.

   a. The inseparable prefixes are: **be-, emp-, ent-, er-, ge-, ver-, zer-** (they should be memorized). As their name indicates, they are never separated from the main body of the verb. The only way in which verbs with inseparable prefixes differ from verbs without prefixes is in the omission of **ge-** from the past participle:

   erzählen, erzählte, **erzählt;** verstehen, verstand, **verstanden**

   An inseparable prefix is never stressed.

Vor dem „König" Fußball müssen alle anderen Sportarten zurücktreten.

b. The separable prefixes are too numerous to be listed. Almost any preposition, many adverbs, and some nouns and verbs may be used as separable prefixes.

(1) In the *present* and *past* tenses in *main clauses,* a separable prefix is separated from its verb and placed at the end of the clause.

Sie **schreibt** die Regeln nicht **auf.**	She doesn't write down the rules.
Das Spiel **fing** um 16.30 **an.**	The game began at 4:30 P.M.

Exceptions: infinitive phrases and phrases introduced by **wie** usually stand after the separable prefix.

Er **trat** in einen Verein **ein,** um Fußball zu spielen.	He joined a club to play soccer.
Er **macht** immer **mit** wie ein Berufssportler.	He always participates like a professional athlete.

(2) In all other situations the prefix remains attached to the verb.

Wir hatten fast jedem Spiel **zugeschaut.**	We had watched almost every game.
Nächsten Sonntag werden wir Sie **einladen.**	Next Sunday we'll invite you.
Schade, daß du nicht **teilnimmst!**	It's a pity that you are not participating.

Note particularly that in a subordinate clause the prefix is never separated from the verb.

(3) When **zu** is used with the infinitive of a separable verb, it stands between the prefix and the verb.

Er bat mich, heute abend **mitzugehen.**	He asked me to go along this evening.

(4) When the prefixes meaning *in* and *out* (**ein, aus, hinein, hinaus**) are used with an expression of place, a preposition is required in addition to the prefix. Thus one says: **Ich gehe hinein** *I go in*; but **Ich gehe in das Haus hinein,** *I go into the house.* In such cases the prefix is used chiefly for emphasis.

(5) A separable prefix is always stressed.

2. Some prepositions are occasionally used as inseparable prefixes. When so used, their meaning is usually changed.
Thus **unter** means *under*, but—

Der Student **unterbrach** ihn *means:* The student interrupted him.

And **über** means *over*, but—

Er **übersetzt** das Buch *means:* He translates the book.

III. Exercises

A. Answer orally.

1. Welchen Auftrag hat Arno übernommen? 2. Was will Inge für ihn aufschreiben? 3. Versteht Inge viel vom amerikanischen Football? 4. Warum hat sie trotzdem so viele Spiele gesehen? 5. Warum schreibt sie nichts über die Spielregeln? 6. Ist der Football das ganze Jahr aktiv? 7. Was ist für die anderen

Jahreszeiten vorgesehen? 8. Ist das in Deutschland auch so?
9. Kann jeder in Deutschland Fußball spielen? 10. Kann in
Amerika jeder am Football teilnehmen? 11. An welchen Sportarten nimmt das Interesse in Amerika zu? 12. Welche Sportarten
sieht man in Deutschland oft als Unterhaltung an? 13. Was
ziehen die meisten Deutschen vor, den Amateur- oder den
Berufssport? 14. Welches große Problem findet man in beiden
Ländern? 15. Was machen die passiven Sportler? 16. Was
füllt das Wochenende mancher amerikanischen Familie aus?
17. Geschieht das auch in Deutschland?

*B. Give the first and third person singular and plural in present, past,
present perfect, pluperfect, and future.*

Ich sehe vor
1. vorsehen 2. zuschauen 3. einladen 4. zurücktreten
5. ausfüllen 6. mitmachen 7. aufschreiben 8. übernehmen
9. vorziehen 10. mitgehen 11. erfüllen 12. zunehmen
13. anfangen 14. anbieten

*C. Give the following sentences in the past, the present perfect, and the
future.*

1. Ich biete ihm eine Zigarette an. 2. Ich fahre heute nicht mit.
3. Er übernimmt ihr altes Auto. 4. Wir laden ihn in unser
Haus ein. 5. Du fängst an zu spielen. 6. Ich ziehe den Süden
vor. 7. Ihr nehmt daran teil. 8. Du trittst in das Zimmer ein.
9. Er schaut gern zu. 10. Wir schreiben die Resultate auf.

D. Introduce each sentence in Exercise C above with **Sie weiß, daß . . .**

*E. Connect each pair of sentences with the conjunction in parentheses,
placing the subordinate clause first.*

1. Ein guter Freund lud mich ein. Ich ging also mit. (da)
2. Fußball ist immer König. Viele nehmen an anderen Sportarten teil. (obwohl)
3. Wir traten in den Verein ein. Wir wollten Fußball mitmachen.
   (als)
4. Das Interesse am Fahrradsport nimmt zu. Die Energiekrise ist
   eingetreten. (seit)
5. Ein Mensch ist zu passiv. Er schaut dem Sport nur zu. (wenn)

Werden — to become
" + INF = future t.
" + p.part = passive voice

164 *Elementary German*

F. Form short sentences in the present tense from each of the following groups of words; then change them to the present perfect and to the future.

1. Spiel, 15 Uhr, anfangen   2. Freund, kein Amateursport, teilnehmen an   3. in, Verein, nur, Kegeln, vorsehen   4. sie, auch Tennis, anbieten   5. ich, Film, ansehen   6. ich, Wunsch, sofort, erfüllen   7. passiv, Sportfreund, Spiel, am Fernsehen, zuschauen   8. wirklich, Sportler, selbst, teilnehmen

G. Write in German.

1. We have taken on a big task.   2. I'd like to write down a few examples for you.   3. I have not watched many games.   4. When the king came, all people had to step back.   5. You have to enter (into) a sports club if you want to participate.   6. We will offer swimming and hunting.   7. The professional sport[s] are (=is) not as popular in Germany as in the U.S.A.   8. Unfortunately, many people in both countries prefer sport[s] on (**im**) television.   9. They are passive sports fans (=friends).

From active to
Passive   *Es schreibt den Brief*
                 Der Brief wird von ihm gesch[...]

IV. Pattern Drills

A. Change the following sentences from past to present tense.

Example: Ich besuchte meine alte Mutter.
        Ich besuche meine alte Mutter.

1. Er gewann viel Geld bei dem Spiel.
2. Die Kinder unterbrachen ihre Eltern oft.
3. Ein freundlicher Mann erklärte es uns.
4. Wann begannen die langen Ferien?
5. An der Grenze erwachte ich plötzlich.
6. Er erfüllte ihr manchen teuren Wunsch.
7. Die schwere Aufgabe übernahm keiner.
8. Für sein altes Auto bekam er nicht viel Geld.

B. Answer each question affirmatively, replacing the noun subject with the appropriate pronoun.

Example: Zieht dein Freund den Berufssport vor?
        Ja, er zieht den Berufssport vor.

1. Geht seine Schwester heute abend mit?
2. Laden die Soldaten diese Mädchen ein?
3. Bot der Freund Zigaretten an?
4. Füllte das Spiel den ganzen Nachmittag aus?
5. Fing das Fernsehprogramm um vier Uhr an?
6. Schaute die ganze Familie der Sendung zu?
7. Schreibt Inge etwas über den amerikanischen Sport auf?
8. Tritt unser Kanzler wirklich zurück?

C. Answer the questions affirmatively.

    Example: Wird der Soldat jetzt eintreten?
               Ja, der Soldat wird jetzt eintreten.

1. Wird das Interesse an diesem Sport noch zunehmen?
2. Hat das Interesse am Sport zugenommen?
3. Ist sie zum Fußballspiel mitgegangen?
4. War sie zum Fußballspiel mitgegangen?
5. Haben sie am Schwimmen teilgenommen?
6. Hatten sie am Schwimmen teilgenommen?

D. Change the sentences from future to present perfect.

    Example: Man wird ihm das später erklären.
               Man hat ihm das später erklärt.

1. Am Ende der Reise wird er Italien erreichen.
2. Sie werden diese Aufgabe wohl nie begreifen.
3. Man wird ihn manchmal unterbrechen.
4. Du wirst wohl nicht alles verstehen.
5. Wann wird die Witwe ihr Haus verkaufen?
6. Wieviel Geld wird sie dafür bekommen?
7. Werden Sie meinen Irrtum entschuldigen?

E. Answer the questions with **Nein,** *but affirm in the future tense, beginning with* **aber.** *Substitute* **bald** *for* **schon.**

    Example: Ist er schon eingetreten?
               Nein, aber er wird bald eintreten.

1. Ist er schon einmal mitgegangen?
2. Ist der Kanzler schon zurückgetreten?
3. Hat man ihn schon eingeladen?
4. Hat sie es schon für ihn aufgeschrieben?

5. Haben sie schon damit angefangen?
6. Hat sein Interesse schon zugenommen?
7. Haben sie dem Spiel schon zugeschaut?

F. *Answer the questions with* **Nein,** *but affirm in the present perfect,*
substituting **schon** *for* **bald.**

Example: Bietet sie bald etwas an?
Nein, sie hat schon etwas angeboten.

1. Geht er bald mit?
2. Lädt er uns bald ein?
3. Macht er bald mit?
4. Schreibt er es bald auf?
5. Sieht er es bald an?
6. Tritt er bald zurück?
7. Schaut er bald zu?

G. *Answer the questions with* **Ich weiß nicht, ob . . .**

Example: Fing die Prüfung früh an?
Ich weiß nicht, ob die Prüfung früh anfing.

1. Bietet sie ihm Kaffee an?
2. Schaut er uns bei der Arbeit zu?
3. Geht sie jeden Abend mit?
4. Tritt er wirklich in den Verein ein?
5. Zieht sie wirklich den Radsport vor?
6. Füllt das Programm den Abend aus?
7. Macht seine Mannschaft mit?

H. *Answer the questions with* **Ich weiß nicht, . . .**

Example: Warum hat er die Sendung nicht angesehen?
Ich weiß nicht, warum er die Sendung nicht angesehen hat.

1. Wann ist er endlich zurückgetreten?
2. Warum hat er das Jagen vorgezogen?
3. Wo wird er diesen Herbst Fußball mitmachen?
4. Wann wird er daran teilnehmen?
5. Wann ist er in den Verein eingetreten?
6. Warum ist er so oft mitgegangen?
7. Warum hat er sie eingeladen?

I. *Form sentences, each to begin with* **Ich wünsche** *and followed by the infinitive phrase suggested.*

Example: diesem Programm zuschauen
Ich wünsche, diesem Programm zuzuschauen.

1. die Sendung ansehen
2. immer mitmachen
3. alles schnell aufschreiben
4. sehr oft teilnehmen
5. mit der Arbeit anfangen
6. den Tag mit Sport ausfüllen
7. alle meine Freunde einladen

Vocabulary

der **Bericht, -e** report
der **Grund, ⸚e** reason
der **Mut** courage
der **Saal, Säle** large room, hall

das **Bad, ⸚er** bath, spa
(das) **Bad Hersfeld** *name of a German spa*
das **Fest, -e** festival

die **Liebe** love
die **Volkstümlichkeit** popularity (in the general public)

an·hören listen to
an·sprechen speak to, address (*acc.*)
begeistern* make enthusiastic
beschäftigen* employ, occupy, keep busy
erfreuen* make happy, delight
erinnern* remind

freuen* make glad
interessie'ren* interest
kennen·lernen become acquainted with, learn to know, meet
  Ich lernte ihn kennen I became acquainted with him
lieben love
setzen* set, place, put
unterhal'ten, unterhielt', unterhal'ten (unterhält')* entertain
verabschieden* dismiss
wieder·sehen see again

einfach simple
einzig only (*adj.*)
hübsch pretty

einan'der one another, each other
selber *or* **selbst** myself (himself, *etc.*)
soe'ben just now

Idioms

um etwas bitten ask for something
auf dem Gebiet in the realm

es handelt sich um it is a matter of

Cognates and Compounds

der **Beat**	das **Konzert', -e**	der **Rock**
das **Bett, -en**	musika'lisch	die **Symphonie', -n**
elektronisch	die **Oper, -n**	der **Tanz, ⸚e**
experimentell'	die **Operette, -n**	tanzen
das **Festspiel, -e**	das **Orches'ter, -**	das **Thea'ter, -**
der **Jazz**	persön'lich	traditionell'
klassisch	das **Radio, -s**	der **Walzer, -**

---

*See pp. 172-173, section 5, for changed meaning when these verbs are used reflexively as well as idiomatically with prepositions.

Chapter 15

Reflexive Verbs

I. Reading

Das musikalische Deutschland

Bill erzählt:

Soeben komme ich aus dem Stadttheater, wo ich mir ein Symphonie-
konzert angehört habe. Noch nie hat klassische Musik mich so erfreut
wie in diesen Monaten. Wie immer nach einem Konzertbesuch kann
ich auch heute abend nicht sofort zu Bett gehen. Die Musik beschäftigt
mich noch zu sehr.

Als ich mich vor meiner Reise nach Europa von meinem Professor
in Chicago verabschiedete, hat er mich gebeten, das deutsche Musikleben ganz besonders zu studieren. Er begeistert sich nämlich für jede
Art von Musik, und er liebt Beethoven. Schon jetzt freut er sich auf
meinen Bericht. „Wenn wir einander im Herbst wiedersehen", sagte
er, „muß ich mich mit Ihnen über das Musikleben in Deutschland
unterhalten." An diese Worte meines Professors habe ich während
der letzten Monate oft denken müssen. Vielleicht ist das ein Grund
dafür, daß mich die klassische Musik heute viel mehr interessiert als
vor meiner Deutschlandreise. Es ist jedoch nicht der einzige Grund.
Man hört hier so viel gute Musik im Radio und im Konzertsaal,
daß man sich einfach dafür interessieren muß. Fast alle größeren

Orchester und natürlich auch das Radio und das Fernsehen bekommen viel Geld vom Staat für ihre Arbeit auf dem Gebiete der Musik.

Ich habe aber auch noch einen sehr persönlichen Grund für meine neue Liebe zur ernsteren Musik. Heike und ich haben uns nämlich während eines Symphoniekonzertes kennengelernt. Das war im vorigen Sommer, als ich an einer Fahrt zu den Bad Hersfelder[1] Festspielkonzerten teilnahm. Ich kam sehr spät, eine Minute bevor das Konzert begann, und konnte meinen Platz nicht so schnell finden. „Sie dürfen sich gern neben mich setzen", sagte da ein hübsches Mädchen zu mir. Noch heute freue ich mich darüber, daß Heike damals den Mut hatte, mich anzusprechen.

Ja, Deutschland ist wie auch Österreich ein Land der Musik. Man spielt hier aber nicht nur klassische Stücke. Die moderne experimentelle, manchmal sogar die elektronische Musik steht auf manchem Konzertprogramm. Auch Oper und Operette erfreuen sich weiter großer Volkstümlichkeit. Auf dem Gebiete der leichteren Unterhaltung darf man Jazz und Beat nicht vergessen. Natürlich handelt es sich bei diesen beiden Arten der Musik um amerikanische Importe. Ich selber ziehe heute zwar die klassische Musik vor, kann mich jedoch von Zeit zu Zeit auch noch für einen „schweren Rock" begeistern — zum Beispiel wenn ich tanzen gehe. Aber man spielt auch noch traditionelle Tanzmusik hier. So erinnere ich mich gut an meinen ersten Tanz mit Heike: Es war ein Walzer.

II. Grammar

1. A reflexive verb is one whose object refers to the same person or thing as its subject: *I know myself.*

2. In the first and second person singular and plural the reflexive objects are the same as the regular pronoun objects. In the third person and the conventional second person the reflexive pronoun is **sich** for all numbers and genders, and for both the accusative and dative cases.

ich kenne **mich**	wir kennen **uns**
du kennst **dich**	ihr kennt **euch**
er, es, sie, kennt **sich**	sie kennen **sich**
Sie kennen **sich**	

---

[1]See Appendix, p. 257.

3. The reflexive pronoun is often used in the dative.

> ich höre **mir** die Musik an   wir hören **uns** die Musik an
> du hörst **dir** die Musik an   ihr hört **euch** die Musik an
> er hört **sich** die Musik an   sie hören **sich** die Musik an
> Sie hören **sich** die Musik an

4. Reflexives are much more common in German than in English, and verbs which are reflexive in German though not in English should be especially noted. In English a transitive verb (e.g., *sell*) is often used intransitively as well. In German such verbs usually remain transitive, taking a reflexive object when there is no other object.

> Die Deutschen **verkaufen** viele Autos.   The Germans sell many cars.
>
> Deutsche Autos **verkaufen sich** gut.   German cars sell well.

Man hört so viel gute Musik — man muß sich einfach dafür interessieren.

5. Meanings of verbs listed in this chapter vocabulary when used reflexively:

begeistern *to make enthusiastic*

Sie hat ihn für Musik **begeistert.**	She made him enthusiastic about music.

sich für etwas begeistern *to be or become enthusiastic*

Er hat **sich** für Musik **begeistert.**	He was *or* became enthusiastic about music.

beschäftigen *to keep busy, employ, occupy*

Das Problem **beschäftigt** ihn.	The problem occupies him.
Er **beschäftigt** hundert Arbeiter.	He employs a hundred workers.

sich beschäftigen *to busy or occupy oneself*

Er **beschäftigt sich** mit diesem Problem.	He busies *or* occupies himself with this problem.

erfreuen *to make happy, delight*

Die Musik hat ihn **erfreut.**	The music made him happy.

sich erfreuen (*with gen.*) *to enjoy* (*in the meaning of* "*be appreciated*")

Manche Oper **erfreut sich** großer Volkstümlichkeit.	Many an opera enjoys great popularity.

erinnern *to remind*

Er **erinnert** mich an seinen Vater.	He reminds me of his father.

sich an etwas (*acc.*) **erinnern** *to remember, recall*

Er **erinnert sich an** seinen Vater.	He remembers his father.

freuen *to make glad*

Mein Bericht hat ihn **gefreut.**	He liked my report (*lit.* My report made him glad).

sich über etwas freuen *to be glad about*

Er **freut sich über** meinen Bericht.	He likes my report.

sich auf etwas freuen *to look forward to*

Er **freut sich auf** meinen Bericht.	He is looking forward to my report.

interessieren *to interest*

Die Musik **interessiert** ihn.	The music interests him.

sich für etwas interessieren *to be interested in*

Er **interessiert sich für** Musik.	He is interested in music.

setzen *to set, place, put*

Die Frau **setzt** ihr Kind auf den Stuhl.	The woman sets her child on the chair.

sich setzen *to sit down*
    Er **setzt sich** auf den Stuhl.   He sits down on the chair.

unterhalten *to entertain*
    Er **unterhält** uns.   He entertains us.

sich unterhalten *to talk, have a conversation*
    Er **unterhält sich** mit uns über   He talks about *or* discusses politics
      Politik.   with us.

verabschieden *to dismiss*
    Der Kanzler **verabschiedet**   The chancellor dismisses his cabinet.
      sein Kabinett.

sich verabschieden *to take one's leave, say good-by*
    Er **verabschiedet sich** von uns.   He takes his leave from *or* says
        good-by to us.

6. Reflexive pronouns are often used to mean *each other.*

    Sie lieben **sich** sehr.   They love each other very much.
    Wir sehen **uns** nicht sehr oft.   We don't see each other very often.

In cases where any ambiguity might result, **einander** is used instead of a reflexive.

    Sie vergessen **einander.**   They forget each other.

7. The intensifying pronouns **selbst** and **selber** must not be confused with reflexives. They serve only for emphasis, and can be used interchangeably for all persons and numbers.

    Wir werden es **selber (selbst)**   We will do it ourselves.
      tun.
    Ich **selber (selbst)** ziehe   I myself prefer classical music.
      klassische Musik vor.

III. Exercises

A. List the gender, number, and case of each reflexive pronoun in "Das musikalische Deutschland."

B. Answer orally.

1. Was hat Bill sich gerade angehört?   2. Liebt er die klassische Musik in diesen Monaten mehr als früher?   3. Was kann er

nach einem Konzert nicht sofort tun? 4. Warum kann er das nicht? 5. Warum hat sein Professor ihn gebeten, das deutsche Musikleben zu studieren? 6. Worauf freut sich der Professor? 7. Wann soll Bill ihm diesen Bericht geben? 8. Welchen Grund hat Bill, sich jetzt mehr für klassische Musik zu begeistern? 9. Was haben das Radio und das Fernsehen mit Bills Liebe zur Musik zu tun? 10. Warum können Radio und Fernsehen so aktiv auf dem Gebiet der Musik sein? 11. Wann und wo haben Bill und Heike sich kennengelernt? 12. Nennen Sie Beispiele aus den deutschen Konzertprogrammen! 13. Handelt es sich bei Jazz und Beat um deutsche Musik? 14. Mag Bill die Rockmusik überhaupt nicht? 15. Woran erinnert sich Bill noch?

C. Conjugate in present, past, present perfect, and future.

1. sich freuen 2. sich an einen Tisch setzen 3. sich für Musik interessieren 4. sich an einen Freund erinnern 5. sich von seinen Eltern verabschieden

D. Supply in past tense the correct reflexive form of the verb in parentheses.

1. Ich — — für die Oper (begeistern). 2. Wir — — für die Oper (begeistern). 3. Wir — — mit dem Studium der Musik (beschäftigen). 4. Er — — mit dem Studium der Musik (beschäftigen). 5. Ich — — einen Walzer — (anhören). 6. Das Mädchen — — auf ihre Ferien (freuen). 7. — ihr — an diesen Mann (erinnern)? 8. Wir — — endlich — (kennenlernen). 9. Heute — ihr — das neue Theater — (ansehen). 10. Er — — das neue Theater auch — (ansehen).

E. Restate the sentences in Exercise D above (except item 7), introducing each with **Ich weiß, daß** *...*

F. Change the sentences in Exercise D to the present perfect tense.

G. Write in German.

1. I often listen to symphony concerts. 2. Classical music has always delighted me. 3. My professor also becomes enthusiastic about music. 4. We shall see each other again in the fall. 5. I am more interested in music now than before my trip. 6. I met

my (girl) friend, you know, during a festival concert. 7. She occupies herself with classical and modern music. 8. In Germany the operetta still enjoys great popularity. 9. One must (**dürfen**) not forget jazz and rock either. 10. From time to time I still become enthusiastic about dance music. 11. But I prefer serious music.

IV. Pattern Drills

A. Answer the questions affirmatively with **auch.** *In this drill* **sie** *is always plural.*

> *Example:* Er setzte sich. Und du?
> Auch ich setzte mich.

1. Wir erinnerten uns daran. Und du?
2. Er interessiert sich dafür. Und wir?
3. Ich verabschiedete mich. Und ihr?
4. Sie setzten sich. Und wir?
5. Du beschäftigst dich damit. Und sie?
6. Ihr freut euch darauf. Und sie?
7. Ich begeisterte mich dafür. Und sie?
8. Er unterhielt sich mit ihm. Und ihr?

B. Answer the questions negatively in the first person singular, but affirm in the third person singular with **fast jeder** *as subject. (Note that in the negative statement,* **nicht** *is the next to the last element.)*

> *Example:* Freuten Sie sich darüber?
> Nein, ich freute mich nicht darüber, aber fast jeder freute sich darüber.

1. Setzten Sie sich in das Lokal?
2. Erinnern Sie sich an den Krieg?
3. Begeisterten Sie sich für Tennis?
4. Freuten Sie sich auf die Festspiele?
5. Beschäftigen Sie sich mit Musik?
6. Unterhalten Sie sich gern mit ihr?

C. *Answer the questions affirmatively in the first person plural, and add a clause with* **viele andere** *as subject.* (*Note that* **auch** *stands directly after the reflexive pronoun.*)

Example: Haben Sie sich an den Tisch gesetzt?
> Ja, wir haben uns an den Tisch gesetzt, und viele andere haben sich auch an den Tisch gesetzt.

1. Haben Sie sich verabschiedet?
2. Haben Sie sich an ihn erinnert?
3. Hatten Sie sich damit beschäftigt?
4. Hatten Sie sich auf die Ferien gefreut?
5. Werden Sie sich mit ihr unterhalten?
6. Werden Sie sich in den Zug setzen?

D. *Answer the question negatively in the first person singular, but affirm in the third person singular with* **mein Bruder** *as subject.*

Example: Haben Sie sich das Buch gekauft?
> Nein, ich habe mir das Buch nicht gekauft, aber mein Bruder hat sich das Buch gekauft.

1. Sehen Sie sich die Festspiele an?
2. Haben Sie sich das Konzert angehört?
3. Werden Sie sich das Auto kaufen?
4. Haben Sie sich genug Zeit für die Reise genommen?
5. Schrieben Sie sich den Namen des Herrn auf?

E. *Answer the questions affirmatively, replacing the noun subjects with pronouns.*

Examples: Gelang es den Deutschen, vom Export zu leben?
> Ja, es gelang ihnen, vom Export zu leben.

Lernten Heike und Bill sich im Sommer kennen?
> Ja, sie lernten sich im Sommer kennen.

1. Gelingt es der Industrie, viel zu exportieren?
2. Ist es dem Verein gelungen, das Fußballspiel zu gewinnen?
3. Haben die Studenten sich gut kennengelernt?
4. Werden der Mann und die Frau sich oft wiedersehen?
5. Hat der Politiker sich wegen seines Irrtums entschuldigt?
6. Erfreut ältere Musik sich großer Volkstümlichkeit?

F. *Answer the questions affirmatively in the first person singular, and add a clause in the third person singular with* **meine Freundin** *as subject.*

Example: Interessieren Sie sich für Sport?
Ja, ich interessiere mich für Sport, und meine Freundin interessiert sich auch für Sport.

1. Erinnern Sie sich an das Konzert?
2. Freuen Sie sich auf den Sommer?
3. Haben Sie sich früh verabschiedet?
4. Haben Sie sich die Oper angehört?
5. Haben Sie sich den Film angesehen?
6. Werden Sie sich diesen Wein kaufen?

Vocabulary

der **Arzt**, ⸚e physician
der **Außenseiter**, - outsider
der **Gast**, ⸚e guest
der **Gastarbeiter**, - foreign worker
der **Mittelstand** middle class
der **Wohlstand** prosperity

das **Alter** (old) age

die **Gesellschaft**, -en society
die **Krankenkasse**, -n health
  insurance
die **Krankheit**, -en sickness,
  disease
die **Stimme**, -n voice
die **Versorgung** maintenance, care
die **Wirklichkeit**, -en reality
die **Wirtschaft**, -en economy; inn
die **Wohlfahrt** welfare

die **Leute** (*pl. only*) people

berichten report
ein·führen introduce
entstehen, entstand, ist entstanden
  originate, result from
klingen, klang, geklungen sound
meinen mean, be of the opinion
treffen, traf, getroffen (trifft) meet,
  encounter
übertrei'ben, übertrieb', übertrie'ben
  exaggerate
weiter·sprechen go on speaking
zu·geben admit, confess

großzügig generous
krank sick, ill
reich rich

drüben over there
selbstverständlich self-evident, a
  matter of course
woher from where

Idioms

sich fühlen feel; er fühlt sich
  nicht gut he doesn't feel well

nach Hause (to) home

Cognates and Compounds

die **Altersversorgung**
das **Argument'**, -e
automatisch
bun'desrepublikanisch
idealisie'ren
die **Konsequenz'**, -en

korrigie'ren
mißverstehen
die **Million'**, -en
objektiv'
primitiv'
sozial'

der **Sozialis'mus**
die **Soziologie'**
das **System'**, -e
westlich
der **Wohlfahrtsstaat**,-en

Chapter 16

Relative Pronouns

I. Reading

Ein Sozialstaat mit Problemen

Inge und Mark saßen in dem Studentenlokal, das wir schon kennengelernt haben. Hier trafen sie von Zeit zu Zeit andere junge Leute, mit
denen sie besonders gern diskutierten.

„Vor ein paar Monaten", sagte Inge „schrieb ich nach Hause, daß
man in Amerika gut leben kann. Heute muß ich das, was ich damals
geschrieben habe, korrigieren."

„Du meinst", fragte Mark, dessen Stimme skeptisch klang, „das
Leben hier, wovon du deiner Familie berichtet hast, ist in Wirklichkeit
nicht so gut?"

„Mißversteh mich nicht!" bat Inge. „Was ich meine, ist nur, daß
der Lebensstandard, von dem man hier so oft und gern spricht, für
große Teile des Volkes gar nicht so hoch ist. Viele Menschen sind
ärmer als die Armen in Deutschland."

„Westdeutschland ist ein Wohlfahrtsstaat", sagte nun Sam, ein
Soziologiestudent, der sein *Junior Year* in München verbracht hatte.
„In Amerika hat nicht einmal der Mittelstand die sozialen Vorteile,
die in Deutschland für jeden selbstverständlich sind."

„Das ist vielleicht ein wenig übertrieben", war Inges Antwort. „Richtig ist aber, daß die Bundesrepublik eines der besten sozialen Systeme hat, die es heute in der westlichen Welt gibt."

Wieder nahm Sam das Wort: „Wer in Deutschland zum Arzt muß, braucht nicht erst sein Geld zu zählen. Jeder, der einen Job hat, ist automatisch in einer Krankenkasse, die praktisch alles bezahlt, was mit Krankheit zu tun hat. Ähnlich können in Deutschland ja auch die studieren, deren Eltern nicht reich sind."

„Sam idealisiert alles, was er drüben gesehen hat", erklärte Mark seiner Freundin und sprach dann weiter zu Sam: „Was hilft es aber, wenn man studieren darf und keinen Platz an der Uni findet! Du weißt doch selbst, wie voll die deutschen Universitäten sind. Habe ich recht, Inge?"

„Ohne Frage ist das ein großes Problem", gab sie zu. „Aber das ist keine Konsequenz des Sozialprogramms, das die Regierung eingeführt hat, sondern . . ."

„. . . eine Konsequenz des Wohlstandes, der durch die soziale Marktwirtschaft[1] entstanden ist", unterbrach Sam. „Übrigens gibt es noch ein wichtiges Argument, das für den bundesrepublikanischen Sozialismus spricht: die großzügige Altersversorgung, die weit besser ist als in den meisten anderen Ländern."

„Halt, halt!" rief Inge lachend. „Mark hat wohl recht, wenn er sagt, daß dein Jahr in Deutschland dir den objektiven Blick genommen hat, Sam. Vergiß nicht: Auch die Bundesrepublik hat soziale Probleme, von denen eines sogar besonders ernst ist."

„Ich weiß schon, wovon du sprichst", sagte Mark. „Du meinst die Gastarbeiter."

„Genau", antwortete Inge. „Die zwei Millionen Menschen, von denen die meisten aus den Mittelmeerländern kommen, haben es nicht immer leicht in Deutschland. Sie tun die schmutzigsten Arbeiten, haben die primitivsten Wohnungen und bleiben Außenseiter der Gesellschaft."

„Trotzdem!" rief Sam. „In Westdeutschland haben sogar die Gastarbeiter einen höheren Lebensstandard als viele Arme in den USA. Was wir brauchen, ist ein Sozialstaat!"

---

[1] **Soziale Marktwirtschaft** "mixed market economy," i.e., a market economy with a sizeable government sector exercising some control.

Die Gastarbeiter, von denen es sehr viele gibt, haben es nicht immer leicht.

II. Grammar

1. The most commonly used relative pronoun (*who, which, that*) is
der, das, die.[1] With the exception of the dative plural and of all
genitive forms, it is exactly like the definite article. A relative pronoun
agrees in gender and number with its antecedent. Its case is determined by its use in its own clause.

Der Mann, **der** hier wohnte, war ein Gastarbeiter.
Der Mann, **den** er in der Fabrik sah, war ein Gastarbeiter.
Der Mann, **dem** er das Geld gab, war ein Gastarbeiter.
Der Mann, **dessen** Kind Deutsch lernte, war ein Gastarbeiter.

Das Kind, **das** hier wohnt, ist krank.
Das Kind, **das** er gestern sah, ist krank.
Das Kind, **dem** er den Fußball gab, ist krank.
Das Kind, **dessen** Vater hier arbeitet, ist krank.

Die Frau, **die** hier wohnt, ist sehr arm.
Die Frau, **die** er gestern sah, ist sehr arm.
Die Frau, **der** er das Geld gab, ist sehr arm.
Die Frau, **deren** Mann hier arbeitet, ist sehr arm.

Die Männer, **die** hier wohnten, waren Gastarbeiter.
Die Männer, **die** er in der Fabrik sah, waren Gastarbeiter.
Die Männer, **denen** er das Geld gab, waren Gastarbeiter.
Die Männer, **deren** Kinder Deutsch lernten, waren Gastarbeiter.

For declension of the relative pronoun, see Appendix, p. 256, C.

2. When used with a preposition and the reference is to a thing (not
a person), the relative pronoun may be replaced by **wo.**

Ich kenne das Haus nicht,
   worin (in dem) er wohnt.

I don't know the house in which he
   lives.

3. A relative pronoun can never be omitted in German, as it often is
in English.

Der Mann, **den** ich gestern sah,
   ist ein Gastarbeiter.

The man I saw yesterday is a
   foreign worker.

---

[1] **Welcher,** declined like **dieser,** is also frequently used as a relative pronoun:
Dies ist das Zimmer, in **welchem** er wohnt.

4. A relative clause is a subordinate clause. Therefore:
   a. The inflected part of the verb stands at the end.
   b. It is set off by commas from the rest of the sentence.

5. An infrequently used relative pronoun is the so-called *indefinite relative:* **wer** for persons; **was** for things. It is declined like the interrogative pronoun. (See Appendix, p. 256, C.)

   a. **Wer** is used only when there is no antecedent.

Wer in Deutschland zum Arzt muß, braucht nicht erst sein Geld zu zählen.	Someone who has to go to the doctor in Germany doesn't have to count his money first.

   b. **Was** is used:

   (1) When there is no antecedent.

Was wir brauchen, ist ein Sozialstaat.	What we need is a socialized state.

   (2) When the antecedent is a clause.

Auch die Bundesrepublik hat soziale Probleme, **was** viele Menschen nicht zugeben wollen.	The Federal Republic, too, has social problems, which many people don't want to admit.

   (3) When the antecedent is an indefinite neuter pronoun.

Er idealisiert alles, **was** er in Deutschland gesehen hat.	He idealizes everything that he saw in Germany.

   (4) When the antecedent is a neuter adjective used as a noun.

Das Wichtigste, **was** wir haben, ist vielleicht unsere gute Altersversorgung.	The most important thing we have is perhaps our good program of social services for the elderly.

III. Exercises

A. List the gender, case, and number of all relative pronouns occurring in "Ein Sozialstaat mit Problemen."

B. Answer orally.

1. In welchem Lokal saßen Inge und Mark?   2. Was für junge
Leute trafen sie hier?   3. Was muß Inge jetzt korrigieren?
4. Spricht man in Amerika manchmal über den Lebensstandard?
5. Gibt es in Amerika Menschen, die arm sind?   6. Wer ist Sam?
7. Was für soziale Vorteile kennt der amerikanische Mittelstand
nicht?   8. Was sagt Inge über das soziale System der Bundesrepublik?   9. Muß man in Deutschland erst sein Geld zählen,
wenn man sich krank fühlt?   10. Was bezahlt die deutsche
Krankenkasse?   11. Kann man in Deutschland studieren, wenn
man arme Eltern hat?   12. Was idealisiert Sam?   13. Gibt es
noch viel Platz an den deutschen Universitäten?   14. Was ist
vielleicht der Grund, wenn die Universitäten heute voll sind?
15. Welches andere Argument für den Sozialismus in der Bundesrepublik bringt Sam?   16. Welches ernste Problem hat Westdeutschland heute?   17. Woher sind die meisten Gastarbeiter
gekommen?   18. Was sagt Sam am Schluß über den Sozialstaat?

C. Supply the correct form of the relative pronoun.

1. Amerika ist ein Land, in — man gut leben kann.   2. Der
Lebensstandard, — viele Amerikaner selbstverständlich finden, ist
sehr hoch.   3. Aber die Menschen, — keine Arbeit finden können,
sind meist arm.   4. Sam sagt: „Ich kenne viele, — der Staat
nicht hilft."   5. Sam, — Soziologie studiert, denkt sehr sozial.
6. Darum gefällt ihm die Bundesrepublik, — soziales System sehr
gut ist.   7. — in Deutschland einen Job hat, ist in einer Krankenkasse.   8. Das Sozialprogramm, — Deutschland eingeführt hat,
hilft auch den alten Leuten.   9. Es gibt allerdings auch Probleme,
— vor allem mit den Gastarbeitern zu tun haben.   10. — die
Gastarbeiter brauchen, sind bessere Wohnungen.

*D. Restate the following sentences, changing the words in italics to
relative pronouns.*

Example: Die Familie kam aus Österreich; er hat von *ihr* berichtet.
Die Familie, von der er berichtet hat, kam aus Österreich.

1. Sam war ein junger Mann; *er* studierte Soziologie.   2. Der
Mittelstand hat nicht die sozialen Vorteile; man kann *sie* erwarten.
3. Die Probleme sind ernst; du hast mir *davon* erzählt.   4. Frau
Schulze ist glücklich; *ihre* Krankenkasse bezahlt alles.   5. Die

Gastarbeiter kommen aus dem Süden; *sie* haben keinen hohen Lebensstandard.

E. Write 16 short German sentences, using all the cases of the relative pronouns **der, das, die.**

F. Write in German.

1. In the student pub [there] are two students whom we already know.   2. Inge, who liked America very much, has now become more skeptical.   3. She says, "The standard of living about which I wrote my parents is not so high for everyone.   4. Whoever is poor in Germany is not as poor as the poor (*pl.*) in America."   5. "You are right," says Sam, who had studied in Munich [for] a year.   6. "The Germans, whose social advantages are great, have it better than many Americans."   7. Mark explains that Sam idealizes the welfare state that he became acquainted with over there.   8. Then they discuss the problem of the foreign workers in Germany, who often have to live in primitive apartments.   9. "This is one of the greatest problems of which I have heard," says Inge.   10. "The government wants a higher standard of living for these workers, of whom two million live in the Federal Republic."

IV. Pattern Drills

A. Combine each of the following pairs of sentences, using a relative pronoun in the nominative case.

Example: Hier ist der Student. Er war in München.
  Hier ist der Student, der in München war.

1. Hier ist die Studentin. Sie war in München.
2. Ich spreche mit der Studentin. Sie war in München.
3. Dies ist der Mann. Er lebt von der Wohlfahrt.
4. Wir sehen den Gastarbeiter. Er hat eine primitive Wohnung.
5. Wir kennen das Problem. Es ist sehr ernst.
6. Dies ist das Land. Es hat eine gute Altersversorgung.
7. Das sind die Leute. Sie tun die schmutzigen Arbeiten.
8. Woher sind die Arbeiter? Sie sind nach Deutschland gekommen.
9. Ich weiß nichts von dem System. Es soll so gut sein.

B. Combine each of the following pairs of sentences, using a relative pronoun in the accusative case.

Example: Das ist der Arzt. Ich besuche ihn.
Das ist der Arzt, den ich besuche.

1. Dies ist der Gast. Wir haben ihn kennengelernt.
2. Das ist das Argument. So viele mißverstehen es.
3. Er berichtet über den Wohlstand. Dieses Land hat ihn erreicht.
4. Dies ist eine skeptische Stimme. Ich kenne sie schon.
5. Er hat reiche Eltern. Für sie ist der Wohlstand selbstverständlich.
6. Wo findet man die Gesellschaft? Alle idealisieren sie.
7. Ist das die Altersversorgung? Die Regierung hat sie eingeführt.
8. Dieser Politiker hat den Mut. Unser Land braucht ihn.
9. Sie ging zu dem Fest. Sie hatte sich darauf gefreut.
10. Sie sind Außenseiter. Nicht viele Menschen kennen sie.

C. Combine each pair of sentences, using a relative pronoun in the dative case.

Example: Heute ist das Fußballspiel. Ich werde ihm zuschauen.
Heute ist das Fußballspiel, dem ich zuschauen werde.

1. Das ist der Mann. Der Arzt kann ihm nicht helfen.
2. Es ist nicht die Regierung. Wir müssen ihr danken.
3. Das war der Offizier. Die Soldaten folgten ihm.
4. Sie war die einzige. Er gab ihr eine Antwort.
5. Dies ist das Kind. Sie hat von ihm gesprochen.
6. Das sind die Menschen. Wir werden mit ihnen arbeiten.
7. Ist das die Universität? Du hast mir von ihr erzählt.
8. Wie war das Konzert? Sie haben ihm zugehört.

D. Combine each pair of sentences, using a relative pronoun in the genitive case.

Example: Er besuchte die Mutter. Ihr Kind war krank.
Er besuchte die Mutter, deren Kind krank war.

1. Das ist der Staat. Seine Altersversorgung ist so gut.
2. Das ist die Gesellschaft. Ihre Wirtschaft funktioniert nicht.
3. Das ist das Land. Sein Fremdenverkehr ist die wichtigste Industrie.
4. Das sind die Alpen. Ihre Flußtäler sind sehr bekannt.

5. Wir hörten von dem Kanzler. Sein Kabinett war zurückgetreten.
6. Er berichtete von einer Frau. Ihr Mann war gerade gestorben.
7. Versteht er die Leute? Ihr Lebensstandard ist nicht hoch.

E. *Combine each pair of sentences, using the indefinitive relative pronoun* **was.**

Example: Hier soll es keine armen Leute geben. Das kann ich kaum glauben.

Hier soll es keine armen Leute geben, was ich kaum glauben kann.

1. Seine Stimme ist viel zu laut. Das klingt nicht gut.
2. Glaubst du nicht? Das sage ich dir.
3. Das ist das Interessanteste. Du kannst es machen.
4. Er konnte alles entschuldigen. Er hatte es getan.
5. Sie dachte nicht an das. Das konnte geschehen.
6. Man sagt, hier gibt es keine Krankheit. Das ist wohl übertrieben.

Vocabulary

der **Bekannt-** acquaintance, friend
(*male*) (*adj. used as a noun*)
der **Dienstag, -e** Tuesday
der **Donnerstag, -e** Thursday
der **Einwohner, -** inhabitant
der **Flug, ⸚e** flight
der **Gewinn, -e** profit
der **Passat'** *name of a VW model*
(*American name:* Dasher)
der **Reiseführer, -** travel guide;
guidebook

(das) **Frankfurt** *German city*
das **Schicksal, -e** fate, fortune
(das) **Wolfsburg** *German city*

die **Auslieferung, -en** delivery
die **Begleiterin, -nen** escort
(*female*)
die **Besichtigung, -en** sightseeing
tour
die **Einladung, -en** invitation
die **Gleichberechtigung** equality of
rights
die **Lufthansa** *name of a German
airline*
die **Rückfahrt** return trip

die **Zonengrenze** boundary between the two German states

ab·holen go to meet, pick up, get
an·kommen arrive
beteiligen an give a share of (*dat.*)
empfangen, empfing, empfangen
(**empfängt**) receive
empfehlen, empfahl, empfohlen
(**empfiehlt**) recommend
genießen, genoß, genossen enjoy
konstruie'ren construct
schicken send
träumen dream
vergehen, verging, ist vergangen
pass (time)
zerstören destroy

gleich equal (*adj.*); immediately
(*adv.*)
häßlich ugly
leise soft (in sound)
schlecht bad

einige a few, some
etwa approximately, about;
perhaps
hoffentlich hopefully
ohnehin anyway

Idioms

das läßt sich machen that can be
done
es heißt it is said
mein alter Herr the old gentleman,
i.e., my father

noch nie never before
sich (*dat.*) **etwas träumen lassen**
imagine
stundenlang for hours

Cognates and Compounds

architektonisch
britisch
der **Exper'te, -n, -n**
fertig·machen
die **Ironie', -i'en**

das **Kilome'ter, -**
die **Kommission', -en**
landen
mit·fahren
das **Modell', -e**

das **Papier', -e**
die **Reparation', -en**
die **Touris'tenauslieferung, -en**
unschön
die **Werksbesichtigung, -en**

Chapter 17

Passive Voice

I. Reading

Die Volkswagenstadt

Bill erzählt:

Am vergangenen Dienstag wurde ich von Frau Gundlach ans Telefon gerufen. Ed McGill war am Apparat, ein Bekannter aus Chicago, dessen Vater für die Lufthansa arbeitet. Er kam direkt aus Amerika und war gerade in Frankfurt gelandet.

„Unser neuer VW Passat muß in Wolfsburg abgeholt werden", sagte er, „Touristenauslieferung, weißt du. Mein alter Herr hat mich geschickt, weil ich genug Zeit habe und der Flug uns fast nichts kostet. Ich habe mich natürlich gern einladen lassen. Wie ist es, möchtest du mitfahren?"

„Wenn die Rückfahrt in Hannover unterbrochen werden kann", antwortete ich, „läßt sich das wohl machen." Ich hatte an diesem Wochenende ohnehin zu Heike fahren wollen. Mir wurde durch diese Einladung also geholfen.

Am Donnerstagmorgen kamen wir in Wolfsburg an. Ed hatte im Zug seinen Reiseführer studiert. „Der Ort liegt nur wenige Kilometer westlich der Zonengrenze", war dort zu lesen, „und ist das Modell einer ultramodernen Stadt. 1945 war Wolfsburg noch ein Dorf; heute hat es über 100 000 Einwohner, von denen etwa 50% bei VW beschäftigt sind."

Noch nie habe ich so viele Volkswagen gesehen wie hier in Wolfsburg und noch nie so viele moderne Bauten. Auch die Autofabrik ist modern und architektonisch gar nicht unschön.

Im Werk wurden wir von einem freundlichen jungen Herrn empfangen. „Hier sind Ihre Papiere, Herr McGill", sagte er. „Während der Wagen fertiggemacht wird, können Sie an einer Werksbesichtigung teilnehmen."

Es wurde eine sehr interessante Tour. Das Wolfsburger Werk ist noch viel größer, als ich mir hatte träumen lassen. „Die Fabrik war während des Krieges fast ganz zerstört worden", ließ sich die Stimme unserer Begleiterin hören, „heute beschäftigt das Werk 50 000 Menschen, 10% von ihnen sind Gastarbeiter und 8% Frauen. Jeder, der hier arbeitet, wird am Gewinn beteiligt und genießt eine sehr großzügige Sozialversorgung."

„Hoffentlich auch die Frauen und Gastarbeiter!" sagte Ed leise zu mir, und ich antwortete: "Es heißt, daß die Gleichberechtigung hier Realität geworden ist."

Wenige Stunden später fuhren wir in McGills neuem Passat nach Hannover. Den Abend verbrachten wir bei Brehms, wo noch stundenlang diskutiert wurde — vor allem über die Geschichte des Volkswagens. Heikes Vater hatte gleich nach dem Krieg bei VW in Wolfsburg gearbeitet und konnte sich noch gut an die Zeit erinnern. „Was ich Ihnen jetzt erzähle, klingt wie Ironie des Schicksals", meinte er. „1945 war der britischen Regierung von einigen höheren Offizieren empfohlen worden, das VW-Werk als Reparation zu übernehmen. Darum schickte man eine Gruppe von Experten nach Wolfsburg. Im Bericht dieser Kommission war dann etwa folgendes zu lesen: ‚Der Volkswagen ist häßlich, laut und schlecht konstruiert. Die britische Autoindustrie hat kein Interesse an diesem Wagen, der sich nie gut verkaufen wird.'— 20 Jahre später wurde der VW dann das am meisten gekaufte Auto der Welt."

II. Grammar

1. In the passive voice the subject is acted upon: *The man was bitten by a dog.*

2. The passive is formed with the auxiliary **werden** and the past participle of the verb concerned. In the compound tenses the prefix **ge-** is dropped from the past participle of **werden.**

PASSIVE INF.		gesehen werden	to be seen
PRES.	ich werde	gesehen	I am seen
PAST	ich wurde	gesehen	I was seen
PRES. PERF.	ich bin	gesehen worden	I have been seen
PLUPERF.	ich war	gesehen worden	I had been seen
FUT.	ich werde	gesehen werden	I shall be seen
FUT. PERF.	ich werde	gesehen worden sein	I shall have been seen

3. English *by* in a passive sentence is expressed by German **von.** But if *by* implies *by means of*, **durch** is generally used.

Wir wurden **von** einem freundlichen Herrn empfangen.

We were received by a friendly gentleman.

Durch das großzügige Sozialprogramm wurde viel
erreicht.

Much was accomplished through the generous social program.

Das VW-Werk ist noch viel größer, als Bill es sich hatte träumen lassen.

4. Verbs taking the dative retain it in the passive.

Mir wurde durch diese Einladung geholfen.	I was helped by this invitation.

5. The passive voice is often used impersonally.

Es wurde stundenlang diskutiert.	The discussion was carried on for hours.

6. The passive is used less frequently in German than in English. Other constructions are often substituted:

a. Constructions with **man.**

Man schickte eine Gruppe von Experten.	A group of experts was sent.
Man sagt . . .	It is said . . .

b. Impersonal constructions with **es.**

Es heißt . . .	It is said . . .

c. Constructions with **sein** plus **zu** plus infinitive.

Das **war** nicht so leicht **zu sagen.**	That could not be said so easily.
Dort **war zu lesen** . . .	There one could read . . .

d. Constructions with **sich lassen.**

Das **läßt sich** machen.	That can be done.
Die Stimme der Begleiterin **ließ sich** hören.	The voice of the escort was to be heard.

e. Constructions with reflexives.

Es **empfiehlt sich** nicht, das VW-Werk zu übernehmen.	It is not recommended that the VW factory be taken over.

III. Exercises

A. Answer orally.

1. Was geschah am Dienstag?   2. Wo war Ed McGill gerade gelandet?   3. Warum war er nach Deutschland gekommen?

4. War Ed froh, als sein Vater ihn einlud? 5. Konnte Bill mit nach Wolfsburg fahren? 6. Wo liegt Wolfsburg? 7. Wieviel Prozent der Einwohner arbeiten für VW? 8. Wen trafen Bill und Ed im Werk zuerst? 9. Was wurde mit dem Wagen gemacht, während die beiden an der Besichtigung teilnahmen? 10. Was war während des Krieges mit der Fabrik geschehen? 11. Was genießen alle Arbeiter im Werk? 12. Was meint Bill über die Gleichberechtigung von Frauen und Gastarbeitern bei VW? 13. Was tat man am Abend bei Brehms? 14. Was hatten einige britische Offiziere empfohlen? 15. Was schrieb die britische Kommission über den Volkswagen? 16. Was geschah etwa 20 Jahre danach?

B. Give the third person singular and plural forms of the following verbs in present, past, present perfect, and future in the passive voice.

1. fragen   2. finden   3. halten   4. abholen   5. vergessen
6. nehmen   7. zerstören

C. Change the following sentences to the passive.

1. Frau Gundlach hatte ihn ans Telefon gerufen.   2. Eds Vater hat Ed eingeladen, den Wagen abzuholen.   3. Ich werde den Reiseführer lesen.   4. Die Mechaniker machten das Auto fertig.
5. Noch heute kaufen viele Leute den Käfer.

D. Using the following groups of words, form short sentences in the passive (a) in the present, (b) in the past, and (c) in the present perfect.

1. sie, Rückfahrt, unterbrechen.   2. Ed, Freund, mitnehmen.
3. Werk, viele Arbeiter, beschäftigen.   4. wir, Stimme, hören.
5. Fabrik, Arbeiter, am Gewinn beteiligen.   6. Freunde, Zonengrenze, besuchen.   7. britische Regierung, Werk, nicht übernehmen.   8. Leute, Wagen, kaufen.

*E. Rewrite the following passive sentences, using **sein** followed by **zu** and an infinitive.*

1. Diese Fabrik kann nicht besucht werden.   2. Solch eine Tradition konnte nicht vergessen werden.   3. Manche Wagen können nicht verkauft werden.   4. Diesem Kranken kann nicht geholfen werden.   5. Nicht alle Berichte können geglaubt werden.

F. *Rewrite Exercise E above, replacing the passive constructions with* **sich lassen** *and an infinitive.*

G. *Write in German.*

1. Ed was sent by his father. 2. Bill could be invited. 3. He was helped by this invitation. 4. The travel guide had been read by the young man. 5. It is said that Wolfsburg is ultramodern. 6. Many workers are employed by the factory. 7. Our escort's voice was not to be heard. 8. The history of the factory has been told to them. 9. These people are given a share of the profit. 10. The car had not been poorly (=badly) constructed.

IV. Pattern Drills

A. *Change the sentences from present to past.*

Example: Die beiden werden von einem Herrn empfangen.
Die beiden wurden von einem Herrn empfangen.

1. Der Wagen wird im Werk fertiggemacht.
2. Viele Fabriken werden im Krieg zerstört.
3. Das wird mir von Herrn Brehm berichtet.
4. Es wird eine Gruppe von Experten geschickt.
5. Ihr werdet am Gewinn beteiligt.
6. Durch die lange Fahrt werden wir müde.
7. Wolfsburg wird oft von Touristen besucht.

B. *Change the following sentences from the future to the pluperfect.*

Example: Er wird hier nicht beschäftigt werden.
Er war hier nicht beschäftigt worden.

1. Der Wagen wird in Wolfsburg abgeholt werden.
2. Über dieses Problem wird oft diskutiert werden.
3. Der Arzt wird gerufen werden.
4. Die Fabriken werden von den Arbeitern übernommen werden.
5. Wird dieses System genauer erklärt werden?
6. Wird dieses Land von Touristen besucht werden?
7. Dieser Mann wird hier nie wieder gesehen werden.

C. *Answer the following questions affirmatively in the present tense of the passive voice.*

> *Example:* Konstruiert man ein neues Auto?
> Ja, ein neues Auto wird konstruiert.

1. Empfängt man die beiden freundlich?
2. Beteiligt man die Arbeiter am Gewinn?
3. Diskutiert man dieses Problem oft?
4. Zerstört man die alten Gebäude?
5. Holt man den Wagen in der Fabrik ab?
6. Zieht man Fußball in Deutschland vor?
7. Sieht man hier oft Gastarbeiter?
8. Hilft man ihm oft?

D. *Change the following sentences from the active to the passive.*

> *Example:* Er rief den Geschäftsführer.
> Der Geschäftsführer wurde von ihm gerufen.

1. Der Amerikaner kaufte die Kamera.
2. Das Werk beschäftigte auch Gastarbeiter.
3. Viele Touristen besuchten Deutschland.
4. Der Vater schickte den Sohn.
5. Sie mißverstand mich.
6. Ich mißverstand ihn.
7. Der Mann bot ihm eine Zigarette an.
8. Er erinnerte uns an den Krieg.

E. *Answer the questions in the passive, in the present perfect tense.*

> *Examples:* Hat man ihn eingeladen?
> Ja, er ist eingeladen worden.
>
> Hat die Frau ihn eingeladen?
> Ja, er ist von der Frau eingeladen worden.

1. Hat man es schon gebracht?
2. Hat der Verkäufer es schon gebracht?
3. Hat man ihn gut bezahlt?
4. Hat der Mann ihn gut bezahlt?
5. Hat man den Gast schon empfangen?
6. Hat die Wirtin den Gast schon empfangen?

7. Hat man seine Frage verstanden?
8. Haben die Leute seine Frage verstanden?

F. Answer the following questions with **Ich weiß nicht, ob** ...

Example: Ist unser Wagen schon fertiggemacht worden?
Ich weiß nicht, ob unser Wagen schon fertiggemacht worden ist.

1. Wird dieses Auto oft gekauft?
2. Werden hier viele Zeitungen gelesen?
3. Wurde das von den Experten empfohlen?
4. Wurde das Werk von der Regierung übernommen?
5. Ist die Gruppe nach Wolfsburg geschickt worden?
6. Sind die Arbeiter gut bezahlt worden?
7. Müssen diese Papiere ausgefüllt werden?
8. Sollte ihm damit geholfen werden?

G. Answer the following questions affirmatively in the active voice, with **man** *as subject. Retain the tense used in the question.*

Example: Ist die Fabrik schon gebaut worden?
Ja, man hat die Fabrik schon gebaut.

1. Wird das immer gesagt?
2. Wurde sein Name genannt?
3. Ist er hier oft gesehen worden?
4. Sind die Einwohner gezählt worden?
5. War er nach Deutschland geschickt worden?
6. Wird der Flug für ihn bezahlt werden?
7. Kann diese Reise empfohlen werden?
8. Wird der Bericht gelesen werden?
9. Konnte dieses Auto verkauft werden?

H. Answer the following questions negatively in the active voice, using first **sein** + **zu** + *infinitive, then* **sich lassen** + *infinitive.*

Example: Kann die Kamera exportiert werden?
Nein, die Kamera ist nicht zu exportieren.
Nein, die Kamera läßt sich nicht exportieren.

1. Kann dieser Mann beschäftigt werden?
2. Konnte das Haus verkauft werden?

3. Kann dieses Auto empfohlen werden?
4. Kann ein solches Werk gebaut werden?
5. Kann ihr Wunsch erfüllt werden?
6. Konnten diese Kameras exportiert werden?

Vocabulary

der **Schweizer, -** Swiss (*male*)

(das) **Altdorf** *name of a Swiss town*
(das) **Bern,** (das) **Luzern,** (das)
   Zürich *names of Swiss cities*
das **Denkmal,** ⁼**er** monument
(das) **Hochdeutsch** standard German (*as opposed to the various
   regional dialects*)
das **Schwyzerdütsch** *Swiss German
   dialect*

die **Enge, -n** narrowness
die **Freiheit, -en** freedom
die **Schweiz** Switzerland

Schiller, Friedrich *German poet
   and dramatist (1759–1805)*
Tell, Wilhelm William Tell

eng narrow, narrow-minded
fremd foreign, strange
zusammen together

Cognates and Compounds

arrangie'ren
der **Autor, Auto'ren**
das **Drama, Dramen**
die **Exkursion', -en**
der **Freiheitskampf,** ⁼**e**
die **Freiheitsliebe**
das **Gebirgstal,** ⁼**er**
identisch

die **Klasse, -n**
der **Konservatis'mus**
sich **konzentrie'ren**
konzentriert' (*adj.*)
kritisie'ren
der **Luxus**
mini-

national'
die **Neutralität'**
patriotisch
scharf
der **Schultag, -e**
der **Traditionalis'mus**
zurück · blicken

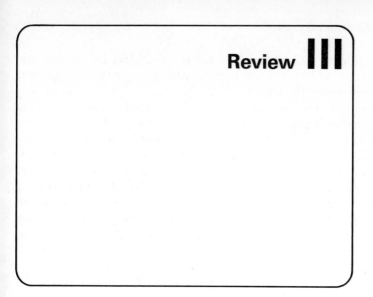

Review **III**

I. Reading

Eine Germanisten-Exkursion in die Schweiz

Heike erzählt:

Eigentlich hatten Bill und ich zusammen an dieser Busfahrt in die Schweiz teilnehmen wollen. Aber die Ferienzeiten in Marburg sind leider nicht identisch mit denen in Hannover. So fuhr ich allein mit und soll nun Bill — typisch für ihn! — über alles, was es zu sehen gab, genau berichten. Die Exkursion war nur zehn Tage lang und viel konzentrierter, als ich gedacht hatte. So kam es, daß ich erst am Tage nach der Reise folgendes für Bill aufschrieb:

Fast alles, was du im vorigen Monat über Österreichs Landschaften geschrieben hast, kann auch über die Landschaften der Schweiz gesagt werden. Mögen einige Berge hier auch höher sein! Sicher sind sie nicht schöner oder romantischer als die in Österreich. Allerdings hat die Schweiz kein Wien. Aber Bern, Zürich und Luzern sind auch Kulturstädte, die sich sehen lassen können. Wie in Österreich findet man auch hier überall Touristen: in den Bergen, an den Seen, beim Skisport — am meisten aber in den Luxushotels der Bäder. Viele dieser Touristen sind reicher als die in den anderen Alpenländern, denn die Schweiz ist ein teures Reiseland.

Ich gebe zu, daß ich mit dem Schweizer Dialekt Probleme hatte. Das „Schwyzerdütsch" klingt manchmal wie eine ganz fremde Sprache, und man freut sich immer, wenn man Leute trifft, mit denen sich Hochdeutsch sprechen läßt. Die Muttersprache von 70% aller Schweizer ist Deutsch; aber das weißt du ja ohnehin selbst. Da unsere Exkursion von den Germanisten arrangiert worden war, konzentrierte sie sich auf die deutsche Schweiz. Wir fuhren zum Beispiel zum Wilhelm-Tell-Denkmal in Altdorf, wovon ich schon so oft gehört hatte. Ja, die Schweizer sind wirklich ein patriotisches Volk, das auf manchen Freiheitskampf und eine lange demokratische Tradition zurückblicken kann. Ich erinnere mich an vergangene Schultage, in denen Schillers *Wilhelm Tell* in unserer Klasse gelesen wurde. Daß gerade das Drama eines Deutschen zum Nationaldrama der Schweizer werden sollte! Natürlich wurde in einem Bus voll von Germanisten auch oft über die modernen Schweizer Autoren gesprochen, die auf ihre Heimat zwar stolz sind, den Traditionalismus und Konservatismus ihres Volkes aber scharf kritisieren. Du selbst, Bill, begeisterst dich ja für die beiden bekanntesten lebenden Autoren der deutschen Schweiz, Max Frisch und Friedrich Dürrenmatt. Ich habe hier verstehen gelernt, warum sie so skeptisch gegen dasselbe Land sind, das in der ganzen Welt als bestes Beispiel für Freiheitsliebe, Demokratie und Neutralität angesehen wird. Ich sehe jetzt nämlich, wie in der Enge der Gebirgstäler und kleinen Orte manchmal vielleicht auch ein enger Geist entstehen kann.

Hier, Bill, ist also mein Mini-Reisebericht über die Schweiz. Wenn du nicht damit zufrieden bist, wirst du dir einen Reiseführer kaufen müssen, denn ich habe keine Zeit für einen längeren Bericht.

III. Exercises

A. Answer orally.

1. Was für einen Plan hatten Heike und Bill für die Ferien gehabt?
2. Warum wurde nichts daraus?   3. Was soll Heike für Bill tun?
4. War die Reise konzentriert?   5. Wann schrieb Heike ihren Bericht?   6. Was sagt Heike über die Landschaften der Schweiz und Österreichs?   7. Findet sie, daß Bern und Zürich wichtige Kulturstädte sind?   8. Wo sieht man in der Schweiz besonders viele Touristen?   9. Sind diese Touristen arm?   10. Wann

freute Heike sich immer? 11. Von wem war die Reise arrangiert worden? 12. Worauf konzentrierte sie sich? 13. Sind die Schweizer ein patriotisches Volk? 14. An was für vergangene Schultage erinnert sich Heike? 15. Worüber sprach man im Bus oft? 16. Gefallen Bill die modernen Schweizer Autoren? 17. Wogegen sind Frisch und Dürrenmatt skeptisch? 18. Warum ist Bill mit Heikes Reisebericht vielleicht nicht ganz zufrieden?

B. Answer in complete sentences, using the words in parentheses.

1. Was tun Sie, wenn Sie in ein Konzert gehen? (sich Musik anhören) 2. Was tun Sie, wenn Sie einen guten Freund nach langer Zeit treffen? (sich freuen) 3. Warum gehen die Menschen ins Theater? (Drama, sich ansehen) 4. Warum liest man diesen modernen Autor? (sich interessieren) 5. Was geschieht, wenn zwei Menschen zusammen eine Reise machen? (sich kennenlernen)

Die Landschaften der Schweiz gehören zu den schönsten der Alpenländer.

6. Was tun Sie, wenn Sie einen vergessenen Namen wieder hören? (sich erinnern)   7. Was tun Sie, wenn ein Freund Sie bittet, mit ihm zu essen? (sich einladen lassen, mitgehen)   8. Was tut man, wenn man in Deutschland Fußball spielen will? (Verein, eintreten) 9. Was tun Sie, wenn man in einer Gruppe über ein Thema spricht, das Sie nicht interessiert? (sich nicht beteiligen)   10. Was tun wir, wenn wir nach dem Theater zusammensitzen? (anfangen, diskutieren)

C. *Use a relative pronoun in answering each of the following questions. Use the preposition in parentheses when given.*

1. Was ist *Wilhelm Tell*?   2. Wer sind Frisch und Dürrenmatt? 3. Was ist ein Reisebericht?   4. Was ist ein Luxushotel? (in) 5. Was ist ein Germanist?   6. Was ist eine Wochenendspazierfahrt?

D. *Answer, using comparative or superlative forms wherever suitable.*

1. Sehen Sie gern Fußballspiele?   2. Ist Wien so groß wie München?   3. Wohnen in einem Dorf so viele Menschen wie in einer großen Stadt?   4. Ist ein Haus so hoch wie ein Berg? 5. Ist Ihre Mutter so alt wie Ihr Vater?   6. Ist der Norden so warm wie der Süden?   7. Hören Sie lieber klassische Musik oder Rock?   8. Können Sie so gut laufen wie Ihr Freund? 9. Arbeiten Sie so lange wie Ihre Freundin?   10. Ist die Schweiz so interessant wie Österreich?

E. *Change the following sentences to the passive, then restate them introducing each with* **Es ist richtig, daß** . . .

1. Wir luden die Mädchen ins Kino ein.   2. Der Krieg hat manches Kulturdenkmal zerstört.   3. Wir müssen ihn scharf kritisieren.   4. Ein alter Mann erzählte uns diese Geschichte. 5. Mir kann kein Mensch helfen.   6. In allen Orten wird man darüber sprechen.   7. Seine Wirtin hatte ihn ans Telefon gerufen. 8. Man glaubt ihr nicht.

F. *Write in German.*

1. I have (already) always wanted to look at the Austrian Alps. 2. I traveled to Austria and arrived in Salzburg.   3. Salzburg is one of the best known cities in the country.   4. (The) most people like (*use* **gern haben**) this city better than Marburg, because concerts are always given here.   5. The music that one can listen to here

is better than in (the) most other Austrian cities. 6. I have
always been interested in good music. 7. The Austrian mountains
are higher and more beautiful than the hills around Marburg.
8. I was very glad when I finally saw them. 9. Kärnten is one
of the most interesting areas in Austria. 10. One says that its
lakes are warmer than (the) most other lakes. 11. That was to
be read in the guidebook that I bought there. 12. The mountains
are beautiful, but I liked Vienna best. 13. The spirit that I
found there reminded me of the old days. 14. When I look back
at (upon) this time, I become sentimental.

IV. Pattern Drills

(Review III-A)

A. *Answer the questions negatively, but affirm in the present perfect
tense with* **schon.** *Change all noun objects to pronouns.*

Example: Erzählt er die Geschichte bald?
Nein, er hat sie schon erzählt.

1. Bekommt sie die Kamera bald?
2. Übernehmen sie den Auftrag bald?
3. Erreicht er das Mittelmeer bald?
4. Vergißt er seine Freunde bald?
5. Erfüllen sie meinen Wunsch bald?
6. Empfängt er den Politiker bald?
7. Geschieht das bald?

B. *Answer the questions negatively, but affirm in the future tense with*
bald.

Example: Ist er schon mitgegangen?
Nein, aber er wird bald mitgehen.

1. Ist er schon angekommen?
2. Hat er seinen Irrtum schon zugegeben?
3. Hat er sein Auto schon abgeholt?
4. Haben sie sich schon kennengelernt?
5. Hat das Konzert schon angefangen?
6. Hat er sich das Spiel schon angesehen?
7. Haben sie die Altersversorgung schon eingeführt?

C. *Answer the questions negatively in the present perfect tense with* **noch nicht,** *but affirm in the present with* **gleich.**

    Example: Ist er schon angekommen?

                Nein, er ist noch nicht angekommen, aber er kommt gleich an.

    1. Ist er schon mitgegangen?
    2. Hat er das Programm schon angesehen?
    3. Hat er schon weitergesprochen?
    4. Hat sie den Kuchen schon angeboten?
    5. Ist sie schon eingetreten?
    6. Hat er ihn schon kennengelernt?
    7. Hat sie sie schon eingeladen?
    8. Ist der Zug schon angekommen?

D. *Answer the following questions affirmatively by beginning with* **Ja, dies ist** (*or* **sind**) . . ., *and add a relative clause after the noun.*

    Example: War dieser Autor so bekannt?

                Ja, dies ist der Autor, der so bekannt war.

    1. War dieser Mann so patriotisch?
    2. War dieser Schweizer so patriotisch?
    3. War diese Arbeit so interessant?
    4. War diese Exkursion so interessant?
    5. War dieses Drama so lang?
    6. War dieses Konzert so lang?
    7. Waren diese Freiheitskämpfe so schwer?
    8. Waren diese Prüfungen so schwer?

E. *Answer the following questions with* **Ja, dies ist** (*or* **sind**) . . ., *and add a relative clause in first person singular after the noun.*

    Example: Kannten Sie diesen Autor sehr gut?

                Ja, dies ist der Autor, den ich sehr gut kannte.

    1. Kannten Sie diesen Schweizer sehr gut?
    2. Kannten Sie diesen Herrn sehr gut?
    3. Kennen Sie diese Frau sehr gut?
    4. Kennen Sie diese Stadt sehr gut?
    5. Kannten Sie dieses Denkmal sehr gut?
    6. Kannten Sie dieses Gebirgstal sehr gut?
    7. Kennen Sie diese Opern sehr gut?
    8. Kannten Sie diese Dramen sehr gut?

F. Answer the following questions negatively, retaining the tense of the questions and changing all nouns to pronouns.

Example: Wurde das Drama von diesem Autor geschrieben?
Nein, es wurde nicht von ihm geschrieben.

1. Wurde der Film von deinem Vater empfohlen?
2. Wird die Zeitung von den Schülern gelesen?
3. Ist diese Exkursion von den Politologen arrangiert worden?
4. War der Konservatismus von dem Kanzler kritisiert worden?
5. Wird der Krieg wohl von den Studenten diskutiert werden?
6. Wird die Exkursion wohl von der Universität bezahlt?
7. Ist der Stadt von ihrem König geholfen worden?

G. Answer the following questions affirmatively, changing the passive to active voice. Retain the tense of the question.

Example: Werden diese Täler oft besucht?
Ja, man besucht diese Täler oft.

1. Wird das manchmal gesagt?
2. Sind die Ruinen dort gefunden worden?
3. Wurde eine Reise nach Wien gemacht?
4. Wird von den Freiheitskämpfen gesprochen?
5. Ist die Stimme des Autors gehört worden?
6. Werden solche dummen Dinge gekauft?
7. Waren die Touristen kritisiert worden?

(Review III-B)

A. Answer the questions with **Ich weiß nicht** ... *Retain the tense of the question.*

Example: Wann trat der Kanzler zurück?
Ich weiß nicht, wann der Kanzler zurücktrat.

1. Wann schaute er dem Drama zu?
2. Wann ist er mitgegangen?
3. Wo sah sie das Spiel an?
4. Wo bietet man diese Waren an?
5. Wie hat er den Tag ausgefüllt?
6. Wie wird sie ihn kennenlernen?
7. Warum hatte sie ihn angesprochen?
8. Warum sind sie nicht eingetreten?

B. *Answer the questions in the first person singular, and add a clause in the same tense with* **mein Freund** *as subject.*

Example: Begeistern Sie sich für Sport?
      Ja, ich begeistere mich für Sport, und mein Freund begeistert sich auch für Sport.

1. Freuten Sie sich darüber?
2. Setzen Sie sich an den Tisch?
3. Werden Sie sich entschuldigen?
4. Interessieren Sie sich für die Schweiz?
5. Haben Sie sich für die Alpen interessiert?
6. Hatten Sie sich vor der Reise verabschiedet?
7. Erinnern Sie sich noch daran?
8. Sahen Sie sich oft ein Spiel an?

C. *Answer the questions with* **Nein,** *and add a clause using the comparative of the adjective in the question.*

Example: Ist die Schweiz so groß wie Deutschland?
      Nein, Deutschland ist größer als die Schweiz.

1. Ist das Haus so hoch wie der Berg?
2. Ist unser Haus so alt wie die Burg?
3. Ist das Feld so dunkel wie der Wald?
4. Ist eine Minute so lang wie eine Stunde?
5. Ist der Norden so warm wie der Süden?
6. Ist mein Vater so jung wie mein Bruder?
7. Ist die Prüfung so interessant wie ein Drama?
8. Ist das Wasser so kalt wie der Wein?

D. *Answer the questions with* **Ja,** *but add a clause with* **mein Bekannter** *as subject and use the superlative of the adjective followed by* **von allen.**

Example: Kennen Sie ein wildes Flußtal?
      Ja, aber mein Bekannter kennt das wildeste von allen.

1. Kennen Sie einen klaren See?
2. Haben Sie eine moderne Villa?
3. Besuchen Sie eine alte Burg?
4. Haben Sie ein teures Auto gekauft?
5. Tranken Sie den guten Wein?
6. Werden Sie eine lange Reise machen?
7. Haben Sie viel Geld?
8. Haben Sie eine hübsche Freundin?

E. *Answer the questions affirmatively by beginning with* **Ja, dies ist** (*or* **sind**) *and using a relative clause after the noun.*

Example: Kritisiert er diese Menschen?
Ja, dies sind die Menschen, die er kritisiert.

1. Saß er neben diesem Denkmal?
2. Setzte er sich auf dieses Fahrrad?
3. Fuhren sie in dieses Gebirge?
4. Hat er von diesem Autor erzählt?
5. Verstand er diese Sprache nicht?
6. Tanzen sie mit diesen Mädchen?
7. Freuen sie sich auf diese Ferien?

F. *Combine each pair of statements, using the indefinite relative pronoun* **was.**

Example: Das Land ist demokratisch; das macht die Schweizer stolz.
Das Land ist demokratisch, was die Schweizer stolz macht.

1. Die Schweiz ist schön; das kann man auch von Österreich sagen.
2. Die Touristen sind reich; das bringt dem Land viel Geld.
3. Dies ist das Luxuriöseste; man kann es finden.
4. Das ist alles; du darfst es sagen.
5. Hier gibt es einiges; ich kann es nicht verstehen.
6. Man sieht viel; man wird es nicht sofort begreifen.

G. *Answer the following questions negatively in the present tense of the active voice with* **man,** *but affirm in the present perfect tense of the passive voice with* **früher.**

Example: Liest man dieses Drama heute?
Nein, man liest dieses Drama heute nicht, aber früher ist dieses Drama gelesen worden.

1. Kauft man solche Bücher heute?
2. Empfiehlt man diese Medizin heute?
3. Schreibt man solche Briefe heute?
4. Hört man dieses Argument heute?
5. Liebt man diese Frau heute?
6. Konstruiert man solche Maschinen heute?
7. Genießt man diese Musik heute?

Vocabulary

der **Besucher, -** visitor
der **Geburtstag, -e** birthday
der **Gruß, ⁼e** greeting; regards
der **Lehrstuhl, ⁼e** professorial
  chair
der **Rat** advice
der **Stuhl, ⁼e** chair

das **Bild, -er** picture
das **Brecht-Ensemble** *East Berlin
  theater founded by the dramatist
  Bertolt Brecht, official name:*
  Berliner Ensemble
das **Flugzeug, -e** airplane
das **Jahrhun'dert, -e** century
das **Plakat', -e** poster
das **Thema, Themen** topic, subject

die **DDR** = **Deutsche Demokratische
  Republik** *official name of East
  Germany*
die **Deutsche Oper** *name of the
  West Berlin Opera*
die **Freie Universität** *name of the
  University of West Berlin*
die **Insel, -n** island
die **Mauer, -n** wall

die **Menge, -n** a lot of, crowd;
  amount
die **Nacht, ⁼e** night
die **Philharmonie'** *name of West
  Berlin concert hall*

an·rufen call up (on the telephone)
aus·sehen look (like)
beschädigen damage
enttäuschen disappoint
ertragen bear, endure
erwarten expect
fürchten fear
merken notice
zeigen show, point

ausländisch foreign
billig inexpensive, cheap
preußisch Prussian
tot dead
unvergeßlich unforgettable
wert worth

irgendwie somehow
rechts right; to (on) the right
  (*adv.*)

Idioms

**es kommt etwas (nichts) dabei
heraus** something (nothing)
comes of it

entweder ... oder either ... or

Cognates and Compounds

ab·fliegen
das **Adjektiv, -e**
die **Adres'se, -n**
desillusioniert'
dominie'ren
enorm
der **Extremist', -en, -en**
heraus·kommen
der **Humor'**

das **Ideal', -e**
die **Korrespondenz'**
kosmopoli'tisch
der **Mai**
marxis'tisch
das **Museum, Muse'en**
der **Nazi, -s**
der **Nazis'mus**
die **Propaganda**

restaurie'ren
revolutionär'
die **Serie, -n**
sozialis'tisch
total'
weiter·existieren
weiter·leben
das **Wohnhaus, ⁼er**

Chapter **18**

Future Perfect |
Ordinal Numerals |
Impersonal Verbs

I. Reading

Ein Brief zum Thema Berlin

Marburg, den 1. Juni

Lieber Herr Professor!

Sie wissen, daß ich in der Korrespondenz nicht sehr fleißig bin. Aber über meine Woche in Berlin muß ich Ihnen berichten.

Es fing damit an, daß die Uni einen sehr billigen Flug für ausländische Studenten anbot. Am frühen Morgen des 23. Mai, es war mein 21. Geburtstag, flogen wir von Frankfurt ab. Etwa eine Stunde später landete unser Flugzeug in West-Berlin. — Es sollte eine unvergeßliche Woche werden.

Der marxistische Student hier im Hause, von dem ich Ihnen vor einiger Zeit schrieb, hatte mir gesagt: „Wenn du nächste Woche zurück bist, wirst du die Mauer gesehen und eine Menge Propaganda gehört haben. Aber es kommt nichts dabei heraus."

„Wer weiß!" hatte ich geantwortet. „Vielleicht werde ich zu einem Rechtsextremisten geworden sein!"

Es kam ganz anders, als mein Bekannter erwartet hatte. Die „Propaganda", von der er gesprochen hatte, war in Wirklichkeit eine Serie von objektiven Vorträgen, die uns zeigten, daß eigentlich sowohl der Westen als auch der Osten irgendwie recht hat. Der Westen mußte in Berlin bleiben, damit das Ideal der Freiheit weiterleben konnte, und der Osten mußte die Mauer bauen, um als sozialistischer Staat weiterexistieren zu können.

West-Berlin hat mich für sich gewonnen. Obwohl keine deutsche Hauptstadt, ist es eine enorm faszinierende Stadt. Den preußischen Geist des 18. und 19. Jahrhunderts findet man nur noch in historischen Denkmälern, die fast alle schwer beschädigt waren und nach dem Kriege restauriert wurden. Auch der Nazismus ist tot, und nur wenige Bauten erinnern noch an die dunklen zwölf Jahre unter Hitler. Das West-Berlin von heute ist demokratisch und kosmopolitisch; modernste Geschäfts- und Wohnhäuser dominieren im Stadtbild. Der Besucher Berlins merkt gar nicht, daß er auf einer Insel in der DDR ist; und den Einwohnern Berlins hilft ihr Humor, ihr Inselschicksal zu ertragen.

Ich bin Ihrem Rat gefolgt, Herr Professor, und habe die bekanntesten Museen in West- und Ost-Berlin besucht. Es gibt aber so viele, daß man in acht Tagen wirklich nur einen Teil davon sehen kann. Auch war ich jeden zweiten Abend entweder im Konzert, im Theater oder in der Oper: in der Philharmonie, im Schiller-Theater, beim Brecht-Ensemble in Ost-Berlin und in der Deutschen Oper. Vom Berliner Nachtleben kann ich Ihnen berichten, daß es einen Vergleich mit Chicago nicht zu fürchten braucht.

Es freut mich, daß Sie mir die Adresse Ihres Freundes, Professor Köhn, gegeben haben. Schon an meinem ersten Abend in Berlin rief ich ihn an. Am dritten Tage trafen wir uns dann in der Freien Universität. Es gibt wohl keinen zweiten Professor an dieser Uni, der von seiner Stelle so enttäuscht ist wie er. Die Berliner Studenten sind ihm, wie er es nennt, „einfach zu revolutionär". Vor fünf Jahren, als Professor Köhn den Lehrstuhl an der Freien Universität bekam, wird er wohl etwas anderes von dem Adjektiv „frei" erwartet haben, als er dann gefunden hat. Heute ist er total desillusioniert. Ich selbst meine übrigens auch: Die Studenten hier sehen irgendwie noch radikaler aus als die in Marburg. Doch darum gefällt mir die Stadt nicht weniger gut. Berlin ist wirklich, wie oft auf Plakaten in Westdeutschland zu lesen ist, „eine Reise wert".

Viele Grüße, auch von Professor Köhn,
Ihr Bill

Das Moderne dominiert im Stadtbild von West-Berlin.

II. Grammar

1. The future perfect tense is formed with the present of the auxiliary **werden** plus the perfect infinitive of the verb concerned. (The perfect infinitive consists of the past participle of the verb concerned and the infinitive of the auxiliary **haben** or **sein**.)

ich werde gesehen haben	I shall have seen
du wirst gesehen haben	you will have seen
er wird gesehen haben	he will have seen
etc.	etc.

ich werde gekommen sein	I shall have come
du wirst gekommen sein	you will have come
er wird gekommen sein	he will have come
etc.	etc.

2. Uses of the future perfect:
   In addition to expressing future perfect time, the future perfect often expresses probability in past time.

Er **wird** wohl etwas anderes **erwartet haben.**	He probably expected something else.

3. The *ordinal numerals* (1st, 2nd, 3rd, etc.) are formed from 2 to 19 by adding **-t** to the cardinal numeral. From 20 upwards **-st** is added. While the cardinals are uninflected, the ordinals are declined like attributive adjectives.

   der zwei**te** Tag; der zweiundzwanzig**ste** Tag; ihr vier**tes** Kind

   Three ordinals are irregular: **erst-** *first*, **dritt-** *third*, **acht-** *eighth*; **siebent-** is often contracted to **siebt-**.

4. Dates:

am 24. (vierundzwanzigsten) Mai	on the 24th of May
Heute ist der 3. (dritte) Juli.	Today is the 3rd of July.
New York, den 7. Oktober 1976 (*at the head of a letter*)	New York, October 7, 1976
Columbus kam 1492 (vierzehn-hundertzweiundneunzig) (*or* im Jahr 1492) nach Amerika.	Columbus came to America in 1492.

See Appendix, p. 252, for lists of days of the week and the months.

5. Impersonal verbs for which there are no literal English equivalents:

a. **Es freut mich (ihn, uns).**	I am (he is, we are) glad.
b. **Es gibt keinen besseren Mann** auf der Welt.	There is no better man in the world.
Es gibt keine besseren Menschen auf der Welt.	There are no better people in the world.

Since in these expressions **es** is the subject, the verbs are always in the singular and are followed by direct objects (accusative).

c. **Es ist kein Mensch** auf dieser Insel.	There is no one on this island.
Es sind viele Menschen hier.	There are many people here.

In this expression, the word following the verb **sein** is the logical subject; therefore the verb agrees with it in number. The difference in meaning between **es gibt** and **es ist (sind)** cannot be precisely defined. **Es gibt** is used for *there is* when *is* implies *exists* and in broad, fairly indefinite statements. **Es ist (sind)** is used in more specifically limited statements, as shown in the examples above.

6. The impersonal **es** can be used with almost any verb in German. When so used, **es** is generally not translated into English.

Es kamen viele Leute nach Berlin.	Many people came to Berlin.

This construction can, however, be used only in normal order. In inverted and dependent order the impersonal **es** is omitted.

Heute **kamen** viele Leute nach Berlin.	Today many people came to Berlin.

III. Exercises

A. Answer orally.

1. Wann wurde der Brief an Bills Professor geschrieben? 2. Wie kam es, daß Bill sich für diese Reise zu interessieren begann? 3. Wann flog die Gruppe von Frankfurt ab? 4. Was sagt Bill über die Woche in Berlin? 5. Was hatte der marxistische Student vor der Reise über die Mauer gesagt? 6. Was meinte er über die Propaganda? 7. Glaubt Bill wirklich, daß er ein

Rechtsextremist werden wird? 8. Wie kam es wirklich? 9. Wer hat in Berlin recht? 10. Hat Berlin Bill gefallen? 11. Wann lebte in Berlin der preußische Geist? 12. Wann waren die Nazis in Berlin? 13. Was hilft den Berlinern, ihr Schicksal zu ertragen? 14. Wie oft ging Bill ins Theater oder Konzert? 15. Was braucht das Berliner Nachtleben nicht zu fürchten? 16. Was freut Bill? 17. Wann rief er Professor Köhn an? 18. Wann besuchte er ihn? 19. Warum ist Professor Köhn desillusioniert? 20. Was findet Bill auch?

B. Give the third person singular and plural in future and future perfect.

1. sehen   2. essen   3. lesen   4. lassen   5. denken   6. verstehen
7. unterbrechen   8. ansehen   9. wiederkommen   10. bringen

C. Restate first in the future, then in the future perfect.

1. Am 3. Juni waren wir schon zwei Tage hier.   2. Ich rufe dich um Viertel nach sechs an.   3. Mein Vater beginnt um acht Uhr zu arbeiten.   4. Vielleicht kommt er schon morgen.   5. Sie holt ihn nicht vom Bahnhof ab.

D. Read aloud.

1. Was geschah im Jahre 1776?   2. Den 1. VW habe ich 1948 gesehen.   3. Mein Geburtstag ist am 17. August.   4. Schiller lebte vom 10.11.1759 bis zum 9.5.1805.   5. Vom 16.6. bis 15.7. werde ich nicht in der Stadt sein.   6. Der 26. September ist mein Reisetag.

E. Write in German.

1. This year is the 25th birthday of the Federal Republic.   2. For that reason there is an inexpensive flight to Berlin.   3. We flew from Frankfurt on the 7th of July.   4. It was to be a week that I'll always remember.   5. I met a man who told me, "Next week you will have seen the Wall.   6. You will have listened to many lectures.   7. You will have learned nothing."   8. Many people came to Berlin.   9. During the second and the third day there were some lectures and films about the history of Berlin.   10. But there was no real propaganda.   11. It is to be hoped (*use* **sein** + *inf.*) that West Berlin can continue to live in freedom.   12. In the 18th and in the 19th century Berlin was a Prussian city.   13. On

my third night (=evening) there I saw an opera.   14. It was a pity that there was no concert on the third and the fourth night (=evening).   15. During my fifth day in Berlin I visited a professor.   16. He had probably expected too much of the Free University.   17. Now he is disappointed.   18. It is to be feared (*use* **sein** + *inf.*) that he will not be happier when I see him next year.   19. We arrived in Frankfurt on the 15th of July.   20. I'll never forget this trip to Berlin.

IV. Pattern Drills

A. *Change the following sentences from the future to the future perfect.*

Example: Er wird ihn wohl kennen.
           Er wird ihn wohl gekannt haben.

1. Sie wird den Brief wohl schreiben.
2. Er wird ihm wohl darüber berichten.
3. Nächste Woche wirst du wohl die Mauer sehen.
4. Sie werden dort wohl viel Propaganda hören.
5. Ich werde wohl kein Politiker werden.
6. Die Stadt wird wohl immer frei bleiben.
7. Sie wird ihm wohl die Adresse geben.
8. Die Einwohner werden ihr Schicksal wohl ertragen.

B. *Answer each question on the basis of the preceding statement.*

Example: Heute ist der 1. April. Was ist morgen?
           Morgen ist der 2. April.

1. Heute ist der 2. März. Was ist morgen?
2. Heute ist der 8. Dezember. Was ist morgen?
3. Heute ist der 4. September. Was ist morgen?
4. Heute ist der 23. Juni. Was ist morgen?
5. Heute ist der 27. Februar. Was ist morgen?
6. Heute ist der 30. Januar. Was ist morgen?
7. Heute ist der 19. Mai. Was ist morgen?
8. Heute ist der 11. November. Was ist morgen?
9. Heute ist der 31. August. Was ist morgen?
10. Heute ist der 31. Juli. Was ist morgen?
11. Heute ist der 31. Oktober. Was ist morgen?

C. Answer the questions affirmatively in the future perfect, using **wohl.**

> *Example:* Hat er es getan?
>> Er wird es wohl getan haben.

1. Ist er nach Berlin geflogen?
2. Ist es ihm gelungen?
3. Hat er etwas anderes erwartet?
4. Hat er das Nachtleben kennengelernt?
5. Ist er enttäuscht worden?
6. Hat er den Lehrstuhl bekommen?
7. Haben die Studenten radikal ausgesehen?
8. Ist Berlin diese Reise wert gewesen?

D. Answer each question on the basis of the preceding statement.

> *Example:* Heute ist der 4. Juli. Was war gestern?
>> Gestern war der 3. Juli.

1. Heute ist der 2. Dezember. Was war gestern?
2. Heute ist der 24. Mai. Was war gestern?
3. Heute ist der 20. Juni. Was war gestern?
4. Heute ist der 18. Februar. Was war gestern?
5. Heute ist der 2. September. Was war gestern?
6. Heute ist der 7. Januar. Was war gestern?
7. Heute ist der 19. März. Was war gestern?
8. Heute ist der 3. August. Was war gestern?
9. Heute ist der 11. November. Was war gestern?
10. Heute ist der 13. Oktober. Was war gestern?

E. Answer the questions affirmatively, beginning with **Ja, es. . .** *Retain the tense used in the question.*

> *Example:* Konnte eine Mauer gebaut werden?
>> Ja, es konnte eine Mauer gebaut werden.

1. Kann etwas gegen die Krankheit getan werden?
2. Hat etwas dagegen getan werden können?
3. Ist hier lange diskutiert worden?
4. Darf hier so laut gelacht werden?
5. Wurde während der Exkursion von dem Drama gesprochen?
6. Soll nach der Reise ein Bericht geschrieben werden?
7. Gab es dort noch historische Denkmäler?
8. Waren es die Studenten, die ihn so enttäuscht haben?

F. Answer the questions on the basis of the dates given below.

> *Example:* Goethes Geburtstag war der 28.8.1749. Wann war sein
> Geburtstag?
>
> Am achtundzwanzigsten achten siebzehnhundertneun-
> undvierzig.

1. Schillers Geburtstag war der 10.11.1759. Wann war Schillers Geburtstag?
2. Beethoven starb am 26.3.1827. Wann starb Beethoven?
3. Der zweite Weltkrieg begann im Jahre 1939. Wann begann der zweite Weltkrieg?
4. Die Bundesrepublik existiert seit 1949. Seit wann existiert die Bundesrepublik?
5. Die Berliner Mauer entstand am 13.8.1961. Wann entstand die Mauer?
6. Mein Freund war von 1963 bis 1965 in Deutschland. Wann war mein Freund in Deutschland?
7. Die Festspiele beginnen am 12.7. um 16 Uhr. Wann beginnen die Festspiele?
8. Heute ist der 16.11.1976. Welchen Tag haben wir heute?

Vocabulary

der **Angestellt-** employee (*male*)
  (*adj. used as a noun*)
der **Hafen,** ⁓ harbor, port
der **Onkel, -** uncle
der **Sohn,** ⁓e son
der **Verwandt-** relative (*male*)
  (*adj. used as a noun*)

(das) **Dresden,** (das) **Leipzig** *cities
  in East Germany*
(das) **Mecklenburg,** (das) **Sachsen,**
  (das) **Thüringen** *provinces in
  East Germany*

die **Küste, -n** coast
die **Verbesserung, -en** improvement
die **Wartburg** *name of a castle*

Goethe, Johann Wolfgang von
  German poet (1749–1832)

Idioms

groß werden grow up

Luther, Martin *German religious
  reformer (1483–1546)*

auf·bauen build up, construct
dauern last
fehlen be lacking
fliehen, floh, ist geflohen flee
übersetz'en translate
verdienen earn; deserve
verlassen leave (*trans.*)

arbeitslos unemployed
landwirtschaftlich agricultural
tschechisch Czech
unterbezahlt underpaid
vorläufig temporary; preliminary
wahrscheinlich probable

jemand someone
vielmehr rather (*adv.*)
zuletzt finally, at last

zu Ende at an end, over

Cognates and Compounds

absolut'
die **Bibel, -n**
die **Existenz', -en**
fragmenta'risch
die **Generation', -en**
die **Hafenstadt,** ⁓e

hart
materiell'
reagie'ren
relativ'
das **Regime, -s**

der **Stil, -e**
die **Straßenarbeiterin, -nen**
die **Tanzmusik**
das **Textilwarengeschäft, -e**
wieder·kommen

Chapter 19

The Tenses of the Subjunctive | Subjunctive in Unreal Conditions

I. Reading

Über das andere Deutschland

Bill erzählt:

Nun bin ich in West- und Ost-Berlin gewesen. Mein Wunsch, auch die DDR zu sehen, dürfte vorläufig ein Wunsch bleiben; denn meine Zeit in Deutschland ist fast zu Ende. Wohin würde ich wohl fahren, wenn ich die DDR besuchen könnte? Sicher führe ich zuerst nach Thüringen und sähe dort Weimar, die Stadt Goethes und Schillers, und wahrscheinlich auch die Wartburg, auf der Luther die Bibel übersetzte. Danach ginge ich nach Sachsen, wo ich die kulturellen Denkmäler Leipzigs und Dresdens besuchen würde. Natürlich nähme ich auch an Industriebesichtigungen teil und spräche mit so vielen Arbeitern wie nur möglich. Zuletzt würde ich den Norden des Landes sehen, wo die landwirtschaftlichen Gebiete Mecklenburgs so wenig in meinem Reiseplan fehlen dürften wie die Seebäder und Hafenstädte der Ostseeküste.

Heikes Onkel und seine Familie wohnen übrigens in einer Kleinstadt in der DDR nahe bei der tschechischen Grenze. Sie schreiben von Zeit zu Zeit, und die Brehms sprechen oft von ihnen. „Wenn sie das

Land 1961 verlassen hätten, bevor die Berliner Mauer gebaut wurde, wäre manches nicht so schwer für sie geworden", meint Heikes Vater. „Damals hätten sie ihr kleines Textilwarengeschäft noch verkaufen und eine neue Existenz im Westen aufbauen können. Heute ist es dafür zu spät. Ihr Geschäft gehört jetzt dem Staat oder, wie man drüben sagt, dem Volk, und mein Bruder arbeitet als Angestellter in dem Lädchen, das noch vor ein paar Jahren sein eigenes war."

„Wenn sie nur damals geflohen wären!" sagte Heikes Mutter am letzten Wochenende. „Heute würden sie gar nicht mehr hierher kommen wollen, auch wenn sie es könnten."

„Ich verstehe nicht warum", sagte ich. „Würden Sie mir das bitte erklären?"

„Unsere Verwandten drüben haben zwei Söhne", antwortete Frau Brehm. „Wäre es nicht um dieser Kinder willen, so käme der Bruder meines Mannes auch heute noch gern in den Westen. Aber Sie wissen vielleicht: Die junge Generation in der DDR möchte mit dem Westen nichts zu tun haben. Sie liebt zwar westliche Tanzmusik und Bluejeans, aber in der Politik folgt sie ihrem sozialistischen Regime. Es würde nichts helfen, wenn die Eltern ihnen von der Freiheit westlichen Stils erzählten. Sie würden nur darüber lachen."

„Ich müßte das eigentlich verstehen", nahm nun Herr Brehm das Wort. „Ich wurde nämlich während der Nazizeit groß. Wäre damals jemand gekommen, um uns etwas von den Vorteilen der Demokratie zu erzählen, so hätte meine Generation sicher ähnlich reagiert wie heute die Kinder in der DDR."

„Das ist aber nicht ganz dasselbe", ließ sich nun Heike hören. „Schließlich hat der Sozialismus drüben doch viel erreicht, worauf auch ein westliches Land stolz sein dürfte."

„Du hast ganz recht", gab ihr Vater zu. „Wir sollten nie vergessen, daß es für die DDR viel schwerer war als für die Bundesrepublik, ein relativ reiches Land zu werden. Ohne härteste Arbeit wäre das nie gelungen."

„Ich hatte allerdings weniger den materiellen Wohlstand gemeint", sagte Heike nun wieder, „als vielmehr die sozialen Verbesserungen, die die DDR-Regierung eingeführt hat . . ."

„Wie zum Beispiel die absolute Gleichberechtigung der Frau", unterbrach Arno seine Schwester. „Wenn wir die hier auch hätten, müßtest du dein Brot vielleicht als Straßenarbeiterin verdienen."

„Wäre das nicht immer noch besser, als arbeitslos oder unterbezahlt zu sein?"

Die Diskussion dauerte noch lange. Als wir endlich doch müde wurden, war es mir klarer als je: Mein Deutschlandbild war noch fragmentarisch; ich würde so bald wie möglich wiederkommen und die DDR besuchen müssen.

II. Grammar

A. The Tenses of the Subjunctive

While the indicative is used to state facts, the subjunctive is used to express uncertainty or doubt of various kinds and degrees.

1. Subjunctive tenses:
   While the indicative has six tenses, the subjunctive has only four, but each of the four tenses has two forms, which we shall call *Subjunctive I* and *Subjunctive II*.

Wenn Bill Zeit hätte, führe er nach Weimar, der Stadt Goethes.

INDICATIVE	SUBJUNCTIVE
Present	Present I and II
Past	
Present Perfect ⎫	Past I and II
Pluperfect ⎭	
Future	Future I and II
Future Perfect	Future Perfect I and II

2. Formation of tenses:

There is only one set of endings in the subjunctive:

−e	−en
−est	−et
−e	−en

The only irregularities in endings occur in the Present Subjunctive I of **sein**, as will be seen in the conjugations below.

a. To form *Present Subjunctive I*, add subjunctive endings to the infinitive stem.

b. To form Present Subjunctive II

  (1) of *regular weak* verbs, add subjunctive endings to the stem of the past. (These forms are exactly like the past indicative.)

  (2) of *strong verbs* and weak verbs with *irregular principal parts,* add subjunctive endings to the stem of the past and umlaut the vowel (where possible).

c. The *compound tenses* of the subjunctive are formed like the corresponding tenses of the indicative, except that the *auxiliary* is in the subjunctive, either I or II, as the case may be.

d. The subjunctive of the *passive* is formed by putting the passive *auxiliary* **werden** in the subjunctive.

(For complete subjunctive paradigms see Appendix, pp. 259–266.)

PRESENT SUBJUNCTIVE I

ich	sage	habe	sei	werde	komme	wisse	dürfe
du	sagest	habest	seiest	werdest	kommest	wissest	dürfest
er	sage	habe	sei	werde	komme	wisse	dürfe
wir	sagen	haben	seien	werden	kommen	wissen	dürfen
ihr	saget	habet	seiet	werdet	kommet	wisset	dürfet
sie	sagen	haben	seien	werden	kommen	wissen	dürfen

PRESENT SUBJUNCTIVE II

ich	sagte	hätte	wäre	würde	käme	wüßte	dürfte
du	sagtest	hättest	wärest	würdest	kämest	wüßtest	dürftest
er	sagte	hätte	wäre	würde	käme	wüßte	dürfte
wir	sagten	hätten	wären	würden	kämen	wüßten	dürften
ihr	sagtet	hättet	wäret	würdet	kämet	wüßtet	dürftet
sie	sagten	hätten	wären	würden	kämen	wüßten	dürften

PAST SUBJUNCTIVE I

ich habe gesagt
du habest gesagt
    etc.
ich sei   gekommen
du seiest gekommen
    etc.

PAST SUBJUNCTIVE II

ich hätte gesagt
du hättest gesagt
    etc.
ich wäre gekommen
du wärest gekommen
    etc.

FUTURE SUBJUNCTIVE I

ich werde sagen
du werdest sagen
    etc.
ich werde kommen
du werdest kommen
    etc.

FUTURE SUBJUNCTIVE II

ich würde sagen
du würdest sagen
    etc.
ich würde kommen
du würdest kommen
    etc.

FUTURE PERFECT SUBJUNCTIVE I

ich werde gesagt haben
du werdest gesagt haben
    etc.
ich werde gekommen sein
du werdest gekommen sein
    etc.

FUTURE PERFECT SUBJUNCTIVE II

ich würde gesagt haben
du würdest gesagt haben
    etc.
ich würde gekommen sein
du würdest gekommen sein
    etc.

PASSIVE SUBJUNCTIVE I

PRES.	er werde gesehen
PAST	er sei gesehen worden
FUT.	er werde gesehen werden
FUT. PERF.	er werde gesehen worden sein

PASSIVE SUBJUNCTIVE II

würde gesehen
wäre gesehen worden
würde gesehen werden
würde gesehen worden sein

3. The following verbs are irregular in *Present Subjunctive II:*

INFINITIVE	PRES. SUBJ. II	INFINITIVE	PRES. SUBJ. II
kennen	kennte	helfen	hülfe
nennen	nennte	sterben	stürbe
		stehen	stünde *or* stände

Note that, according to *b* (2) above, only those modals that have an umlaut in the infinitive take an umlaut in *Present Subjunctive II*.

B. Subjunctive in Unreal Conditions

The most important use of the subjunctive is in conditional sentences. In both English and German we distinguish between so-called "real" and "unreal" conditions. Both types of conditions express doubt or uncertainty, but an "unreal" condition expresses something that is contrary to fact and therefore requires the subjunctive, while a "real" condition takes the indicative. The examples below will show that German and English are similar in this respect.

1. Conditions in *present* and *future* time:

   a. Real:

(1) Wenn er arbeitslos **ist, verdient** er kein Geld.	If he *is* unemployed, he *earns* no money.
(2) Wenn er mein Freund **ist, wird** er mich nicht **vergessen.**	If he *is* my friend, he *will* not *forget* me.

   b. Unreal:

(1) Wenn er arbeitslos **wäre, würde** er kein Geld **verdienen** (*or* **verdiente** er kein Geld).	If he *were* unemployed, he *would earn* no money.
(2) Wenn er mein Freund **wäre, würde** er mich nicht **vergessen** (*or* **vergäße** er mich nicht).	If he *were* my friend, he *would* not *forget* me.

   c. Rule for the use of tenses in unreal conditions in present or future time:

   In the if-clause, use *Present Subjunctive II*.
   In the conclusion, use either *Present Subjunctive II* or *Future Subjunctive II* (both are equally correct).

2. Conditions in *past* time:

   a. Real:

Wenn er mein Freund **war, hat** er mich nicht **vergessen.**	If he *was* my friend, he *did* not *forget* me.

b. Unreal:

Wenn er mein Freund ge- **wesen wäre, würde** er mich nicht **vergessen ha- ben** (*or* **hätte** er mich nicht **vergessen**).	If he *had been* my friend, he *would* not *have forgotten* me.

c. Rule for the use of tenses in unreal conditions in past time:

In the if-clause, use *Past Subjunctive II.*
In the conclusion, use either *Past Subjunctive II* or *Future Perfect Subjunctive II* (both are equally correct).

Important: In all unreal conditions always use *Subjunctive II*, never *Subjunctive I.*

3. A clause introduced by **als ob** *as if* requires the subjunctive, either I or II.

Der Mann sah aus, **als ob** er krank **wäre (sei).**	The man looked *as if* he *were* sick.

4. **Wenn** may be omitted in conditional sentences. When this is done, inverted order is required in the clause. In such sentences, the main clause is often introduced by **so** or by **dann.**

Wäre er mein Freund, vergäße er mich nicht.	Were he my friend, he would not forget me.
Wäre er mein Freund ge- **wesen,** so (dann) hätte er mich nicht vergessen.	Had he been my friend, he would not have forgotten me.

Note: If a double infinitive construction occurs in a clause, it is best to avoid the future perfect subjunctive.

III. Exercises

A: Answer orally.

1. Was dürfte für Bill vorläufig ein Wunsch bleiben?   2. Wohin würde er fahren, wenn er länger bleiben könnte?   3. Was sähe er dort sicher zuerst?   4. Wohin führe er dann?   5. Was würde er dort besuchen können?   6. Ginge er auch in Fabriken?

7. Möchte er Arbeiter kennenlernen? 8. Wohin führe er wohl zuletzt? 9. Was sagt er über die Hafenstädte der Ostseeküste? 10. In welchem Land wohnen Heikes Onkel und seine Familie? 11. Wie wäre es für sie gekommen, wenn sie 1961 geflohen wären? 12. Was hätten sie mit ihrem Geschäft noch tun können? 13. Was wünschte Heikes Mutter? 14. Kämen sie auch heute noch in den Westen, wenn sie es könnten? 15. Worum bat Bill Heikes Mutter? 16. Würde Heikes Onkel allein in den Westen fliehen? 17. Was denkt die junge Generation in der DDR heute über den Westen? 18. Wäre es gut, wenn die Eltern ihren Kindern etwas von der Freiheit im Westen erzählten? 19. Wie würden die Kinder in der DDR darauf reagieren? 20. Wann wurde Herr Brehm groß? 21. Wann hätte seine Generation ähnlich reagiert wie die jungen Leute in Ostdeutschland? 22. Worauf könnte auch ein westliches Land stolz sein? 23. Was, meint Heikes Vater, sollte man nicht vergessen? 24. Hätte die DDR es auch ohne harte Arbeit so weit bringen können? 25. Wann müßte Heike vielleicht eine Straßenarbeiterin werden? 26. Fände Heike es gut, eine Straßenarbeiterin zu sein? 27. Was wußte Bill, als die Diskussion spät abends zu Ende war?

B. *Change the following real conditions into unreal conditions (a) in the present and (b) in the past, expressing the conclusion in two ways.*

Example: Wenn ich die deutsche Kultur kennenlernen will, fahre ich nach Europa.

    (a) Wenn ich die deutsche Kultur kennenlernen wollte, würde ich nach Europa fahren (*or* führe ich nach Europa).

    (b) Wenn ich die deutsche Kultur hätte kennenlernen wollen, würde ich nach Europa gefahren sein (*or* wäre ich nach Europa gefahren).

1. Wenn ich hinter den Büchern sitze, vergesse ich die ganze Welt.
2. Wenn ich wieder nach Deutschland fahre, besuche ich auch die DDR. 3. Wenn er Thüringen gut kennt, reist er nach Sachsen.
4. Wenn wir genug Geld haben, kaufen wir uns einen Sportwagen.
5. Wenn du abends wiederkommst, habe ich sicher Zeit für dich.
6. Wenn die Regierung nicht demokratisch ist, gibt es oft Proteste.
7. Wenn sie wollen, nehmen sie oft an den Diskussionen teil.
8. Wenn ich ihm von meinen Ferien erzähle, zeige ich ihm auch meine Fotos. 9. Wenn es keine sozialen Vorteile gibt, ist das

Leben gar nicht so leicht zu ertragen. 10. Wenn sie ihre Verwandten im Westen besuchen können, fahren sie vielleicht nicht in ihre Heimat zurück.

C. *Using the words in parentheses, complete the following sentences to express unreal conditions in the second clause.*

1. Die junge Generation spricht, als ob (alles, wissen). 2. Mein Bruder sieht aus, als ob (krank, sein). 3. Oft sitzt er hinter den Büchern, als ob (Welt, vergessen). 4. Die Familie dieses Mädchens lebt, als ob (sehr viel, Geld, haben).

D. *Write in German.*

1. I would not be happy if I could not meet you in Berlin. 2. I would like to see the old monuments and the new buildings. 3. If the professor had known the university better, he would not have gone to the Free University. 4. If he had only stayed where he was! 5. Now he could not go back (to) there, even if he wanted to. 6. My family should not always talk about our relatives in East Germany. 7. They would not be happy about it if they knew it. 8. If they had been permitted to, they would have visited us often. 9. Had they left their home town early enough, they would have a new store here. 10. We should not, however, talk of them as if they were poor people.

IV. Pattern Drills

A. *Change the sentences to Present Subjunctive II.*

Example: Sie haben ein Geschäft.
Sie hätten ein Geschäft.

1. Wir sind in Berlin.
2. Ich habe Ferien.
3. Du hast Geld.
4. Er ist in der DDR.
5. Sie sind jung.
6. Ihr werdet müde.
7. Sie wird reich.
8. Ich besuche sie.
9. Sie antworten nicht.
10. Er darf fast alles.
11. Ihr könnt schwimmen.
12. Sie kommt wieder.
13. Ich verlasse das Land.
14. Du trinkst zu viel.

B. *Change the following real conditions to unreal conditions, using Present Subjunctive II in the **wenn**-clause and Future Subjunctive II in the conclusion.*

Example: Wenn wir nicht müde sind, wird die Diskussion noch lange dauern.

Wenn wir nicht müde wären, würde die Diskussion noch lange dauern.

1. Wenn ich arbeitslos bin, werde ich nichts verdienen.
2. Wenn wir eine Prüfung haben, werden wir noch mehr arbeiten.
3. Wenn er in Thüringen ist, wird er an Luther denken.
4. Wenn es möglich ist, werden sie ihr Geschäft verkaufen.
5. Wenn sie genug Zeit hat, wird sie wiederkommen.
6. Wenn du Politiker wirst, wirst du Reformen einführen.
7. Wenn ich Glück habe, werde ich Arbeit finden.

C. *Change the following real conditions to unreal conditions, using Present Subjunctive II in both clauses.*

Example: Wenn ich in die DDR fahre, sehe ich Weimar.

Wenn ich in die DDR führe, sähe ich Weimar.

1. Wenn ich Geld habe, besuche ich Thüringen.
2. Wenn sie hungrig werden, essen sie.
3. Wenn er im Westen ist, vergißt er uns.
4. Wenn du mir schreibst, antworte ich dir.
5. Wenn ich in die Fabrik gehe, spreche ich mit den Arbeitern.
6. Wenn sie das Land verlassen, bleiben ihre Kinder drüben.
7. Wenn sie mich bittet, kaufe ich ihr die Jeans.
8. Wenn ihr in Marburg seid, müßt ihr uns anrufen.

D. *Change the following sentences to Past Subjunctive II.*

Example: Sie haben die junge Generation verstanden.

Sie hätten die junge Generation verstanden.

1. Ich bin an die Ostsee gereist.
2. Wir haben ähnlich reagiert.
3. Das hat er nicht gekonnt.
4. Er ist sehr stolz gewesen.
5. Du hast das Land verlassen.
6. Ihr seid zu lange geblieben.
7. Ihr habt zu lange bleiben wollen.

E. Change the following unreal conditional sentences from present to past time, using Past Subjunctive II in both clauses.

Example: Wenn er mehr läse, wüßte er mehr.
Wenn er mehr gelesen hätte, hätte er mehr gewußt.

1. Wenn ich länger bliebe, besuchte ich die Ostsee.
2. Wenn sie in den Westen flöhen, fänden sie schnell Arbeit.
3. Wenn ihr mich darum bätet, gäbe ich euch Geld.
4. Wenn sie Mut hätte, spräche sie ihn an.
5. Wenn ich ihn kennte, holte ich ihn vom Bahnhof ab.
6. Wenn du wolltest, könntest du sie kennenlernen.
7. Wenn es nicht so spät wäre, dürfte ich ins Kino gehen.

*F. Change the following sentences expressing unreal conditions from present to past time, using Past Subjunctive II in the **wenn**-clause and Future Perfect Subjunctive II in the conclusion.*

Example: Wenn sie es könnte, würde sie mit mir reisen.
Wenn sie es gekonnt hätte, würde sie mit mir gereist sein.

1. Wenn sie protestierten, würde man ihnen mehr bezahlen.
2. Wenn ich ihn nicht träfe, würde ich ihn anrufen.
3. Wenn er nicht so übertriebe, würde ich ihm glauben.
4. Wenn er mehr arbeitete, würde er mehr verdienen.
5. Wenn man sie nicht unterbräche, würden sie weitersprechen.
6. Wenn die Krankenkasse nicht wäre, würden wir nicht oft zum Arzt gehen.
7. Wenn wir eingeladen wären, würden wir teilnehmen.

*G. Restate the following sentences, omitting **wenn** from the conditional clause and changing the word order as required.*

Example: Wenn er mich anriefe, so führe ich sofort zu ihm.
Riefe er mich an, so führe ich sofort zu ihm.

1. Wenn sie fleißiger wären, dann würden sie schneller arbeiten.
2. Wenn Berlin keine Insel wäre, so hätte es mehr Einwohner.
3. Wenn sie mir schriebe, dann würde ich ihr antworten.
4. Wenn sie nicht unterbezahlt wäre, so würde sie noch arbeiten.
5. Wenn er eingeladen worden wäre, dann hätte er teilgenommen.
6. Wenn ihr es tun könntet, dann würdet ihr es auch tun.
7. Wenn du dein Brot selbst verdienen müßtest, dann würdest du nicht so sprechen.

Vocabulary

der **Weg, -e** way

die **Aufführung, -en** performance
die **bildende Kunst** (*also pl.* die
  bildenden Künste) fine arts
die **Bildung, -en** education; formation
die **Deutsche Mark** (*abbr.* **DM**)
  German monetary unit
die **Gefahr, -en** danger
die **Karte, -n** ticket; map
die **Steuer, -n** tax
die **Subvention', -en** subsidy
die **Subventionie'rung, -en**
  subsidizing

die **Zu'kunft** future

besetzen occupy
bilden form; educate
erziehen, erzog, erzogen educate
fort·fahren continue, go on;
  drive away
lösen solve
subventionie'ren subsidize

abhängig (von) dependent (on)
eben just (*adv.*)
leer empty

Idioms

es geht um die Finanzie'rung the
  financing is at stake

zum Teil (*abbr.* **z.T.**) partially, in
  part

Cognates and Compounds

das **Bier, -e**
die **Chance, -n**
finanzie'ren
die **Finanzie'rung**
das **Glas, ⸚er**
ein Glas Bier (*idiom*)
die **Industrie'gesellschaft , -en**

die **Initiati've, -n**
die **Literatur', -en**
lokal'
die **Nation', -en**
die **Natur', -en**
das **Opernhaus, ⸚er**
privat'

der **Sektor, -o'ren**
das **Subventions'-**
  programm, -e
unabhängig
weiter·gehen
zusammen·sitzen

Chapter 20

Subjunctive of Indirect Statement | Other Uses of the Subjunctive

---

I. Reading

Kultur vom Staat?

Inge und ihr Freund hatten abends eine Aufführung der College-Theatergruppe besucht. Als sie nachher bei einem Glas Bier zusammensaßen, sprachen sie zuerst über das Stück, das sie gesehen hatten. Bald aber kam die Diskussion auf ein Thema, womit vor allem Mark sich oft beschäftigt hatte.

Es sei eine gute Aufführung gewesen, meinte er, aber er verstünde (verstehe) nicht, warum nicht alle Plätze des kleinen Theaters besetzt gewesen wären (seien). Schließlich kosteten die Karten weniger als Kinokarten; denn die Theatergruppe brauchte (brauche) ja keinen Profit zu machen, sondern würde (werde) vom College finanziert.

„Ja, es ist wirklich schade", antwortete Inge. „Wäre es nicht besser, wenn Amerika auch manchmal nach Europa blicken würde — wenigstens dann, wenn es um die Finanzierung der kulturellen Arbeit geht?" Vor einigen Tagen, so fuhr sie fort, hätte (habe) eine Freundin ihr die Lokalzeitung einer norddeutschen Kleinstadt geschickt. Darin hätte (habe) sie gelesen, daß jede Theaterkarte in dieser Stadt mit DM 15 (15 Deutsche Mark) subventioniert werden müßte (müsse), obwohl die Besucher ohnehin für einen Platz sechs bis zehn Mark bezahlten. Leere Plätze gäbe (gebe) es in dem kleinen Stadttheater trotzdem so gut wie nie.

„Unser System in Amerika ist eben leider auch auf dem kulturellen Sektor fast ganz abhängig von der Privatinitiative", sagte Mark. Die Gründe dafür wären (seien) historischer Natur, meinte er dann, und darum hätten Reformideen keine großen Chancen. In Amerika würde (werde) es wohl auch in der Zukunft nur in den großen Städten oder an den Universitäten Theater geben. „Noch viel schwerer haben es die wenigen Opernhäuser", sagte er, „und auch manches Symphonieorchester ist in Gefahr."

Man müßte (müsse) das Problem allerdings auch einmal von einer anderen Seite sehen, nahm nun Inge wieder das Wort. Wer wüßte (wisse) denn, ob der deutsche Staat mit seinen Subventionsprogrammen nicht zu weit ginge (gehe)? Wie lange würden z.B. die Arbeiter noch ja dazu sagen, daß sie durch ihre Steuern die Kultur und die Bildung des ganzen Volkes bezahlen hülfen? Jeder Student auf den deutschen Universitäten koste den Staat ja schon über 100 000 Mark. Sie frage sich, welche Konsequenzen es haben würde (werde), wenn die Regierung immer mehr Gebiete über eine immer längere Zeit subventioniere.

„Jetzt sind wir wieder bei der Frage", rief Mark, „ob Kultur und Bildung überhaupt vom Staat abhängig sein sollten. Kann man eine Nation wirklich zur Kultur erziehen?" Er selbst sähe (sehe) kaum einen Weg, wie man das Theater, die Oper und die klassische Musik je so unabhängig von Subventionen machen könnte (könne), wie es die Literatur und die bildende Kunst ja wenigstens zum Teil wären (seien).

„Wieder ein Problem der modernen Industriegesellschaft", meinte Inge, „das wohl erst durch spätere Generationen gelöst werden kann! Bis dahin sage ich: Es lebe der Wohlstand, der uns Kultur und Bildung möglich macht!"

II. Grammar

1. Indirect statements after verbs of saying or thinking normally require the subjunctive. (But if the verb of saying is in the present tense, the indicative is generally used in the indirect statement.)

a. The tense of the indirect statement is determined by the tense in which the direct statement was made. It is not affected by the tense of the verb of saying.

<table>
<tr><td>DIRECT STATEMENT—INDICATIVE</td><td>INDIRECT STATEMENT—SUBJUNCTIVE</td></tr>
</table>

Present	Present I or II
Past	
Present Perfect	Past I or II
Pluperfect	
Future	Future I or II
Future Perfect	Future Perfect I or II

Er sagte: ,,Ich **gehe** ins Theater.``	Er sagte, er **gehe** (**ginge**) ins Theater.
Er sagte: ,,Ich **ging** ins Theater.``	
Er sagte: ,,Ich **bin** ins Theater **gegangen**.``	Er sagte, er **sei** (**wäre**) ins Theater **gegangen**.
Er sagte: ,,Ich **war** ins Theater **gegangen**.``	
Er sagte: ,,Ich **werde** ins Theater **gehen**.``	Er sagte, er **werde** (**würde**) ins Theater **gehen**.
Er sagte: ,,Ich **werde** ins Theater **gegangen sein**.``	Er sagte, er **werde** (**würde**) ins Theater **gegangen sein**.

b. In everyday speech *Subjunctive II* is generally used in all indirect statements.

> Bill sagte, er **würde wiederkommen,** denn er **hätte** die DDR noch nicht **gesehen.**
> Sie sagten, sie **würden** nicht in den Westen **fliehen,** denn sie **hätten** zwei Söhne.

c. In literary German *Subjunctive I* is very frequently used.

> Sie erklärte, das Opernhaus **habe** nicht genug Geld und **werde** darum subventioniert.

But even in literary German, when the subjunctive form is the same as the corresponding indicative form, *Subjunctive II* must be used.

> Sie erklärte, die Opernhäuser **hätten** nicht genug Geld und **würden** darum subventioniert.

d. As in English, an indirect statement may or may not be introduced by the conjunction **daß** *that.* If **daß** is used, the verb stands at the end; if not, the order is normal.

> Er sagte, er **müsse** schwer arbeiten.
> Er sagte, **daß** er schwer arbeiten **müsse.**

e. An *indirect question* is introduced by the same interrogative (**wo, wann, warum, wie,** etc.) as the corresponding direct question. If the direct question does not contain an interrogative, the corresponding indirect question is introduced by **ob,** and the verb stands at the end.

> Er fragte mich: ,,**Wann** werden Sie kommen?''
> Er fragte mich, **wann** ich kommen **würde.**

> Er fragte mich: ,,**Werden** Sie heute kommen?''
> Er fragte mich, **ob** ich heute kommen **würde.**

Die Finanzierung der kulturellen Arbeit kostet den Staat sehr viel Geld.

f. An *indirect command* requires the use of **sollen** *shall*. The construction common in English—*He told his son not to forget the poor*—is impossible in German.

> Er sagte zu seinem Sohn: „Vergiß die Armen nicht!"
> Er sagte zu seinem Sohn, daß er die Armen nicht vergessen **sollte (solle).**

2. Other uses of the *Subjunctive*:

   a. *Subjunctive II* is often used to express wishes that are not expected to be fulfilled or polite requests.

     (1) Wishes:

Wenn wir nur nicht so abhängig **wären**!	If only we weren't so dependent!
Würde unser Theater nur subventioniert!	If only our theater would be subsidized!

     (2) Polite requests:

Würden Sie heute abend mit mir in die Oper gehen?	Would you go to the opera with me this evening?
Dürfte ich bitte das Theaterprogramm sehen?	Might I please see the theater program?

   b. Minor uses of *Subjunctive I* almost never found in everyday speech but encountered fairly often in reading:

     (1) To express a formal wish.

Es **lebe** der Wohlstand!	Long live prosperity!

     (2) To express a command in third person singular.

Gehe er zum König!	Let him go to the king.

III. Exercises

A. Answer orally.

1. Was hatten Inge und Mark an diesem Abend gesehen? 2. Was meinte Mark von der Aufführung? 3. Was verstand er nicht?

4. Warum, meint er, brauche die Theatergruppe keinen Profit zu machen? 5. Was, sagt Inge, sollte Amerika eigentlich manchmal tun? 6. Was hat eine Freundin ihr geschickt? 7. Was hat sie in der Zeitung gelesen? 8. Waren alle Plätze des kleinen Theaters besetzt? 9. Was sagt Mark über das amerikanische System? 10. Welche Gründe gibt es dafür? 11. Wo findet man in Amerika Theater? 12. Haben Opernhäuser und Symphonieorchester es leichter? 13. Wie zeigt Inge, daß sie die Subventionierung der Kultur skeptisch ansieht? 14. Was sagt sie über die Arbeiter? 15. Wieviel muß der Staat für jeden Studenten bezahlen? 16. Welche wichtige Frage stellt Mark? 17. Was sagt er über die Methode, wie man eine Nation bilden kann? 18. Gibt es Kunstarten, die unabhängiger sind als Theater und Oper?

B. *Change the following direct quotations to indirect quotations.*

1. Mark sagte: „Mit diesem Problem habe ich mich schon oft beschäftigt. 2. Es gibt hier so wenig Theater. 3. Trotzdem sehen nicht viele Menschen die Aufführungen." 4. Inge antwortete: „Das ist wirklich schade. 5. In Fragen der Subventionierung von kulturellen Dingen kann Amerika viel von Europa lernen." 6. Mark sagte: „Man ist von der Privatinitiative abhängig. 7. Die Opernhäuser Amerikas haben es vielleicht am schwersten. 8. Trotzdem muß man sich fragen, ob es gut ist, wenn der Staat in der Kultur dominiert." 9. Inge sagte: „Dies ist ein Problem der Industriegesellschaft. 10. Vielleicht werden spätere Generationen es lösen können."

C. *Supply the correct subjunctive form of the verbs given in parentheses, using the tense that is appropriate for the context.*

1. Mein Bruder sagte mir, er — jetzt nicht gehen. (können)
2. Meine Freunde sagten, sie — in zwei Jahren. (kommen)
3. Die Mutter sagte, die Kinder — jetzt im Hause bleiben. (sollen)
4. Der Vater sagte auch, sie — es tun. (müssen) 5. Seine Freunde sagten, daß sie schon vor einer Woche davon —. (hören)
6. Der Student sagte, er — nächstes Jahr nach Deutschland. (fahren) 7. Er fragte mich, ob ich nächsten Sommer mitgehen —. (wollen) 8. Ich sagte ihm, daß ich es gern —. (tun) 9. Ich sagte ihm, daß ich noch nie da —. (sein) 10. Er sagte mir, daß die meisten Amerikaner Europa nicht sehr gut —. (verstehen)

D. Write in German.

1. Mark asked his friend if she wanted to go to the theater with him.
2. Inge answered that she would like to go.   3. She said she had always wanted to see this performance.   4. Mark had read in the paper that the drama was very good.   5. Inge said that she had also read the paper and that she had hoped that he would invite her.
6. If she wanted to, said he, they could also see the next drama.
7. She answered that she did not know whether she would have time.   8. Mark thought that she should not always work so hard.

IV. Pattern Drills

A. Change the following direct quotations to indirect ones introduced by **daß**. *Use Present Subjunctive I.*

Example: Er sagte: ,,Dieses Theater ist sehr modern.“
Er sagte, daß dieses Theater sehr modern sei.

1. Er sagte: ,,Die Aufführung ist gut.“
2. Er sagte: ,,Jeder Platz kostet zehn Mark.“
3. Er sagte: ,,Das Problem hat zwei Seiten.“
4. Er sagte: ,,Es gibt keinen anderen Weg.“
5. Er sagte: ,,Mit dem Thema beschäftigt sie sich oft.“

B. Change the following direct quotations to indirect ones introduced by **daß**. *Use Present Subjunctive II.*

Example: Sie sagte: ,,Die Studenten gehen oft ins Konzert.“
Sie sagte, daß die Studenten oft ins Konzert gingen.

1. Sie sagte: ,,Dieser Professor weiß alles.“
2. Sie sagte: ,,Der Staat geht vielleicht zu weit.“
3. Sie sagte: ,,Seine Ideen haben große Chancen.“
4. Sie sagte: ,,Amerika soll nach Europa blicken.“
5. Sie sagte: ,,Man darf nicht zu weit gehen.“
6. Sie sagte: ,,Die Oper fängt um 8 Uhr an.“
7. Sie sagte: ,,Jeder will heute studieren.“
8. Sie sagte: ,,Das Geld kommt vom Staat.“

C. *Change the following direct quotations to indirect ones introduced by* **daß.** *Use Past Subjunctive II.*

Example: Er sagte: „Das Orchester war sehr bekannt."
Er sagte, daß das Orchester sehr bekannt gewesen wäre.

1. Er sagte: „Dort gab es ein Opernhaus."
2. Er sagte: „Sie sprachen über das Stück."
3. Er sagte: „Sie ging mit in die Oper."
4. Er sagte: „Die Kunst war damals unabhängig."
5. Er sagte: „Soviel verdiente kein Arbeiter."
6. Er sagte: „Er verstand das Drama nicht."
7. Er sagte: „Sein Sohn fuhr mit in den Süden."
8. Er sagte: „Es ging um die kulturelle Arbeit."

D. *Change the following direct quotations to indirect ones introduced by* **daß.** *Use Past Subjunctive II.*

Example: Sie sagte: „Sie haben zuviel Steuern bezahlen müssen."
Sie sagte, daß sie zuviel Steuern hätten bezahlen müssen.

1. Sie sagte: „Sie hat die Karte schon gekauft."
2. Sie sagte: „Er ist bald fortgefahren."
3. Sie sagte: „Sie haben das Problem gelöst."
4. Sie sagte: „Die Plätze sind besetzt gewesen."
5. Sie sagte: „Die Natur hat es so gewollt."
6. Sie sagte: „Die Arbeiter haben es nicht tun wollen."
7. Sie sagte: „Das Kind hat ins Theater gehen dürfen."

E. *Change the quotations to indirect statements introduced by* **daß.** *Use Future Subjunctive I.*

Example: Er sagte: „Die Freiheit wird weiterleben."
Er sagte, daß die Freiheit weiterleben werde.

1. Er sagte: „Der Staat wird vielleicht zu weit gehen."
2. Er sagte: „Man wird nicht die ganze Nation erziehen können."
3. Er sagte: „Die Regierung wird die Kultur subventionieren."
4. Er sagte: „Der Grund dafür wird wohl ein historischer sein."

Continue in the same manner, but use Future Subjunctive II.

Example: Er sagte: „Dieses Theater wird weiterleben."
Er sagte, daß dieses Theater weiterleben würde.

5. Er sagte: „Seine Brüder werden in die Oper gehen."
6. Er sagte: „Sie werden diese Kinder erziehen müssen."

7. Er sagte: ,,Nicht alle Länder werden die Kultur subventionieren.''
8. Er sagte: ,,Die Gründe werden wohl finanzieller Natur sein.''

F. *Change the following direct commands to sentences containing indirect commands, using Subjunctive II of* **sollen** *without* **daß.**

Example: Der Offizier sagte zu dem Soldaten: ,,Berichten Sie von dem Kampf!''
Der Offizier sagte zu dem Soldaten, er sollte von dem Kampf berichten.

1. Der Professor sagte zu dem Studenten: ,,Schreiben Sie alles auf!''
2. Der Verkäufer sagte zu der Frau: ,,Nehmen Sie frisches Gemüse!''
3. Der Onkel sagte zu seinem Sohn: ,,Lerne die Demokratie kennen!''
4. Die Mutter sagte zu dem Kind: ,,Unterbrich nicht immer!''
5. Der Sohn sagte zu seinem Vater: ,,Gib mir Geld!''

G. *Change the following sentences to unfulfillable wishes beginning with* **Wenn . . . doch nur (nicht) . . .** *Use Present Subjunctive II.*

Example: Mein Sohn findet keinen Platz an der Uni.
Wenn mein Sohn doch nur einen Platz an der Uni fände!

1. Die Eltern erziehen ihre Kinder nicht.
2. Er hilft mir nicht bei der Arbeit.
3. Sie versteht das Drama nicht.
4. Ich weiß nicht, wie ich mein Studium finanzieren soll.
5. Die Theaterkarten kosten so viel.
6. Ihr Geschäft gehört dem Staat.
7. Wir sind von der Privatinitiative abhängig.

Vocabulary

der **Spiegel, -** mirror
der **Stein, -e** stone
der **Zusammenhang, ⸚e** connection
der **Zweifel, -** doubt

das **Erlebnis, -se** experience
die **Begegnung, -en** encounter,
   meeting

Brecht, Bertolt *German dramatist*
   (1898–1956)

(sich) ändern change
hervor·treten, trat hervor, ist
   hervorgetreten, (tritt hervor)
   stand out; step forward
scheinen, schien, geschienen seem,
   appear; shine
vergleichen, verglich, verglichen
   compare

gesamt whole, total
verschieden different, diverse

Idiom

von Amerika aus (viewed) from
   America

Cognates and Compounds

akzeptie'ren
der **Aspekt', -e**
deutschsprachig
das **Element', -e**
das **Gesamtbild**
gesellschaftlich

die **Impression', -en**
komplex
konkret'
das **Mosaik', -en**
die **Prosa**
reflektie'ren

die **Reflexion', -en**
die **Seite, -n**
das **Seminar', -e**
der **Sprachraum, ⸚e**
täglich
theoretisch

I. Reading

Literatur im deutschen Sprachraum

Bill erzählt:

In den kommenden Wochen, wenn ich von Amerika aus auf meine Zeit in Deutschland zurückblicke, werden die konkreten Aspekte meines europäischen Jahres sicher besonders hervortreten: die täglichen Begegnungen und die Reisen. Ich glaube aber, daß diese Erlebnisse sehr bald einen Platz in meinem Gesamtbild von der deutschen Kultur gefunden haben werden. Dieses Gesamtbild, so meine ich, ließe sich am besten mit einem Mosaik vergleichen, dessen Bausteinchen die verschiedenen kulturellen Elemente der deutschsprechenden Länder sind.

Noch vor ein paar Monaten hätte ich mir nicht träumen lassen, daß die gesellschaftlichen, historischen und politischen Zusammenhänge vor allem der Literatur des deutschen Sprachraums so komplex sein könnten. Heute jedoch, nach meinen Besuchen in Österreich und Ost-Berlin und nach langen Diskussionen mit Heike über ihre „Schweizer Impressionen", sehe ich, wie schwer es ist, die Dinge beim richtigen Namen zu nennen. Gibt es eine deutsche Literatur oder nur mehrere deutsche Literaturen? Könnte man sich eine deutsche Literatur denken ohne das österreichische Drama oder ohne die Schweizer Prosa des 19. Jahrhunderts? Allerdings muß man sich auf der anderen Seite auch fragen: Wo würden die Schweizer und Österreicher heute ohne Goethe und Schiller stehen? Weiter: Was wäre das westdeutsche Theater im 20. Jahrhundert ohne Bertolt Brecht? Und schließlich: Wo bliebe die DDR-Literatur, wenn sie nur die seit dem Zweiten Weltkrieg im sozialistischen Deutschland entstandenen Werke als deutsche Literatur akzeptieren würde?

Professor Berger hat in seinem Seminar einmal gesagt, für ihn sei die deutschsprachige Literatur wie ein Saal mit vielen Spiegeln. In jedem dieser Spiegel sehe der deutsche Mensch anders aus, da die Reflexion sich von Spiegel zu Spiegel ändere. Es scheint mir, als sei dieser Vergleich nur zum Teil richtig; denn es ist ja wirklich nicht nur ein deutscher Mensch, dessen Bild durch die Spiegel reflektiert wird, sondern es sind mehrere deutschsprechende Völker. Hätte Professor Berger gesagt, er sähe in dem Spiegelsaal die Menschen des deutschen Sprachraums, dann wäre sein Bild wahrscheinlich richtiger gewesen.

Wenn ich mich in Amerika wieder mit den rein theoretischen Aspekten der deutschen Literatur und Kultur beschäftige, wird mir sicher manches klarer werden, was ich heute noch nicht verstehen kann. Darf man die Literatur im deutschen Sprachraum „die deutsche Literatur" nennen? Daß nicht nur *eine* Antwort auf diese Frage möglich ist, darüber gibt es für mich schon heute keinen Zweifel mehr.

II. Exercises

(Review IV-A)

A. Answer orally, using the same tense in your answers as is used in the questions.

1. Was wird Bill in Amerika tun? 2. Woran wird er sich dann vor allem erinnern? 3. Was wird mit diesen Erlebnissen wohl sehr schnell geschehen? 4. Womit vergleicht Bill sein Gesamtbild von der deutschen Kultur? 5. Was hätte er vor einigen Monaten noch nicht geglaubt? 6. Warum sieht er die Dinge heute anders? 7. Glaubt Bill wohl, daß es ohne die Literatur Österreichs und der Schweiz des 19. Jahrhunderts eine deutsche Literatur geben könne? 8. Könnte er sich das westdeutsche Theater ohne Brecht denken? 9. Akzeptiert die DDR auch Werke der westdeutschen Literatur? 10. Womit hat Professor Berger einmal die deutschsprachige

Literatur verglichen? 11. Was sagte er über die Reflexion in den Spiegeln? 12. Hat Professor Berger recht? 13. Wer wird wirklich durch die Spiegel reflektiert? 14. Was hätte der Professor vielleicht sagen sollen? 15. Warum, meint Bill, wird ihm in Amerika manches klarer werden? 16. Auf welche Frage würde er gern eine Antwort finden? 17. Wird er wohl nur *eine* Antwort auf diese Frage finden?

B. Rewrite the first paragraph of "Literatur im deutschen Sprachraum" *as an indirect quotation, beginning with* **Bill erzählte,** ... *Change first person pronouns and possessives to third person.*

C. Complete the following incomplete sentences.

1. Wenn ich Deutschland besuchen könnte, ... 2. Österreich würde ich natürlich auch sehen wollen, wenn ... 3. Wäre die Schweiz kein so teures Reiseland, ... 4. Wenn es die Berliner

Was wäre das westdeutsche Theater ohne Bertolt Brecht!

Mauer nicht gäbe, ... 5. Meine Europareise wäre schon früher möglich gewesen, wenn ... 6. Manche Menschen sprechen über die beiden Teile Deutschlands, als ob ... 7. Wenn das Theater nicht subventioniert worden wäre, ... 8. Wären unsere Verwandten damals in den Westen geflohen, ... 9. In Berlin sehen viele Studenten so aus, als ob ... 10. Wenn der Staat nicht so viel für die Kultur getan hätte, ...

D. *Change the conditional sentences in present time in Exercise C (except 5) to past time and vice versa.*

E. *Write 10 sentences expressing unreal conditions in present or future time about any subject that has been treated in the text. Then change your sentences to past time.*

F. *Read aloud.*

1. Im 20. Jahrhundert gab es den 1. und 2. Weltkrieg. 2. Heute ist der 21.4. 3. Sein Geburtstag ist am 17.12. 4. Der 30.1.1933 war ein dunkler Tag für Deutschland. 5. Wir besuchen ihn jede 3. Woche.

G. *Write in German.*

1. In a few weeks this building will have been restored. 2. It is said to have been damaged during the war. 3. There aren't many houses in this city that are as beautiful as this [one]. 4. In the 16th century there were 12 castles in this area. 5. A friend told me that four of them had been destroyed during the 2nd World War. 6. If I had enough time I would visit all historic castles in the country. 7. What would be the correct name for the literatures of Austria and Switzerland? 8. Would one be permitted to call them German literature? 9. What would the German drama be without the Austrians? 10. Would the socialist German literature be able to live without the entire German culture? 11. My friend believes that there are several German cultures. 12. He says the German-speaking countries are very different. 13. I answered him that they really are different, but that they are also culturally dependent on each other. 14. Even well-known professors have always found that this problem was very complex. 15. Will they have found the answer by (=at) the end of the 20th century?

(Review IV-B)

A. *Form sentences in the tenses suggested, using the appropriate modal for each expression in parentheses.*

1. *present* dieses Theater, nicht, subventioniert werden (can)
2. *past* nicht, alle Burgen, von Touristen, besucht werden (are permitted)
3. *pres. perf.* die schlechten Lebensmittel, nicht, verkauft werden (are permitted)
4. *present* dieses alte Gebäude, restauriert werden (must)
5. *pluperf.* mein Freund, die deutsche Kultur, studieren (is supposed to)
6. *future* er, alle deutschsprechenden Länder, besuchen (wants to)

B. *Change the sentences (a) to the past, then (b) to the present perfect.*

1. Die Demokratie funktioniert in diesem Lande gut.
2. Wann tritt er endlich in einen Sportverein ein?
3. Ich kenne diese modernen Opern leider nicht.
4. Solche Probleme entstehen in jungen Ländern oft.
5. Jedes Wochenende ruft mich meine Freundin an.
6. Denkst du oft an deine Reise nach Italien?
7. Solch eine ultramoderne Stadt gefällt nicht jedem.
8. Wir wollen den Krieg nicht.
9. Bald nach den Ferien sehen die Freunde sich wieder.
10. Helft ihr den Arbeitslosen und Armen?

C. *For each of the blanks below, select the most suitable adjective and add the appropriate ending.*

1. Die — Leute in der DDR kennen die Demokratie des Westens nicht. (treu, liberal, jung, verwandt)
2. Wenn ich nach Italien fahre, reise ich nicht wie ein — Tourist. (deutsch, materiell, dumm, typisch)
3. — Arbeiterinnen findet man im Westen mehr als im Osten. (unterbezahlt, ausländisch, fremd, abhängig)
4. In Deutschland hört man im Konzertsaal manchmal — Musik. (klassisch, traditionell, schlecht)
5. Obwohl der Käfer ein — Auto war, verkaufte er sich meist sehr gut. (leise, teuer, billig, häßlich)
6. Ein Resultat des Sozialprogramms in Deutschland ist die — Altersversorgung. (enttäuschend, großzügig, teuer, konzentriert)
7. Wer sich für den Sport nur im Fernsehen interessiert, ist ein — Sportfreund. (populär, passiv, beliebt, begeistert)

8. Der Fremdenverkehr ist zur — „Industrie" Österreichs geworden. (modernst–, teuerst–, interessantest–, gigantischst–)
9. Wann fährt der — Zug nach Wien? (schnellst–, interessantest–, nächst–, modernst–)

D. *Restate the sentences using relative clauses. Change the words in italics to relative pronouns or, if appropriate, to* **wo**-*compounds.*

1. Das Werk beschäftigt 10 000 Menschen; 10% von *ihnen* sind Gastarbeiter. 2. Die Berliner (*ihr* Schicksal war nicht immer leicht zu ertragen) haben viel Humor. 3. Ich kenne das Nachtleben noch nicht; man hat mir *davon* erzählt. 4. Das war das interessanteste Fußballspiel; ich habe *es* diesen Sommer gesehen. 5. Die Reise (wir haben sehr viel *dafür* bezahlt) wurde sehr enttäuschend für uns. 6. Die Arbeiter (wir haben mit *ihnen* gesprochen) hatten einen hohen Lebensstandard.

E. *Change the following sentences to the passive. Retain the tense used in the original statement.*

1. Er hatte die bekanntesten Museen der Stadt besucht. 2. In diesem Gebäude darf man nicht rauchen. 3. Noch nie haben die Deutschen so viel Bier getrunken. 4. Die Uni wird den Studenten einen billigen Flug nach Berlin anbieten. 5. Das VW-Werk beschäftigt viele Gastarbeiter. 6. Die Familie half ihren Verwandten im Osten.

F. *Answer in future perfect, expressing probability by using* **wohl schon letzte Woche.**

Example: Fährt er bald nach Bonn?
Er wird wohl schon letzte Woche nach Bonn gefahren sein.

1. Hat er seinen Vater endlich angerufen? 2. Wann reist die Familie ans Mittelmeer? 3. Sind die Freunde gestern in Frankfurt angekommen? 4. Wird sie den Film diesen Freitag sehen? 5. Fährt dein Freund diese Woche den Wagen seines Vaters?

G. *Rewrite the following paragraph as an indirect quotation using Subjunctive I and beginning with* **Die Zeitung berichtete** . . .

In diesem Jahr begann der Sommer in Norddeutschland genau am 22. Juni. Über Nacht wurde es plötzlich warm. Da die Ferien in

Hamburg am letzten Montag anfingen, gab es auf allen Straßen Norddeutschlands viel Verkehr. Im Süden Deutschlands blieb es für die Jahreszeit noch zu kühl. Es wird jedoch erwartet, daß auch dort bald der wirkliche Sommer beginnen wird.

III. Pattern Drills

(Review IV-A)

A. *Answer the questions affirmatively in the first person singular, changing the verb in the main clause from Present Subjunctive II to Future Subjunctive II.*

Example: Führen Sie nach Dresden, wenn Sie es könnten?
Ja, ich würde nach Dresden fahren, wenn ich es könnte.

1. Arbeiteten Sie in der Fabrik, wenn Sie es müßten?
2. Verließen Sie das Land, wenn eine Diktatur käme?
3. Sprächen Sie mit den Arbeitern, wenn es möglich wäre?
4. Verstünden Sie es, wenn die Arbeiter am Gewinn beteiligt würden?
5. Ertrügen Sie es, wenn Sie unter einer Diktatur leben müßten?
6. Hülfen Sie einem Freund, wenn er Hilfe brauchte?
7. Zögen Sie es vor, wenn die Regierung demokratischer wäre?

B. *Answer the questions affirmatively in the first person singular, beginning with the* **wenn**-*clause.*

Example: Wären Sie nach Dresden gefahren, wenn Sie es gekonnt hätten?
Ja, wenn ich es gekonnt hätte, wäre ich nach Dresden gefahren.

1. Wären Sie früher angekommen, wenn Sie den Zug genommen hätten?
2. Hätten Sie mehr verdient, wenn Sie Arzt geworden wären?
3. Hätten Sie die Küste besucht, wenn das möglich gewesen wäre?
4. Wären Sie glücklicher gewesen, wenn Sie in der DDR geblieben wären?
5. Würden Sie ähnlich reagiert haben, wenn Sie so jung wären?
6. Würden Sie sich gefreut haben, wenn man Sie eingeladen hätte?

C. *Restate the following sentences twice. First, begin each one with* **Es sah aus, als ob** ... *Use Subjunctive II in the tense that corresponds to the tense of the verb in the original statement. Second, restate each sentence without* **ob,** *and make the required changes in word order.*

Example: Er hat alles vergessen.
Es sah aus, als ob er alles vergessen hätte.
Es sah aus, als hätte er alles vergessen.

1. Sie hat die Reise genossen.
2. Er ist sehr froh.
3. Sie werden ihr Geld verlieren.
4. Sie haben ihr Geld verloren.
5. Sie werden das Problem lösen.
6. Sie haben das Problem schon gelöst.
7. Er ist schon gestorben.

D. *Answer the following questions negatively, but affirm with the date following the one mentioned in the question.*

Example: Fliegt er am 22. Dezember?
Nein, er fliegt nicht am 22., sondern am 23. Dezember.

1. Fliegt er am 30. März?
2. Fliegt er am 1. Mai?
3. Fliegt er am 19. Januar?
4. Fliegt er am 2. Juli?
5. Fliegt er am 6. Februar?
6. Fliegt er am 16. Juni?

E. *Answer the questions affirmatively, beginning with* **Ja, er schrieb mir, daß** ... *Use Subjunctive I when the verb is singular and Subjunctive II when it is plural.*

Examples: Bleibt er im Osten?
Ja, er schrieb mir, daß er im Osten bleibe.

Bleiben die Verwandten im Osten?
Ja, er schrieb mir, daß die Verwandten im Osten blieben.

1. Liest er die Lokalzeitung?
2. Tun sie etwas für die Kultur?
3. Ist das Theater meist besetzt?
4. Wird das vom Staat finanziert?
5. Werden die Universitäten subventioniert?
6. Bezahlen sie hohe Steuern?
7. Kann er gut leben?
8. Dürfen sie frei sprechen?

F. *Change the following direct questions to indirect questions introduced by* **ob,** *using Subjunctive II in the tense corresponding to the tense in the direct question.*

Example: Er fragte: „Kann die Familie fliehen?"
Er fragte, ob die Familie fliehen könnte.

1. Er fragte: „Hat das ernste Konsequenzen?"
2. Er fragte: „Soll die Kultur abhängig werden?"
3. Er fragte: „War die Demokratie in Gefahr?"
4. Er fragte: „Hat sie die Zeitung gelesen?"
5. Er fragte: „Wird das vom Staat finanziert?"
6. Er fragte: „Haben die Theater es schwer?"
7. Er fragte: „Wird die Karte viel kosten?"

G. *Answer the questions affirmatively, beginning with* **Ja, sie sagte** ... *Use Subjunctive I when the verb is singular and Subjunctive II when it is plural.*

Example: Hat es hier immer solche Probleme gegeben?
Ja, sie sagte, es habe hier immer solche Probleme gegeben.

1. War die bildende Kunst unabhängig?
2. War er damals schon in Berlin gewesen?
3. Fingen alle Aufführungen um 8 Uhr an?
4. Beschäftigte er sich oft mit Politik?
5. Haben sie alle Karten verkauft?
6. Waren die Postkarten schon angekommen?
7. Trank er abends immer ein Glas Bier?
8. Wurden diese Bücher gelesen?

(Review IV-B)

A. *Answer the questions with* **Nein,** *but affirm in the past, beginning with* **aber.** *Substitute* **sonst immer** *for* **schon.**

Example: Wird das Spiel schon um vier Uhr anfangen?
Nein, aber das Spiel fing sonst immer um vier Uhr an.

1. Wird sie schon am Morgen ankommen?
2. Hat er ihm schon ein Glas Bier angeboten?
3. Wird er den Bericht schon am Sonntag abholen?
4. Werden sie schon nach dem Essen die Besichtigung mitmachen?
5. Hat sie ihre Lebensmittel schon auf dem Markt eingekauft?

6. Haben sie die Gäste schon zum Nachmittag eingeladen?
7. Wird der Politiker schon vor der Sitzung anrufen?

B. *Answer each question negatively, and add a clause using the expression in parentheses as the subject. Retain the tense used in the question.*

Example: Interessierst du dich für dieses Buch? (mein Bruder)
Nein, aber mein Bruder interessiert sich für dieses Buch.

1. Interessiert ihr euch für diese Oper? (meine Eltern)
2. Freust du dich auf die Ferien? (fast jeder)
3. Kaufen Sie sich einen Sportwagen? (mein reicher Onkel)
4. Hast du dich von der Wirtin verabschiedet? (alle anderen)
5. Kannst du dich noch an den Krieg erinnern? (ältere Leute)
6. Wollen Sie sich nicht setzen? (seine Schwester)
7. Mußt du dir diese Symphonie anhören? (alle Musikstudenten)

C. *Combine each of the following pairs of sentences, using a relative pronoun or, if appropriate, a* **wo**-*compound.*

Examples: Wo ist der Arbeiter? Seine Fabrik ist so modern.
Wo ist der Arbeiter, dessen Fabrik so modern ist?

Dies ist die Burg. Man hat mir davon erzählt.
Dies ist die Burg, wovon man mir erzählt hat.

1. Wer ist dieser Mann? Du sprichst immer von ihm.
2. Hier ist der Sportler. Jeder will ihn kennenlernen.
3. Ist dies die Gleichberechtigung? Jeder hat sich darauf gefreut.
4. Dies ist die Wirtin. Ihre Studenten nannten sie „Mutter“.
5. Er ging in das Lokal. Es gab das beste Bier darin.
6. Er war ein schlechter Offizier. Die Soldaten folgten ihm nicht gern.
7. Wann besuchen wir die Festspiele? Sie sollen so bekannt sein.

D. *Answer each question negatively in the passive voice, beginning (a) with* **es**, *(b) with the adverb. Retain the tense used in the question.*

Example: Darf man hier rauchen?
Nein, es darf hier nicht geraucht werden.
Nein, hier darf nicht geraucht werden.

1. Sprach man damals oft von der Energiekrise?
2. Hat man früher gegen den Krieg demonstriert?
3. Fährt man wirklich mit dieser Politik fort?
4. Kann man hier eigentlich von „Gemütlichkeit“ sprechen?

5. Wird man gern von diesem Kampf berichten?
6. Hat man in Deutschland damals an die Demokratie geglaubt?

E. *Change the following sentences to unfulfillable wishes, beginning with* **Wenn . . . doch nur (nicht) . . .** *Use Subjunctive II in the tense that corresponds to the tense of the verb in the original statement.*

Examples: Ich hatte keine freie Zeit.
Wenn ich doch nur freie Zeit gehabt hätte!

Er kommt immer zu spät.
Wenn er doch nur nicht immer zu spät käme!

1. Sie nimmt nicht an der Diskussion teil.
2. Wir sind abhängig von der Privatinitiative.
3. Er ist ins Konzert gegangen.
4. Ich werde kein Geld für diese Arbeit bekommen.
5. Sie waren an diesem Abend zu Hause geblieben.
6. Du kannst das nicht tun.

F. *Change from direct to indirect questions in the tense corresponding to the tense of the direct question. Use Subjunctive I whenever possible.*

Example: Man fragte: „Hat er etwas für die Kultur getan?"
Man fragte, ob er etwas für die Kultur getan habe.

1. Man fragte: „Sind die Verwandten in der DDR geblieben?"
2. Man fragte: „Wird die Freiheit weiterexistieren?"
3. Man fragte: „Muß das so sein?"
4. Man fragte: „Haben sie ein gutes Sozialprogramm?"
5. Man fragte: „Kann nichts dagegen getan werden?"
6. Man fragte: „Arbeitet er als Angestellter?"

G. *Restate the following sentences, using the appropriate form of the present participle of the verb in parentheses.*

Example: Das — Kind erwachte durch die Musik. (schlafen)
Das schlafende Kind erwachte durch die Musik.

1. Auf dem Plakat sieht man einen — Politiker. (lachen)
2. Der Kanzler wurde zum — König gerufen. (sterben)
3. Das Zimmer war voll von — Studenten. (diskutieren)
4. Leider war der Film —. (enttäuschen)
5. Der — Krieg machte der Exportindustrie ein Ende. (beginnen)
6. Fast immer waren — Arbeiter zu sehen. (demonstrieren)

appendix

1 Articles

<table>
<tr><td colspan="5">A. Definite Article</td><td colspan="5">B. Indefinite Article and kein</td></tr>
<tr><td></td><td colspan="3">SINGULAR</td><td>PLURAL</td><td colspan="3">SINGULAR</td><td>PLURAL</td></tr>
<tr><td></td><td>MASC.</td><td>FEM.</td><td>NEUT.</td><td>ALL</td><td>MASC.</td><td>FEM.</td><td>NEUT.</td><td>ALL</td></tr>
<tr><td>N.</td><td>der</td><td>die</td><td>das</td><td>die</td><td>ein</td><td>eine</td><td>ein</td><td>keine</td></tr>
<tr><td>G.</td><td>des</td><td>der</td><td>des</td><td>der</td><td>eines</td><td>einer</td><td>eines</td><td>keiner</td></tr>
<tr><td>D.</td><td>dem</td><td>der</td><td>dem</td><td>den</td><td>einem</td><td>einer</td><td>einem</td><td>keinen</td></tr>
<tr><td>A.</td><td>den</td><td>die</td><td>das</td><td>die</td><td>einen</td><td>eine</td><td>ein</td><td>keine</td></tr>
</table>

C. *Possessive Adjectives*

The possessive adjectives **mein, dein, sein, ihr, unser, euer, ihr, Ihr** are declined like **ein, kein.**

D. *Use of the Articles*

In general the article is used as in English. The most important exceptions are:

1. The indefinite article is omitted before an unmodified predicate noun when it indicates a profession or membership in a class.

   > Er ist Mechaniker.   He is a mechanic.

2. The definite article is ordinarily used in German where it is not used in English:

   a. When a noun is used in a very general or abstract sense.

   > **Die** Natur ist schön.   Nature is beautiful.

   b. With days of the week, months, seasons, and usually with meals.

   > **Im** Sommer mache ich nach **dem**   In summer I take a walk
   > Essen einen Spaziergang.   after eating.

   Names of the days of the week and of the months are:

der Sonntag	der Januar	der September
der Montag	der Februar	der Oktober
der Dienstag	der März	der November
der Mittwoch	der April	der Dezember
der Donnerstag	der Mai	
der Freitag	der Juni	
der Sonnabend *or*	der Juli	
der Samstag	der August'	

   c. To replace a possessive adjective when the ownership is clear.

   > Er hat ein Buch in **der** Hand.   He has a book in his hand.

   d. With the names of a few countries, e.g., **die** Schweiz *Switzerland,* **die** Tschechoslowakei *Czechoslovakia,* **die** Türkei *Turkey.*

2 Nouns

A. *Aids in Determining the Gender of Nouns*
  1. MASCULINES
     a. Male beings: **der Vater, der Sohn,** etc.
     b. Days of the week, months, and seasons: **der Montag, der Januar, der Winter,** etc.
     c. Points of the compass: **der Norden, der Süden,** etc.
     d. Nouns ending in **–ich, –ig, –ing: der Teppich** (*carpet*), **der König,** etc.
     e. Most nouns ending in **–en** except infinitives used as nouns: **der Laden, der Wagen,** etc.

  2. FEMININES
     a. Female beings: **die Mutter, die Schwester,** etc.
     b. Most nouns ending in **–e: die Stunde, die Schule,** etc.
     c. Nouns ending in **–ei, –ie, –in, –heit, –keit, –kunft, –schaft, –ung, –ik, –ion, –tät, –ur.**
     d. Names of a few countries: **die Tschechoslowakei, die Türkei, die Schweiz.**

  3. NEUTERS
     a. Names of nearly all countries, provinces, and cities: **das junge Amerika, das schöne München,** etc.
     b. Infinitives used as nouns: **das Sehen,** etc.
     c. Diminutives ending in **–chen** and **–lein: das Mädchen, das Fräulein,** etc.
     d. All metals (except **der Stahl** *steel*, **die Bronze** *bronze*): **das Gold, das Silber,** etc.
     e. Most nouns ending in **–nis, –sal, –tum: das Geschehnis** (*event*), **das Schicksal, das Christentum** (*Christianity*), etc.

  4. Compound nouns have the gender of the last component part: **der Wohlfahrtsstaat** (*welfare state*).

B. *Noun Plurals*
  1. German nouns are divided into four main classes according to the way in which their plurals are formed.
     Class I takes no ending but often takes an umlaut on the stem vowel: **der Kanzler, die Kanzler; die Mutter, die Mütter.**
     Class II takes the ending **–e** and frequently an umlaut: **der Tag, die Tage; die Hand, die Hände.**
     Class III takes the ending **–er** and always an umlaut: **der Mann, die Männer; das Kind, die Kinder** (one remembers of course, that only **a, o, u, au,** are subject to umlaut).
     Class IV takes the ending **–n** or **–en** and never takes an umlaut: **die Familie, die Familien; die Frau, die Frauen.** Masculine nouns belonging

to this class also take the ending –n or –en in all cases of the singular except in the nominative: **der Mensch, des Menschen, dem Menschen, den Menschen.**

Feminine nouns ending in –in double the **n** in forming the plural: **die Studentin, die Studentinnen.**

2. Membership in the four classes

It is impossible to make comprehensive rules for determining in what way a noun will form its plural, but the following summary will prove helpful.

CLASS I

a. Only two feminines: **die Mutter, die Mütter; die Tochter** (*daughter*), **die Töchter.**

b. Masculines and neuters ending in –el, –en, –er: **der Spiegel, die Spiegel; der Garten, die Gärten; der Lehrer** (*teacher*), **die Lehrer.**

c. Diminutives ending in –chen and –lein: **das Mädchen, die Mädchen.**

d. Neuters beginning with **Ge-** and ending in –e: **das Gebäude, die Gebäude.**

CLASS II

a. Many monosyllabic masculines: **der Tag, die Tage.**

b. Many monosyllabic feminines: **die Stadt, die Städte.**

c. Nouns ending in –ig, –ich, –ing, –nis, –sal: **der König, die Könige.**

d. A few neuters: **das Jahr, die Jahre.**

CLASS III

a. Most monosyllabic neuters: **das Dorf, die Dörfer.**

b. A few very common monosyllabic masculines: **der Mann, die Männer.**

c. No feminines.

CLASS IV

a. Nearly all feminines of more than one syllable: **die Stunde, die Stunden.**

b. Many monosyllabic feminines: **die Frau, die Frauen.**

c. A number of masculines denoting living beings: **der Student, die Studenten.**

d. Almost no neuters.

To summarize:

CLASS I is predominantly the class of masculines and neuters of more than one syllable. (Two feminines)

CLASS II is predominantly the class of monosyllabic masculines and feminines.

CLASS III is predominantly the class of monosyllabic neuters plus a few common masculines. (No feminines)

CLASS IV is predominantly the class of feminines plus a number of masculines denoting living beings.

3. Sample declensions of nouns

	CLASS I	CLASS II	CLASS III	CLASS IV	
			SINGULAR		
N.	der Vater	der Tag	das Dorf	die Burg	der Student
G.	des Vaters	des Tages	des Dorfes	der Burg	des Studenten
D.	dem Vater	dem Tag(e)	dem Dorf(e)	der Burg	dem Studenten
A.	den Vater	den Tag	das Dorf	die Burg	den Studenten
			PLURAL		
N.	die Väter	die Tage	die Dörfer	die Burgen	die Studenten
G.	der Väter	der Tage	der Dörfer	der Burgen	der Studenten
D.	den Vätern	den Tagen	den Dörfern	den Burgen	den Studenten
A.	die Väter	die Tage	die Dörfer	die Burgen	die Studenten

4. Irregular nouns

   a. A number of nouns have a plural like Class IV but a singular like Class II:

   das Auge (*eye*), des Auges, die Augen
   das Ohr (*ear*), des Ohres, die Ohren
   der See, des Sees, die Seen
   der Doktor, des Doktors, die Doktoren
   der Professor, des Professors, die Professoren

   In **Dok'tor** and **Profes'sor** the accent is shifted in the plural as follows: **die Dokto'ren, die Professo'ren.**

   b. Other irregular nouns:

das Herz (*heart*)	der Herr	der Name
des Herzens	des Herrn	des Namens
dem Herzen	dem Herrn	dem Namen
das Herz	den Herrn	den Namen
die Herzen	die Herren	die Namen
etc.	etc.	etc.

   c. Certain nouns of foreign origin take –s in the plural.
   das Radio, des Radios, die Radios
   das Hotel, des Hotels, die Hotels
   das Restaurant, des Restaurants, die Restaurants

3 Demonstrative Adjectives

The demonstrative adjectives are **dieser, jeder, jener, mancher, solcher.**

	SINGULAR			PLURAL
	MASC.	FEM.	NEUT.	ALL GENDERS
N.	dieser	diese	dieses	diese
G.	dieses	dieser	dieses	dieser
D.	diesem	dieser	diesem	diesen
A.	diesen	diese	dieses	diese

4 Pronouns

A. Personal Pronouns

	FIRST PERSON		SECOND PERSON			THIRD PERSON			
	SING.	PLUR.	SING.	PLUR.	SING./PLUR.		SING.		PLUR.
N.	ich	wir	du	ihr	Sie	er	sie	es	sie
G.	meiner	unser	deiner	euer	Ihrer	seiner	ihrer	seiner	ihrer
D.	mir	uns	dir	euch	Ihnen	ihm	ihr	ihm	ihnen
A.	mich	uns	dich	euch	Sie	ihn	sie	es	sie

B. Reflexive Pronouns

In the first and second person singular and plural, the reflexive pronouns are the same as the personal pronouns. The reflexive pronoun for the third person and for the conventional **Sie** is **sich,** which is used for accusative and dative, and in all numbers and genders.

C. Relative Pronouns

	SINGULAR			PLURAL	INDEFINITE RELATIVES	
	MASC.	FEM.	NEUT.	ALL GENDERS	PERSONS	THINGS
N.	der	die	das	die	wer	was
G.	dessen	deren	dessen	deren	wessen	wessen
D.	dem	der	dem	denen	wem	—
A.	den	die	das	die	wen	was

D. Interrogative Pronouns

	PERSONS	THINGS
N.	wer	was
G.	wessen	—
D.	wem	—
A.	wen	was

E. Demonstrative Adjectives and **ein**-words

The demonstrative adjectives and **ein**-words may be used as pronouns. When so used, they are declined like **dieser.**

5 Adjectives

Strong Endings

	SINGULAR			PLURAL
	MASC.	FEM.	NEUT.	ALL GENDERS
N.	guter Kaffee	gute Milch	gutes Wasser	gute Leute
G.	guten Kaffees	guter Milch	guten Wassers	guter Leute
D.	gutem Kaffee	guter Milch	gutem Wasser	guten Leuten
A.	guten Kaffee	gute Milch	gutes Wasser	gute Leute

Weak Endings

	SINGULAR			PLURAL
	MASC.	FEM.	NEUT.	ALL GENDERS
N.	der gute Mann	die gute Frau	das gute Kind	die guten Leute
G.	des guten Mannes	der guten Frau	des guten Kindes	der guten Leute
D.	dem guten Mann	der guten Frau	dem guten Kind	den guten Leuten
A.	den guten Mann	die gute Frau	das gute Kind	die guten Leute

Weak and Strong Endings

	SINGULAR		
	MASC.	FEM.	NEUT.
N.	ein guter Mann	eine gute Frau	ein gutes Kind
G.	eines guten Mannes	einer guten Frau	eines guten Kindes
D.	einem guten Mann	einer guten Frau	einem guten Kind
A.	einen guten Mann	eine gute Frau	ein gutes Kind

Nouns Declined Like Adjectives

	SINGULAR		PLURAL	
	MASC.	FEM.	NEUT.	ALL GENDERS
N.	der Deutsche	die Deutsche	das Alte	die Alten
G.	des Deutschen	der Deutschen	des Alten	der Alten
D.	dem Deutschen	der Deutschen	dem Alten	den Alten
A.	den Deutschen	die Deutsche	das Alte	die Alten

	SINGULAR		PLURAL	
	MASC.	FEM.	NEUT.	ALL GENDERS
N.	ein Deutscher	eine Deutsche	etwas Altes	keine Alten
G.	eines Deutschen	einer Deutschen	—	keiner Alten
D.	einem Deutschen	einer Deutschen	etwas Altem	keinen Alten
A.	einen Deutschen	eine Deutsche	etwas Altes	keine Alten

Note: adjectives are formed from names of cities by adding –**er,** e.g., **Hersfelder Festspiele** (*Hersfeld Festival*), **Wiener Oper** (*Viennese Opera*). Such adjectives are not declined.

6 Prepositions

WITH ACC.	WITH DAT.		WITH DAT. OR ACC.		WITH GEN.
durch	aus	seit	an	über	anstatt
für	außer	von	auf	unter	trotz
gegen	bei	zu	hinter	vor	während
ohne	mit		in	zwischen	wegen
um	nach		neben		um . . . willen

7 Summary of Rules for Word Order

A. *In Simple Sentences and Main Clauses*

1. The inflected part of the verb is always the second element (except, of course, in commands or in questions without an interrogative at the beginning). Normally the first element is the subject, but any other element, e.g., an adverb, prepositional phrase, or object, may stand first.

> *a.* Wir **werden** heute in die Stadt **gehen.**
> *b.* Heute **sind** wir in die Stadt **gegangen.**

The co-ordinating conjunctions **aber, denn, oder, sondern, und** do not affect word order.

> Er bleibt bei mir, denn **er ist** mein bester Freund.

2. Pronoun objects stand directly after the verb (or in inverted order usually directly after the subject).

> Ich gebe **ihm** heute das Buch.
> Ich gebe **es** meinem Bruder.
> Heute gebe ich **ihm** das Buch.

3. If there are two pronoun objects, the direct object stands first.

> Ich gebe **es ihm.**

4. If there are two noun objects, the indirect object stands first.

> Ich bringe **der Frau eine Zeitung.**

5. Expressions of time stand as near the verb as possible, i.e., after pronoun objects, but before expressions of place and usually before noun objects.

> Ich brachte ihm **heute** ein Buch in sein Haus.

6. Infinitives stand at the end. See 1*a* above.

7. Past participles stand at the end. See 1*b* above.

8. In simple tenses in main clauses, separable prefixes stand at the end.

> Heute morgen kam er endlich **an.**

9. No definite rule can be made for the position of **nicht.** English *not* normally stands after the first verb of the sentence: I will *not* bring him the book. German **nicht,** however, normally stands at or toward the end of the sentence, especially before a past participle and infinitive, and usually before an expression of place: Ich werde ihm das Buch **nicht** dahin bringen. Often the process of elimination will take care of the matter; if all other elements are correctly placed, there is usually only one place left for **nicht.**

B. *In Subordinate Clauses*

Everything remains as in the main clause, except that the inflected part of the verb is placed at the end.

> Er hofft, daß wir morgen nach Berlin **fliegen.**
> Er hofft, daß wir morgen nach Berlin fliegen **werden.**

Exception: a "double infinitive" always stands at the end.

> Er weiß, daß ich es heute nicht habe **tun können.**

C. *In Complex Sentences*

If the subordinate clause precedes the main clause, the verb stands first in the main clause; in other words, the verb is still the second element in the sentence.

> Wenn er nicht bald kommt, **gehe** ich ohne ihn.

8 Verb Paradigms

A. *Auxiliaries*

1. **sein** *to be*   PRIN. PARTS: sein, war, ist gewesen
          IMPER.: sei, seid, seien Sie
          PERF. INF.: gewesen sein *to have been*
          PRES. PART.: seiend *being*

INDICATIVE	SUBJUNCTIVE	
	I	II
PRES.: *I am, etc.*	PRESENT TIME	
ich bin	sei	wäre
du bist	seiest	wärest
er ist	sei	wäre
wir sind	seien	wären
ihr seid	seiet	wäret
sie sind	seien	wären

PAST. *I was, etc.*

ich war
du warst
er war
wir waren
ihr wart
sie waren

PRES. PERF.: *I have been, etc.*		PAST TIME	
ich bin	sei	wäre	
du bist	seiest	wärest	
er ist	sei	wäre	
wir sind } gewesen	seien } gewesen	wären } gewesen	
ihr seid	seiet	wäret	
sie sind	seien	wären	

INDICATIVE   SUBJUNCTIVE

PLUPERF.: *I had been, etc.*

ich war	
du warst	
er war	gewesen
wir waren	
ihr wart	
sie waren	

FUT.: *I shall be, etc.*   FUTURE TIME

ich werde		werde		werde	würde
du wirst		werdest		würdest
er wird	sein	werde	sein	würde	sein
wir werden		werden		würden
ihr werdet		werdet		würdet
sie werden		werden		würden

FUT. PERF.: *I shall have been, etc.*   FUTURE PERFECT TIME

ich werde		werde		würde	
du wirst		werdest		würdest	
er wird	gewesen	werde	gewesen	würde	gewesen
wir werden	sein	werden	sein	würden	sein
ihr werdet		werdet		würdet	
sie werden		werden		würden	

2. **haben** *to have*   PRIN. PARTS: haben, hatte, gehabt
                     IMPER.: habe, habt, haben Sie
                     PERF. INF.: gehabt haben *to have had*
                     PRES. PART.: habend *having*

INDICATIVE   SUBJUNCTIVE

	I	II
PRES.: *I have, etc.*	PRESENT TIME	
ich habe	habe	hätte
du hast	habest	hättest
er hat	habe	hätte
wir haben	haben	hätten
ihr habt	habet	hättet
sie haben	haben	hätten

PAST: *I had, etc.*

ich hatte
du hättest
er hatte
wir hatten
ihr hattet
sie hatten

INDICATIVE   SUBJUNCTIVE

PRES. PERF.: *I have had, etc.*   PAST TIME

ich habe		habe		hätte	
du hast		habest		hättest	
er hat	gehabt	habe	gehabt	hätte	gehabt
wir haben		haben		hätten	
ihr habt		habet		hättet	
sie haben		haben		hätten	

PLUPERF.: *I had had, etc.*

ich hatte	
du hattest	
er hatte	gehabt
wir hatten	
ihr hattet	
sie hatten	

FUT.: *I shall have, etc.*   FUTURE TIME

ich werde		werde		würde	
du wirst		werdest		würdest	
er wird	haben	werde	haben	würde	haben
wir werden		werden		würden	
ihr werdet		werdet		würdet	
sie werden		werden		würden	

FUT. PERF.: *I shall have had, etc.*   FUTURE PERFECT TIME

ich werde		werde		würde	
du wirst		werdest		würdest	
er wird	gehabt haben	werde	gehabt haben	würde	gehabt haben
wir werden		werden		würden	
ihr werdet		werdet		würdet	
sie werden		werden		würden	

3. werden *to become*   PRIN. PARTS: werden, wurde, ist geworden
                                      IMPER.: werde, werdet, werden Sie
                                      PERF. INF.: geworden sein *to have become*
                                      PRES. PART.: werdend *becoming*

INDICATIVE   SUBJUNCTIVE

                               I   II

PRES.: *I become, etc.*   PRESENT TIME

ich werde	werde	würde
du wirst	werdest	würdest
er wird	werde	würde
wir werden	werden	würden
ihr werdet	werdet	würdet
sie werden	werden	würden

INDICATIVE	SUBJUNCTIVE

PAST.: *I became, etc.*

ich wurde
du wurdest
er wurde
wir wurden
ihr wurdet
sie wurden

PRES. PERF.: *I have become, etc.*　　　　　　　　　　PAST TIME

ich bin		sei		wäre	
du bist		seiest		wärest	
er ist	geworden	sei	geworden	wäre	geworden
wir sind		seien		wären	
ihr seid		seiet		wäret	
sie sind		seien		wären	

PLUPERF.: *I had become, etc.*

ich war
du warst
er war ⎫
wir waren ⎬ geworden
ihr wart
sie waren ⎭

FUT.: *I shall become, etc.*　　　　　　　　　　FUTURE TIME

ich werde		werde		würde	
du wirst		werdest		würdest	
er wird	werden	werde	werden	würde	werden
wir werden		werden		würden	
ihr werdet		werdet		würdet	
sie werden		werden		würden	

FUT. PERF.: *I shall have become, etc.*　　　　　FUTURE PERFECT TIME

ich werde		werde		würde	
du wirst		werdest		würdest	
er wird	geworden sein	werde	geworden sein	würde	geworden sein
wir werden		werden		würden	
ihr werdet		werdet		würdet	
sie werden		werden		würden	

B. Regular Weak Verbs

sagen *to say*　PRIN. PARTS: sagen, sagte, gesagt
　　　　　　　IMPER.: sage, sagt, sagen Sie
　　　　　　　PERF. INF.: gesagt haben *to have said*
　　　　　　　PRES. PART.: sagend *saying*

INDICATIVE	SUBJUNCTIVE	
	I	II

PRES.: *I say, etc.*		PRESENT TIME	
ich sage	sage	sagte
du sagst	sagest	sagtest
er sagt	sage	sagte
wir sagen	sagen	sagten
ihr sagt	saget	sagtet
sie sagen	sagen	sagten

PAST.: *I said, etc.*

ich sagte
du sagtest
er sagte
wir sagten
ihr sagtet
sie sagten

PRES. PERF.: *I have said, etc.*		PAST TIME	
ich habe	habe	hätte
du hast	habest	hättest
er hat	habe	hätte
wir haben } gesagt	haben } gesagt	hätten } gesagt
ihr habt	habet	hättet
sie haben	haben	hätten

PLUPERF.: *I had said, etc.*

ich hatte
du hattest
er hatte
wir hatten } gesagt
ihr hattet
sie hatten

FUT. *I shall say, etc.*		FUTURE TIME	
ich werde	werde	würde
du wirst	werdest	würdest
er wird	werde	würde
wir werden } sagen	werden } sagen	würden } sagen
ihr werdet	werdet	würdet
sie werden	werden	würden

FUT. PERF.: *I shall have said, etc.*		FUTURE PERFECT TIME	
ich werde	werde	würde
du wirst	werdest	würdest
er wird } gesagt haben	werde } gesagt haben	würde } gesagt haben
wir werden	werden	würden
ihr werdet	werdet	würdet
sie werden	werden	würden

C. Strong Verbs

nehmen *to take*   PRIN. PARTS: nehmen, nahm, genommen
IMPER.: nimm, nehmt, nehmen Sie
PERF. INF.: genommen haben *to have taken*
PRES. PART.: nehmend *taking*

INDICATIVE	SUBJUNCTIVE	
	I	II
PRES.: *I take, etc.*	PRESENT TIME	
ich nehme	nehme	nähme
du nimmst	nehmest	nähmest
er nimmt	nehme	nähme
wir nehmen	nehmen	nähmen
ihr nehmt	nehmet	nähmet
sie nehmen	nehmen	nähmen

PAST.: *I took, etc.*
ich nahm
du nahmst
er nahm
wir nahmen
ihr nahmt
sie nahmen

PRES. PERF.: *I have taken, etc.*   PAST TIME

ich habe ⎫	habe ⎫	hätte ⎫
du hast ⎪	habest ⎪	hättest ⎪
er hat ⎬ genommen	habe ⎬ genommen	hätte ⎬ genommen
wir haben ⎪	haben ⎪	hätten ⎪
ihr habt ⎪	habet ⎪	hättet ⎪
sie haben ⎭	haben ⎭	hätten ⎭

PLUPERF.: *I had taken, etc.*
ich hatte ⎫
du hattest ⎪
er hatte ⎬ genommen
wir hatten ⎪
ihr hattet ⎪
sie hatten ⎭

FUT.: *I shall take, etc.*   FUTURE TIME

ich werde ⎫	werde ⎫	würde ⎫
du wirst ⎪	werdest ⎪	würdest ⎪
er wird ⎬ nehmen	werde ⎬ nehmen	würde ⎬ nehmen
wir werden ⎪	werden ⎪	würden ⎪
ihr werdet ⎪	werdet ⎪	würdet ⎪
sie werden ⎭	werden ⎭	würden ⎭

INDICATIVE		SUBJUNCTIVE			

FUT. PERF.: *I shall have taken, etc.*   FUTURE PERFECT TIME

ich werde		werde		würde	
du wirst		werdest		würdest	
er wird	genommen	werde	genommen	würde	genommen
wir werden	haben	werden	haben	würden	haben
ihr werdet		werdet		würdet	
sie werden		werden		würden	

D. Passive Voice

sehen *to see*   PRES. INF.: gesehen werden *to be seen*
    IMPER.: werde gesehen, werdet gesehen, werden Sie gesehen
    PERF. INF.: gesehen worden sein *to have been seen*

INDICATIVE		SUBJUNCTIVE			
		I		II	

PRES.: *I am seen, etc.*   PRESENT TIME

ich werde		werde		würde	
du wirst		werdest		würdest	
er wird	gesehen	werde	gesehen	würde	gesehen
wir werden		werden		würden	
ihr werdet		werdet		würdet	
sie werden		werden		würden	

PAST.: *I was seen, etc.*

ich wurde	
du wurdest	
er wurde	gesehen
wir wurden	
ihr wurdet	
sie wurden	

PRES. PERF.: *I have been seen, etc.*   PAST TIME

ich bin		sei		wäre	
du bist		seiest		wärest	
er ist	gesehen	sei	gesehen	wäre	gesehen
wir sind	worden	seien	worden	wären	worden
ihr seid		seiet		wäret	
sie sind		seien		wären	

PLUPERF.: *I had been seen, etc.*

ich war	
du warst	
er war	gesehen
wir waren	worden
ihr wart	
sie waren	

INDICATIVE

SUBJUNCTIVE

FUT.: *I shall be seen, etc.*

FUTURE TIME

ich werde			werde			würde		
du wirst			werdest			würdest		
er wird	gesehen		werde	gesehen		würde	gesehen	
wir werden	werden		werden	werden		würden	werden	
ihr werdet			werdet			würdet		
sie werden			werden			würden		

FUT. PERF.: *I shall have been seen, etc.*

FUTURE PERFECT TIME

ich werde			werde			würde		
du wirst			werdest			würdest		
er wird	gesehen		werde	gesehen		würde	gesehen	
wir werden	worden		werden	worden		würden	worden	
ihr werdet	sein		werdet	sein		würdet	sein	
sie werden			werden			würden		

E. Alphabetical List of the Most Common Irregular Verbs

INFIN.	PAST	PAST PART.	3RD SING. PRES.	IMPER.	PRES. SUBJ. II	MEANING
befehlen	befahl	befohlen	befiehlt	befiehl	beföhle (ä)	command
beginnen	begann	begonnen	beginnt	beginne	begänne (ö)	begin
beißen	biß	gebissen	beißt	beiße	bisse	bite
biegen	bog	gebogen	biegt	biege	böge	bend
bieten	bot	geboten	bietet	biete	böte	offer
binden	band	gebunden	bindet	binde	bände	tie
bitten	bat	gebeten	bittet	bitte	bäte	request, ask
bleiben	blieb	ist geblieben	bleibt	bleibe	bliebe	stay
brechen	brach	gebrochen	bricht	brich	bräche	break
empfangen	empfing	empfangen	empfängt	empfange	empfinge	receive
essen	aß	gegessen	ißt	iß	äße	eat
fahren	fuhr	ist gefahren*	fährt	fahre	führe	drive, ride
fallen	fiel	ist gefallen	fällt	falle	fiele	fall
fangen	fing	gefangen	fängt	fange	finge	catch
finden	fand	gefunden	findet	finde	fände	find
fliegen	flog	ist geflogen	fliegt	fliege	flöge	fly
fliehen	floh	ist geflohen	flieht	fliehe	flöhe	flee
fließen	floß	ist geflossen	fließt	fließe	flösse	flow
fressen	fraß	gefressen	frißt	friß	fräße	devour
frieren	fror	gefroren	friert	friere	fröre	freeze
geben	gab	gegeben	gibt	gib	gäbe	give
gehen	ging	ist gegangen	geht	gehe	ginge	go, walk
gelingen	gelang	ist gelungen	gelingt	—	gelänge	succeed
genießen	genoß	genossen	genießt	genieße	genösse	enjoy
geschehen	geschah	ist geschehen	geschieht	—	geschähe	happen

*Takes **haben** when used transitively.

INFIN.	PAST	PAST PART.	3RD SING. PRES.	IMPER.	PRES. SUBJ. II (ö)	MEANING
gewinnen	gewann	gewonnen	gewinnt	gewinne	gewänne	*win, gain*
graben	grub	gegraben	gräbt	grabe	grübe	*dig*
greifen	griff	gegriffen	greift	greife	griffe	*seize, grasp*
halten	hielt	gehalten	hält	halte	hielte	*hold, stop*
hängen	hing	gehangen	hängt	hänge	hinge	*hang*
heben	hob	gehoben	hebt	hebe	höbe	*lift*
heißen	hieß	geheißen	heißt	heiße	hieße	*be called*
helfen	half	geholfen	hilft	hilf	hülfe	*help*
kommen	kam	ist gekommen	kommt	komme	käme	*come*
lassen	ließ	gelassen	läßt	lasse	ließe	*let, leave*
laufen	lief	ist gelaufen	läuft	laufe	liefe	*run*
leiden	litt	gelitten	leidet	leide	litte	*suffer*
lesen	las	gelesen	liest	lies	läse	*read*
liegen	lag	gelegen	liegt	liege	läge	*lie*
lügen	log	gelogen	lügt	lüge	löge	*tell a lie*
nehmen	nahm	genommen	nimmt	nimm	nähme	*take*
raten	riet	geraten	rät	rate	riete	*advise*
reiten	ritt	ist geritten*	reitet	reite	ritte	*ride*
riechen	roch	gerochen	riecht	rieche	röche	*smell*
rufen	rief	gerufen	ruft	rufe	riefe	*call, cry*
scheinen	schien	geschienen	scheint	scheine	schiene	*shine; seem*
schießen	schoß	geschossen	schießt	schieße	schösse	*shoot*
schlafen	schlief	geschlafen	schläft	schlafe	schliefe	*sleep*
schlagen	schlug	geschlagen	schlägt	schlage	schlüge	*strike*
schließen	schloß	geschlossen	schließt	schließe	schlösse	*lock, close*
schneiden	schnitt	geschnitten	schneidet	schneide	schnitte	*cut*
schreiben	schrieb	geschrieben	schreibt	schreibe	schriebe	*write*
schreien	schrie	geschrieen	schreit	schreie	schriee	*scream*
schweigen	schwieg	geschwiegen	schweigt	schweige	schwiege	*be silent*

INFIN.	PAST	PAST PART.	3RD SING. PRES.	IMPER.	PRES. SUBJ. II	MEANING
schwimmen	schwamm	ist geschwommen	schwimmt	schwimme	schwämme (ö)	*swim*
sehen	sah	gesehen	sieht	sieh	sähe	*see*
sein	war	ist gewesen	ist	sei	wäre	*be*
singen	sang	gesungen	singt	singe	sänge	*sing*
sinken	sank	ist gesunken	sinkt	sinke	sänke	*sink*
sitzen	saß	gesessen	sitzt	sitze	säße	*sit*
sprechen	sprach	gesprochen	spricht	sprich	spräche	*speak*
springen	sprang	ist gesprungen	springt	springe	spränge	*spring, jump*
stehen	stand	gestanden	steht	stehe	stände (ü)	*stand*
steigen	stieg	ist gestiegen	steigt	steige	stiege	*climb*
sterben	starb	ist gestorben	stirbt	stirb	stürbe	*die*
tragen	trug	getragen	trägt	trage	trüge	*carry*
treffen	traf	getroffen	trifft	triff	träfe	*meet, hit*
treten	trat	ist getreten	tritt	tritt	träte	*step*
trinken	trank	getrunken	trinkt	trinke	tränke	*drink*
verbieten	verbot	verboten	verbietet	verbiete	verböte	*forbid*
vergessen	vergaß	vergessen	vergißt	vergiß	vergäße	*forget*
verlieren	verlor	verloren	verliert	verliere	verlöre	*lose*
wachsen	wuchs	ist gewachsen	wächst	wachse	wüchse	*grow*
waschen	wusch	gewaschen	wäscht	wasche	wüsche	*wash*
werden	wurde	ist geworden	wird	werde	würde	*become*
werfen	warf	geworfen	wirft	wirf	würfe	*throw*
ziehen	zog	ist gezogen*	zieht	ziehe	zöge	*pull*
zwingen	zwang	gezwungen	zwingt	zwinge	zwänge	*force*

*Takes haben when used transitively.

F. Classified List of the Most Common Strong Verbs—Listed According to the Vowel Change in the Principal Parts

1. ei — ie(i) — ie(i)
2. ie — o — o
3. i — a — u(o)
4. e — a — o
5. e — a — e
6. a — u — a
7. chiefly a — ie — a

INFIN.	PAST	PAST PART.	3RD. SING. PRES.	IMPER.	PRES. SUBJ. II	MEANING
1. bleiben	blieb	ist geblieben	bleibt	bleibe	bliebe	stay
schreiben	schrieb	geschrieben	schreibt	schreibe	schriebe	write
schreien	schrie	geschrieen	schreit	schreie	schriee	scream
schweigen	schwieg	geschwiegen	schweigt	schweige	schwiege	be silent
steigen	stieg	ist gestiegen	steigt	steige	stiege	climb
treiben	trieb	getrieben	treibt	treibe	triebe	drive
beißen	biß	gebissen	beißt	beiße	bisse	bite
greifen	griff	gegriffen	greift	greife	griffe	seize
leiden	litt	gelitten	leidet	leide	litte	suffer
reiten	ritt	ist geritten*	reitet	reite	ritte	ride
schneiden	schnitt	geschnitten	schneidet	schneide	schnitte	cut
2. bieten	bot	geboten	bietet	biete	böte	offer
fliegen	flog	ist geflogen	fliegt	fliege	flöge	fly
fliehen	floh	ist geflohen	flieht	fliehe	flöhe	flee
genießen	genoß	genossen	genießt	genieße	genösse	enjoy
schießen	schoß	geschossen	schießt	schieße	schösse	shoot
schließen	schloß	geschlossen	schließt	schließe	schlösse	close, lock
verlieren	verlor	verloren	verliert	verliere	verlöre	lose
ziehen	zog	ist gezogen*	zieht	ziehe	zöge	pull
3. binden	band	gebunden	bindet	binde	bände	tie, bind
singen	sang	gesungen	singt	singe	sänge	sing
springen	sprang	ist gesprungen	springt	springe	spränge	spring, jump
gelingen	gelang	ist gelungen	gelingt	—	gelänge	succeed

INFIN.	PAST	PAST PART.	3RD SING. PRES.	IMPER.	PRES. SUBJ. II	MEANING
trinken	trank	getrunken	trinkt	trinke	tränke	*drink*
zwingen	zwang	gezwungen	zwingt	zwinge	zwänge	*force*
beginnen	begann	begonnen	beginnt	beginne	begänne (ö)	*begin*
gewinnen	gewann	gewonnen	gewinnt	gewinne	gewänne (ö)	*win, gain*
4. helfen	half	geholfen	hilft	hilf	hülfe	*help*
nehmen	nahm	genommen	nimmt	nimm	nähme	*take*
sehen	sah	gesehen	sieht	sieh	sähe	*see*
sprechen	sprach	gesprochen	spricht	sprich	spräche	*speak*
sterben	starb	ist gestorben	stirbt	stirb	stürbe	*die*
treffen	traf	getroffen	trifft	triff	träfe	*meet, hit*
werfen	warf	geworfen	wirft	wirf	würfe	*throw*
kommen	kam	ist gekommen	kommt	komme	käme	*come*
5. essen	aß	gegessen	ißt	iß	äße	*eat*
geben	gab	gegeben	gibt	gib	gäbe	*give*
geschehen	geschah	ist geschehen	geschieht	—	geschähe	*happen*
lesen	las	gelesen	liest	lies	läse	*read*
treten	trat	ist getreten	tritt	tritt	träte	*step*
vergessen	vergaß	vergessen	vergißt	vergiß	vergäße	*forget*
bitten	bat	gebeten	bittet	bitte	bäte	*request, ask*
liegen	lag	gelegen	liegt	liege	läge	*lie*
sitzen	saß	gesessen	sitzt	sitze	säße	*sit*
6. fahren	fuhr	ist gefahren*	fährt	fahre	führe	*drive, ride*
schlagen	schlug	geschlagen	schlägt	schlage	schlüge	*strike*
tragen	trug	getragen	trägt	trage	trüge	*carry*
wachsen	wuchs	ist gewachsen	wächst	wachse	wüchse	*grow*
waschen	wusch	gewaschen	wäscht	wasche	wüsche	*wash*

*Takes **haben** when used transitively.

7.

INFIN.	PAST	PAST PART.	3RD SING. PRES.	IMPER.	PRES. SUBJ. II	MEANING
fallen	fiel	ist gefallen	fällt	falle	fiele	*fall*
fangen	fing	gefangen	fängt	fange	finge	*catch*
halten	hielt	gehalten	hält	halte	hielte	*hold, stop*
lassen	ließ	gelassen	läßt	lasse	ließe	*let, leave*
laufen	lief	ist gelaufen	läuft	laufe	liefe	*run*
schlafen	schlief	geschlafen	schläft	schlafe	schliefe	*sleep*
heißen	hieß	geheißen	heißt	heiße	hieße	*be called*
rufen	rief	gerufen	ruft	rufe	riefe	*call, cry*
gehen	ging	ist gegangen	geht	gehe	ginge	*go, walk*
stehen	stand	gestanden	steht	stehe	stünde (ä)	*stand*

G. List of Common Irregular Weak Verbs

INFIN.	PAST	PAST PART.	3RD SING. PRES.	IMPER.	PRES. SUBJ. II	MEANING
bringen	brachte	gebracht	bringt	bringe	brächte	*bring*
denken	dachte	gedacht	denkt	denke	dächte	*think*
haben	hatte	gehabt	hat	habe	hätte	*have*
wissen	wußte	gewußt	weiß	wisse	wüßte	*know*
brennen	brannte	gebrannt	brennt	brenne	brennte	*burn*
kennen	kannte	gekannt	kennt	kenne	kennte	*know*
nennen	nannte	genannt	nennt	nenne	nennte	*call*
rennen	rannte	ist gerannt	rennt	renne	rennte	*run, race*
senden	sandte	gesandt	sendet	sende	sendete	*send*
wenden	wandte	gewandt	wendet	wende	wendete	*turn*
dürfen	durfte	gedurft	darf	—	dürfte	*be allowed to, may*
können	konnte	gekonnt	kann	—	könnte	*can, be able to*
mögen	mochte	gemocht	mag	—	möchte	*like (to); may*
müssen	mußte	gemußt	muß	—	müßte	*must, have to*
sollen	sollte	gesollt	soll	—	sollte	*be supposed to*
wollen	wollte	gewollt	will	—	wollte	*want to, will*

GERMAN-ENGLISH VOCABULARY

Vocabulary Notes

Chapter vocabularies are divided into nouns (subdivided according to gender), verbs, adjectives, function words, idioms, and easily recognizable cognates and compounds, the latter group without their English equivalents. To guess intelligently the meanings of cognates, you may find it helpful to say them aloud. Often they sound like the English equivalents although they do not look like them. Compound nouns are listed as such only if there is a change in either form or meaning of any of their component parts, e.g., die **Universitätsstadt** *university city*, die **Jahreszeit** *season*. The last noun in a compound determines its gender.

In both the chapter vocabularies and this end vocabulary the following points should be noted:

For regular nouns, the plural ending only is given, e.g., der **Freund, -e** *friend*, die **Stadt,** ⸚e *city*, das **Mädchen, -** *girl*; for nouns that are in any way irregular, the genitive singular ending is also given, e.g., der **Herr, -n, -en** *gentleman, Mr.* In the case of adjectives used as nouns, the hyphen after the noun, e.g., der **Deutsch-** *the German (male)*, indicates that the endings vary according to gender, number, and case like adjective endings.

The article before names of cities, countries, and languages is placed in parentheses to indicate that it is not ordinarily used with such names.

An accent mark is placed after a syllable if the stress deviates from the usual German pattern or from the English cognate, e.g., die **Musik'**.

Principal parts are given for all strong and irregular verbs, unless they are readily recognizable as compounds of listed verb stems. The third person present indicative is given in parentheses if it is in any way irregular. If the auxiliary in the perfect tenses is **sein,** it is given. Separable prefixes are indicated by a raised dot between prefix and infinitive, e.g., **an·kommen** *arrive*.

The comparison of irregular and of "umlauted" adjectives is given. Since in German all descriptive adjectives can also be used as adverbs, the adverbial form of the English equivalent is not given.

In the German-English end vocabulary, the number after each entry indicates the chapter in which it first occurs. Cognates and compounds are listed with their English equivalents in the end vocabulary.

A

der **Abend, -e** evening *2*; **abends** in the evening *9*; **heute abend** this evening *2*

aber but, however *1*

ab·fliegen take off (*as of an airplane*) *18*

273

abhängig (von) dependent (on) *20*

ab·holen go to meet, pick up, get *17*

absolut' absolute *19*

acht eight *2*

das Adjektiv, -e adjective *18*

die Adres'se, -n address *18*

ähnlich similar *14*

aktiv' active *4*

akzeptie'ren accept *R4*

alle all *6*

allein alone *7*

allem: vor allem above all *10*

allerdings to be sure (*adv.*) *10*

alles everything *8*

die Alpen Alps (*pl.*) *8*

alpin' alpine *12*

als as *1*; when (*conj.*) *10*

also so, thus, therefore *1*

alt, älter, ältest- old *1*

die Altersversorgung program of social services for the elderly *16*

(das) Altdorf *name of a Swiss town R3*

das Alter, - (old) age *16*

die Altstadt, ⁻e *old section of a city 11*

der Amateur', -e amateur *10*

(das) Amerika America *1*; von Amerika aus (viewed) from America *R4*

der Amerika'ner, - American *1*

amerika'nisch American (*adj.*) *12*

an at, to, on, onto (*dat. or acc.*) *4*

an·bieten, bot an, angeboten offer *14*

ander- different, other *12*

(sich) ändern change *R4*

anders different *4*; anders als different from *14*

an·fangen, fing an, angefangen, (fängt an) start *14*

der Angestellt- employee *19*

an·hören listen to *15*

an·kommen arrive *17*

die Anmeldung, -en registration *11*

an·rufen call up (on the telephone) *18*

an·sehen look at, watch *14*

an·sprechen speak to, address (*acc.*) *15*

anstatt instead of (*gen.*) *5*

antik antique *R2*

die Antwort, -en answer *1*; eine Antwort auf (*acc.*) an answer to *7*

antworten answer (*dat.*) *2*

die Anzeige, -n announcement, notice *11*

der Apparat', -e apparatus; telephone *5*

die Arbeit, -en work *2*

arbeiten work *2*

der Arbeiter, - worker *4*

arbeitslos unemployed *19*

architekto'nisch architecturally *17*

das Argument', -e argument *16*

arm, ärmer, ärmst- poor *12*; ich Arme! poor me! (*fem.*) *12*

der Arm, -e arm *12*

arrangie'ren arrange *R3*

die Art, -en kind *14*

der Arti'kel, - article *9*

der Arzt, ⁻e physician *16*

der Aspekt', -e aspect *R4*

der Assistenz'professor, -o'ren assistant professor *1*

die Atmosphä're, -n atmosphere *13*

attraktiv' attractive *7*

auch also, too *1*; auch ein Tourist' even a tourist *8*; auch gut well, okay *13*

auf upon, on, onto (*dat. or acc.*) *4*; auf englisch (deutsch, *etc.*) in English (German, *etc.*) *6*; auf Wiedersehen good-by *2*

auf·bauen build up, construct *19*

die Aufführung, -en performance *20*

auf·schreiben write down *14*
der **Auftrag,** ⸚e task, mission *14*
der **August'** August *12*
aus from, out of (*dat.*) *1*
aus·füllen fill up, fill in *14*
ausländisch foreign *18*
die **Auslieferung, -en** delivery *17*
aus·sehen look (like) *18*
der **Außenseiter, -** outsider *16*
das **Auto, -s** car *R1*
automatisch automatic *16*
der **Autor, Auto'ren** author *R3*
Autostopp: per Autostopp by
  hitchhiking *R1*

B

das **Baby, -s** baby *10*
das **Bad,** ⸚er bath, spa *15*
(das) **Bad Hersfeld** *name of a Ger-*
  man spa 15
(das) **Badgastein'** *name of an Aus-*
  trian spa 13
die **Bahn, -en** railroad, train;
  track *R2*
der **Bahnhof,** ⸚e railway station *8*
bald soon *11*
der **Baseball** baseball *14*
der **Basketball** basketball *14*
der **Bau, -ten** building *5*
bauen build *10*
der **Bayer, -n, -n** Bavarian *13*
(das) **Bayern** Bavaria *13*
bayrisch Bavarian (*adj.*) *12*
der **Beat** beat (music) *15*
die **Begegnung, -en** encounter,
  meeting *R4*
begeistern make enthusiastic
  15; **sich für etwas begeis-**
  tern be *or* become enthusiastic about something
  15
beginnen, begann, begonnen
  begin *8*
die **Begleiterin, -nen** escort *17*
begreifen, begriff, begriffen
  comprehend, understand
  13
bei next to, by, with (*dat.*)
  4

beide both *4*
das **Beispiel, -e** example *8*; **zum**
  Beispiel (*abbr.* **z.B.**) for
  example *9*
bekannt well-known *13*
der **Bekannt-** acquaintance, friend
  17
bekommen, bekam, bekommen
  receive, get *4*
beliebt popular *14*
bequem comfortable *6*
der **Berg, -e** mountain *8*
bergig mountainous *12*
der **Bericht, -e** report *15*
berichten report *16*
(das) **Bern** *name of a Swiss city*
  R3
der **Beruf, -e** profession *14*
Berufs- professional (*com-*
  bined with other nouns) *14*
beschädigen damage *18*
beschäftigen employ, keep
  busy, occupy *15*; **sich**
  beschäftigen busy *or* occupy oneself *15*
besetzen occupy *20*
die **Besichtigung, -en** sightseeing
  tour *17*
besonders especially *7*
der **Besuch, -e** visit, visitor *5*
besuchen attend, visit *2*
der **Besucher, -** visitor *18*
beteiligen an give a share of
  (*dat.*) *17*
das **Bett, -en** bed *15*
bezahlen pay *4*
die **Bibel, -n** Bible *19*
das **Bier, -e** beer *20*
das **Bild, -er** picture *18*
bilden form; educate *20*
die **bildende Kunst** (*also pl.:* die
  bildenden Künste) fine
  arts *20*
die **Bildung** education; formation
  20
billig inexpensive, cheap *18*
die **Biologie'** biology *R1*
bis till, until (*acc.*) *2*
bitte please *5*

bitten, bat, gebeten request, ask *5*; **um etwas bitten** ask for something *15*
blau blue *R2*
bleiben, blieb, ist geblieben remain, stay *6*
der **Blick, -e** view, outlook *13*
blicken look, glance *13*
die **Blockade, -n** blockade *9*
blühen blossom, bloom *10*
(das) **Bonn** *capital of West Germany 11*
das **Boot, -e** boat *5*
brauchen need *7*
Brecht, Bertolt *German dramatist (1898–1956) R4*
das **Brecht-Ensemble** *East Berlin theater founded by the dramatist Bertolt Brecht,* official name: **Berliner Ensemble** *18*
(das) **Bremen** *name of a German city 10*
der **Brief, -e** letter *3*
bringen, brachte, gebracht bring *R2*
britisch British *17*
das **Brot, -e** bread *6*
das **Brötchen, -** hard breakfast roll *6*
die **Brücke, -n** bridge *9*
der **Bruder, ⁻** brother *5*
das **Buch, ⁻er** book *8*
der **Bund, ⁻e** federation *10*
Bundes- federal (*combined with other nouns*) *10*
bun'desrepublikanisch of the Federal Republic *16*
der **Bundestag** *Lower House of German Parliament 11*
die **Bundeswehr** *West German army 9*
bunt colorful *9*
die **Burg, -en** castle *12*
der **Bus, -se** bus *11*

C
die **CDU (Christlich-Demokratische Union)** Christian Democratic Union *11*

die **Chance, -n** chance *20*
der **Charak'ter, Charakte're** character *12*
charmant' charming *13*
die **Chemie'** chemistry *10*
die **Chemika'lie, -n** chemical *10*
das **College, -s** college *2*

D
da there *3*; since (*causal conj.*) *6*
damals at that time *9*
damit' in order that (*conj.*) *7*
danken thank (*dat.*) *4*
dann then *5*
darum for that reason *4*
das the *1*; that, those (*pron.*) *1*
daß that (*conj.*) *3*
dauern last *19*
die **Debatte, -n** debate *11*
die **DDR (Deutsche Demokratische Republik)** *official name of East Germany 18*
dein your *6*
der **Demokrat', -en, -en** democrat *4*
die **Demokratie', -n** democracy *7*
demokratisch democratic *11*
demonstrie'ren demonstrate *3*
denken, dachte, gedacht think *6*
das **Denkmal, ⁻er** monument *R3*
denn for (*conj.*) *1*; then (*particle*) *10*
der the *1*
derselbe, dasselbe, dieselbe the same *13*
desillusioniert' disillusioned *18*
deutsch German *1*; **auf deutsch** in German *6*
(das) **Deutsch** German language *1*
der **Deutsch-** German (*male*) (*adj. used as a noun*) *1*
die **Deutsch-** German (*female*) (*adj. used as noun*) *1*
die **Deutsche Mark** (*abbr.* **DM**) *German monetary unit 20*
die **Deutsche Oper** *name of the West Berlin Opera 18*

(das) **Deutschland** Germany *1*
deutschsprachig German-speaking *R4*
der **Dialekt'**, **-e** dialect *13*
dick fat, thick *5*
die the *1*
der **Dienstag**, **-e** Tuesday *17*
dieser this *6*
die **Diktatur'**, **-en** dictatorship *4*
das **Ding**, **-e** thing *6*
diplomatisch diplomatic *19*
direkt dirèct *R1*
die **Diskussion'**, **-en** discussion *3*
diskutie'ren discuss, argue *3*
diszipliniert' disciplined *11*
doch nevertheless, still; surely *6*
dominie'ren dominate *18*
die **Donau** Danube *13*
der **Donnerstag**, **-e** Thursday *17*
das **Dorf**, **⁓er** village *8*
dort there *2*; **dorthin** (to) there *12*
das **Drama, Dramen** drama *R3*
dramatisch dramatic *2*
drei three *2*
(das) **Dresden** *name of a city in East Germany 19*
drüben over there *16*
du you (*fam. sg.*) *1*
dumm, dümmer, dümmst- stupid *1*
dunkel dark *12*
durch through (*acc.*) *2*
dürfen, durfte, gedurft (darf) be allowed to, may (*permission*) *7*

E
eben just (*adv.*) *20*
eigen own *12*
eigentlich actual *3*
ein a, an, one *1*; **noch ein** another, an additional *5*
ein paar a few, a couple *9*
einan'der one another, each other *15*
einfach simple *15*
ein·führen introduce *16*
einige a few, some *17*

der **Einkauf**, **⁓e** purchase, shopping *6*; **Einkäufe machen** go shopping *6*
ein·kaufen shop, buy *6*
die **Einkaufsmethode, -n** shopping method *6*
die **Einkaufstasche**, **-n** shopping bag *6*
ein·laden, lud ein, eingeladen (lädt ein) invite *14*
die **Einladung, -en** invitation *17*
einmal once *9*; **nicht einmal** not even *R2*
eins one (*numeral*) *2*
ein·treten, trat ein, ist einge-treten (tritt ein) enter *14*
der **Einwohner**, **-** inhabitant *17*
einzig only (*adj.*) *15*
elektronisch electronic *15*
das **Element'**, **-e** element *R4*
die **Eltern** parents (*pl. only*) *5*
empfangen, empfing, empfangen (empfängt) receive *17*
empfehlen, empfahl, empfohlen (empfiehlt) recommend *17*
das **Ende, -n** end *5*; **zu Ende** at an end, over (*adv.*) *19*
enden end *8*
endlich finally *7*
die **Energie'** energy *5*
eng narrow, narrow-minded *R3*
die **Enge, -n** narrowness *R3*
(das) **Englisch** English language *6*; **auf englisch** in English *6*
enorm enormous *18*
entschuldigen excuse *13*
entstehen, entstand, ist ent-standen originate, result from *16*
enttäuschen disappoint *18*
entweder ... oder either ... or *18*
er he *1*
erfahren experience; find out, learn *7*
erfreuen delight, make happy *15*; **sich erfreuen** enjoy ("be appreciated") *15*

erfüllen fulfill *14*
erinnern remind *15*; **sich an etwas** (*acc.*) **erinnern** remember, recall *15*
erklären explain, declare *11*
das Erlebnis, -se experience *R4*
ernst serious *8*
erreichen reach, achieve *11*
erst first (*adj.*) *8*; not until, only (*adv.*) *8*; **zum erstenmal** for the first time *5*
ertragen bear, endure *18*
erwachen wake up *13*
erwarten expect *18*
erzählen tell, relate *1*
erziehen, erzog, erzogen educate *20*
es it *1*
essen, aß, gegessen (ißt) eat *5*
etwa approximately, about; perhaps *17*
etwas something *6*
euer your *6*
(das) Euro'pa Europe *7*
der Europäer, - European *7*
die Existenz', -en existence *19*
die Exkursion', -en excursion *R3*
experimentell' experimental *15*
der Exper'te, -n, -n expert *17*
der Export', -e export *10*
exportie'ren export *10*
der Extremist', -en, -en extremist *18*

F
die Fabrik', -en factory *5*
fahren, fuhr, ist gefahren (fährt) drive, ride, travel *5*
das Fahrrad, ̈-er bicycle *14*
die Fahrt, -en drive, trip *11*; **eine Fahrt (eine Reise) machen** take a trip *11*
die Fami'lie, -n family *5*; **die Fami'lie Brehm** the Brehm family *5*
die Fami'lienkrise, -n family crisis *14*
der Fan, -s fan *R1*
fast almost *8*

faszinie'ren fascinate *8*
fasziniert' fascinated *7*
fehlen be lacking *19*
der Feind, -e enemy *9*
das Feld, -er field *12*
die Ferien vacation (*pl. only*) *12*; **Ferien machen** take a vacation *13*
der Fernsehapparat, -e television set *5*
das Fernsehen television (*inf. used as a noun*) *14*
der Fernseher, - television set *10*
das Fernsehprogramm, -e television program *8*
fertig finished, ready *10*
fertig · machen finish *17*
das Fest, -e festival *15*
das Festspiel, -e festival *15*
der Film, -e film *4*
finanzie'ren finance *20*
die Finanzie'rung, -en financing *20*; **es geht um die Finanzie'rung** the financing is at stake *20*
finden, fand, gefunden find *3*
die Firma, Firmen firm *10*
flach flat *12*
das Fleisch meat *6*
fleißig diligent, hard-working *R1*
fliegen, flog, ist geflogen fly *11*
fliehen, floh, ist geflohen flee *19*
der Flug, ̈-e flight *17*
das Flugzeug, -e airplane *18*
der Fluß, Flüsse river *13*
folgen follow (*dat.*) *13*
der Football football *14*
fort · fahren continue, go on; drive away *20*
der Fortschritt, -e progress *13*
das Foto, -s photo *10*
der Fotoapparat, -e camera *10*
die Frage, -n question *7*
fragen ask *2*; **fragen nach** ask about *R2*
fragmenta'risch fragmentary *19*

(das) **Frankfurt** *name of a German city* 17

(das) **Frankreich** France *R2*

der **Franzose, -n, -n** Frenchman *9*

die **Frau, -en** Mrs., woman, wife *1*

das **Fräulein, -** Miss, young lady *1*

frei free *R1*

die **Freie Universität'** *name of the University of West Berlin* 18

die **Freiheit, -en** freedom *R3*

der **Freiheitskampf, ̈-e** fight for freedom *R3*

die **Freiheitsliebe** love of freedom *R3*

die **Freizeit** free time *R1*

fremd foreign, strange *R3*

der **Fremd-** stranger, tourist *13*

der **Fremdenverkehr** tourist traffic, tourism *13*

freuen make glad *15*; **sich über etwas** (*acc.*) **freuen** be glad about something *15*; **sich auf etwas** (*acc.*) **freuen** look forward to something *15*

der **Freund, -e** friend *1*

die **Freundin, -nen** friend *1*

freundlich friendly *9*

frisch fresh *6*

froh glad *5*

fröhlich joyous, happy *13*

fruchtbar fruitful, fertile *12*

früh early *12*

fühlen feel *7*; **sich fühlen** feel *16*; **er fühlt sich nicht gut** he doesn't feel well *16*

fünf five *2*

funktionie'ren function *11*

für for (*acc.*) *2*

furchtbar terrible, dreadful *8*

fürchten fear *18*

der **Fuß, ̈-e** foot *8*; **zu Fuß** on foot *8*

der **Fußball** soccer *14*

G

ganz whole, quite *2*; **ganz schön viel** pretty much, quite a lot *2*

gar nicht not at all *2*

die **Garnison', -en** garrison *9*

der **Gast, ̈-e** guest *16*

der **Gastarbeiter, -** foreign worker *16*

das **Gebäude, -** building *3*

geben, gab, gegeben (gibt) give *4*; **es gibt** (*acc.*) there is, there are *4*

das **Gebiet, -e** region, realm *12*; **auf dem Gebiet** in the realm *15*

das **Gebirge, -** mountains *12*

das **Gebirgstal, ̈-er** mountain valley *R3*

der **Geburtstag, -e** birthday *18*

die **Gefahr, -en** danger *20*

gefallen, gefiel, gefallen (gefällt) please *8*; **der Wagen gefällt mir (ihm)** I like (he likes) the car *8*

gegen against, toward (*acc.*) *2*

gehen, ging, ist gegangen go, walk *2*; **das geht nicht** that's not possible *7*; **es geht mir gut** I am fine *5*; **es geht um die Finanzie'rung** the financing is at stake *20*

gehören (zu) belong to *12*

der **Geist, -er** spirit *8*

das **Geld, -er** money *6*

gelingen, gelang, ist gelungen succeed *10*; **es gelingt ihm (ihr)** he (she) succeeds *10*

das **Gemüse, -** vegetable *6*

gemütlich cozy *13*

die **Gemütlichkeit** coziness *8*

genau exact *3*

die **Generation', -en** generation *19*

genießen, genoß, genossen enjoy *17*

genug enough *8*

die **Geographie'** geography *12*

geographisch geographical *12*

gerade just (*adv.*); precise, straight *10*

die **Germanis'tik** Germanics *R1*

gern gladly *6*; **gern haben, gern mögen** like *7*; **gern tun (arbeiten)** like to do (to work) *7*

gesamt whole, total *R4*

das **Gesamtbild, -er** total picture *R4*

das **Geschäft, -e** place of business, store; business *9*

der **Geschäftsführer, -** manager *6*

geschehen, geschah, ist geschehen (geschieht) happen, take place *11*

die **Geschichte, -n** story; history *8*

die **Gesellschaft, -en** society *16*

gesellschaftlich social *R4*

gestern yesterday *9*; **gestern morgen (abend)** yesterday morning (last night) *9*

der **Gewinn, -e** profit, gain *17*

gewinnen, gewann, gewonnen win, gain *10*

gigantisch gigantic *13*

das **Glas, ⸚er** glass *20*; **das Glas Bier** the glass of beer *20*

glauben believe *3*

gleich equal (*adj.*); immediately (*adv.*) *17*

die **Gleichberechtigung** equality of rights *17*

das **Glück** luck, happiness *6*; **Glück haben** be lucky *6*

glücklich happy, glad *1*

Goethe, Johann Wolfgang von *German poet (1749–1832) 19*

die **Grenze, -n** boundary, border *13*

(das) **Griechenland** Greece *R2*

groß, größer, größt- big, large *6*; **groß werden** grow up *19*

der **Großglock'ner** *name of a mountain 13*

großzügig generous *16*

grün green *12*

der **Grund, ⸚e** reason *15*

die **Gruppe, -n** group *4*

der **Gruß, ⸚e** greetings, regards *18*

gut, besser, best- good, well *1*; **guten Tag** hello, how do you do? *1*; **der Gute!** bless his heart! *12*

das **Gymnasium, Gymnasien** secondary school *2*

H

haben, hatte, gehabt (hat) have *2*

der **Hafen, ⸚** harbor, port *19*

die **Hafenstadt, ⸚e** port city *19*

halb half *8*

hallo hi, hello *1*

halten, hielt, gehalten (hält) stop *2*; hold, keep *8*; **halten für** deem, consider *9*

die **Hand, ⸚e** hand *8*

handeln: es handelt sich um it is a matter of *15*

(das) **Hanno'ver** *German city 1*

hart, härter, härtest- hard *19*

häßlich ugly *17*

die **Hauptstadt, ⸚e** capital city *11*

das **Haus, ⸚er** house *5*; **nach Hause** (to) home *16*; **zu Hause** at home *R2*

die **Heide, -n** heather *12*

die **Heimat, -en** home (country or town) *7*

heißen, hieß, geheißen be called *R1*; **ich heiße Bill** my name is Bill *R1*; **es heißt** it is said *17*

helfen, half, geholfen (hilft) help (*dat.*) *4*

heraus·kommen amount to *18*; **es kommt etwas (nichts) dabei heraus** something (nothing) comes of it *18*

der **Herbst, -e** autumn, fall *14*

der **Herr, -n, -en** Mr., gentleman *1*; **mein alter Herr** the old gentleman (*i.e.*, my father) *17*

herrlich splendid *13*

hervor·treten, trat hervor, ist hervorgetreten (tritt hervor) stand out; step forward *R4*

heute today *2;* **heute abend** this evening *2;* **heute mittag** this noon *11;* **heute morgen** this morning *12*

hier here *1;* **hierher** to here *8*

die **Hilfe, -n** help *9*

hin to there (*expresses motion away from the speaker*) *12*

hinter behind (*dat. or acc.*) *4*

historisch historic *12*

das **Hobby, -s** hobby *R1*

hoch, höher, höchst- high *7*

(das) **Hochdeutsch** standard German (*as opposed to the various regional dialects*) *R3*

hoffen hope *10*

hoffentlich hopefully *17*

hören hear *3*

die **Hose, -n** pants *8*

das **Hotel, -s** hotel *R2*

hübsch pretty *15*

der **Hügel, -** hill *12*

human humane *9*

der **Humor'** humor *18*

der **Hund, -e** dog *11*

hundemüde dog-tired *11*

hungrig hungry *9*

I

ich I *1*

ideal' ideal *1*

das **Ideal', -e** ideal *18*

idealisie'ren idealize *16*

die **Idee', -n** idea *R1*

identisch identical *R3*

ihr you (*fam. pl.*) *1;* her, their *6*

immer always *3;* **immer noch** still *8*

der **Import', -e** import *10*

die **Impression', -en** impression *R4*

in in, into (*dat. or acc.*) *1*

die **Industrie', -n** industry *13*

die **Industrie'gesellschaft, -en** industrial society *20*

industriell' industrial *12*

die **Information', -en** information *11*

die **Informations'fahrt, -en** information trip *11*

die **Initiati've, -n** initiative *20*

die **Insel, -n** island *18*

das **Institut', -e** institute *R1*

interessant' interesting *R1*

das **Interes'se, -n** interest *14*

interessie'ren interest *15;* **sich für etwas interessie'ren** be interested in something *15*

international' international *10*

die **Invasion', -en** invasion *R2*

irgendwie somehow *18*

die **Ironie', Ironi'en** irony *17*

(das) **Ita'lien** Italy *10*

J

ja yes *1; common particle roughly equivalent to* you know, after all *13*

das **Jagen** hunting (*inf.:* **jagen** hunt) *14*

das **Jahr, -e** year *4*

die **Jahreszeit, -en** season *14*

das **Jahrhundert, -e** century *18*

(das) **Ja'pan** Japan *10*

der **Japa'ner, -** Japanese *10*

der **Jazz** jazz *15*

je ever *13*

jeder each, every *2*

jedoch however *14*

jemand someone *19*

jener that *6*

jetzt now *1*

der **Job, -s** job *10*

(das) **Jugoslawien** Yugoslavia *R2*

jung, jünger, jüngst- young *9*

der **Juni** June *12*

K

das **Kabinett', -e** cabinet *11*

der **Käfer, -** beetle *10*

der **Kaffee, -s** coffee *5*

kalt, kälter, kältest- cold *12*

die **Kamera, -s** camera *10*
der **Kampf, ⸚e** battle, fight *10*
der **Kanzler, -** chancellor *11*
der **Kapitalist', -en, -en** capitalist *R1*
(das) **Kärnten** *name of an Austrian province 13*
die **Karte -n** ticket; map *20*
kaufen buy *6*
kaum hardly, barely *14*
das **Kegeln** bowling *14*
kein not a, no, not any *1*; **kein ... mehr** no more ..., not any more ... *4*
die **Kellnerin, -nen** waitress *9*
kennen, kannte, gekannt know (*a person, place, or thing*) *3*
kennen·lernen become acquainted with, learn to know, meet *15*; **ich lernte ihn kennen** I became acquainted with him *15*
das **Kilome'ter, -** kilometer *17*
das **Kind, -er** child *7*
das **Kino, -s** movie theater, movies *4*
klar clear *11*
die **Klasse, -n** class *R3*
klassisch classical *15*
die **Kleidung** clothing *9*
klein small *1*
klingen, klang, geklungen sound *16*
die **Kohle, -n** coal *9*
die **Kombination', -en** combination *8*
kommen, kam, ist gekommen come *5*; **es kommt etwas (nichts) dabei heraus** something (nothing) comes of it *18*
die **Kommission', -en** commission *17*
der **Kommunist', -en, -en** communist (*male*) *R1*
komplex complex *R4*
der **Konflikt', -e** conflict *7*
der **König, -e** king *14*
konkret concrete *R4*

können, konnte, gekonnt (kann) can, be able to *7*
die **Konsequenz', -en** consequence *16*
der **Konservatis'mus** conservatism *R3*
konservativ' conservative *3*
konstruie'ren construct *17*
der **Kontinent', -e** continent *R2*
sich **konzentrie'ren** concentrate *R3*; **konzentriert'** concentrated (*adj.*) *R3*
das **Konzert', -e** concert *15*
die **Korresponden'tin, -nen** correspondent (*female*) *10*
die **Korrespondenz', -en** correspondence *18*
korrigie'ren correct *16*
kosmopoli'tisch cosmopolitan *18*
die **Kosten** costs, expenses (*pl. only*) *11*
kosten cost *6*
krank, kränker, kränkst- sick, ill *16*
die **Krankenkasse, -n** health insurance *16*
die **Krankheit, -en** sickness, disease *16*
der **Krieg, -e** war *9*
die **Krise, -n** crisis *5*
kritisie'ren criticize *R3*
der **Kuchen, -** cake *5*
kühl cool *12*
die **Kultur', -en** culture *1*
kulturell' cultural *13*
die **Kunst, ⸚e** art *11*; **die bildende Kunst** *or* **die bildenden Künste** fine arts *20*
kurz, kürzer, kürzest- short *8*
die **Küste, -n** coast *19*

L

das **Labor'** = **Laborato'rium, Laborato'rien** lab, laboratory *10*
lachen laugh *2*
der **Laden, ⸚** store, shop; *diminutive:* das **Lädchen, -** small store, small shop *6*

das **Land, ∸er** land, country *8*
landen land *17*
die **Landschaft, -en** landscape *12*
landwirtschaftlich agricultural *19*
lang, länger, längst- long *(adj.)* *8*
lange, länger, längst- long *(adv.)* *2*
lassen, ließ, gelassen (läßt) let, leave *5*; **das läßt sich machen** that can be done *17*; **sich** *(dat.)* **etwas träumen lassen** imagine *17*
laufen, lief, ist gelaufen (läuft) run, walk *8*
laut loud *3*
leben live *R1*
das **Leben, -** life *6*
das **Lebensmittel, -** food, groceries *6*
das **Lebensmittellädchen, -** small grocery store *6*
der **Lebensstandard, -s** standard of living *7*
das **Leder, -** leather *8*
die **Lederhose, -n** leather shorts or pants *8*
leer empty *20*
der **Lehrstuhl, ∸e** professorial chair *18*
die **Leica** *name of a German camera* *10*
leicht easy; light *4*
leider unfortunately *6*
(das) **Leipzig** *name of a city in East Germany* *19*
leise soft *(in sound)* *17*
lernen learn *R1*
lesen, las, gelesen (liest) read *8*
letzt- last *13*
die **Leute** people *(pl. only)* *16*
liberal' liberal *3*
lieb dear *14*
die **Liebe** love *15*
lieben love *15*
liegen, lag, gelegen lie, be located *12*
die **Literatur', -en** literature *20*
lokal' local *20*

das **Lokal', -e** pub, bar, restaurant *4*
lösen solve *20*
die **Luft, ∸e** air *9*
die **Luftbrücke, -n** airlift *9*
die **Lufthansa** *name of a German airline* *17*
lustig amusing, funny; gay *10*
Luther, Martin *German religious reformer* *(1483–1546)* *19*
luxuriös' luxurious *R2*
der **Luxus** luxury *R2*
(das) **Luzern** Lucerne *(Swiss city)* *R3*

M

machen make, do *5*
das **Mädchen, -** girl *1*
der **Mai** May *18*
mal = einmal once, just *5*
(das) **Mallor'ca** Mallorca *(Spanish island in the Mediterranean)* *R2*
man one, people *2*
mancher many a, some *6*
manchmal sometimes *3*
der **Mann, ∸er** man, husband *R1*
die **Mannschaft, -en** team *14*
(das) **Marburg** *name of a German university city* *1*
der **Marburger, -** resident of Marburg *9*
der **Markt, ∸e** market *6*
der **Marxist', -en, -en** Marxist *R1*
marxis'tisch Marxist *(adj.)* *18*
die **Maschine, -n** machine *5*
die **Maschinenfabrik, -en** machine factory *5*
der **Maschsee** *name of a lake* *5*
materiell' material *19*
die **Mauer, -n** wall *18*
der **Mechaniker, -** mechanic *5*
(das) **Mecklenburg** *name of a province in East Germany* *19*
die **Medizin', -en** medicine *9*
das **Meer, -e** sea *R2*
mehr more *3*; **kein ... mehr** no more..., not any more ... *4*; **mehr als** more than *8*

mehrer- several *13*
mein my *1*
meinen mean, be of the opinion *16*
meist generally, mostly *3*
die **Menge, -n** a lot of, crowd; amount *18*
der **Mensch, -en, -en** human being, man *R2*
merken notice *18*
merkwürdig peculiar, strange *12*
das **Meter, -** meter *13*
die **Metho'de, -n** method *6*
die **Metropo'le, -n** metropolis *13*
das **Mikroskop', -e** microscope *10*
die **Milch** milk *6*
die **Million', -en** million *16*
mini- mini *R3*
die **Minu'te, -n** minute *2*
mißverstehen misunderstand *16*
mit with (*dat.*) *4*
mit·fahren come along *17*
mit·gehen go along *14*
mit·machen take part in, participate *14*
der **Mittag, -e** noon *6*; **heute mittag** this noon *11*; **mittags** at noon *6*
die **Mitte** middle, center *12*
mittel- central *12*
das **Mittelmeer** Mediterranean Sea *R2*
der **Mittelstand** middle class *16*
das **Modell', -e** model *17*
modern' modern *5*
mögen, mochte, gemocht, (mag) like; may (*possibility*); **ich (er) möchte** I (he) would like *7*
möglich possible *4*
die **Monarchie', -n** monarchy *13*
der **Monat, -e** month *7*
der **Morgen, -** morning *6*; **heute morgen** this morning *12*
morgen tomorrow *2*
die **Mosaik', -en** mosaic *R4*
die **Mosel** Moselle River *R2*

das **Motto, -s** motto *7*
müde tired *11*
(das) **München** Munich *8*
das **Museum, Muse'en** museum *18*
die **Musik'** music *13*
musika'lisch musical *15*
müssen, mußte, gemußt, (muß) must, have to *7*
der **Mut** courage *15*
die **Mutter, ⸚** mother *5*

N
nach to (*before names of places*); after; according to (*dat.*) *4*
nachdem after (*conj.*) *11*
nachher afterwards *4*
der **Nachmittag, -e** afternoon *5*
der **Nachmittagskaffee, -s** afternoon coffee *5*
nächst- next *13*
die **Nacht, ⸚e** night *18*
nah(e), näher, nächst- near *6*
naiv naive *8*
der **Name, -ns, -n** name *8*
nämlich you know; that is *10*
die **Nation', -en** nation *20*
national' national *R3*
die **Natur', -en** nature *20*
natür'lich natural *3*
der **Nazi, -s** Nazi *18*
der **Nazis'mus** Nazism *18*
neben beside (*dat. or acc.*) *4*
nehmen, nahm, genommen (nimmt) take *5*
nein no *1*
nennen, nannte, genannt call, name *10*
neu new *3*
der **Neubau, -ten** new building *5*
neugierig curious *9*
neun nine *2*
die **Neutralität'** neutrality *R3*
nicht not *1*; **gar nicht** not at all *2*; **nicht mehr** no more, no longer *3*; **nicht einmal** not even *R2*; **nicht wahr?** isn't that so? *5*; **noch nicht** not yet *3*

nichts nothing 7
nie never 6; **noch nie** never before 17
noch still, yet 3; **noch nicht** not yet 3; **noch ein** another, an additional 5; **noch nie** never before 17
(das) **Norddeutschland** northern Germany 1
der **Norden** north 12
die **Nordsee** North Sea 12
nun now 3
nur only, just (*adv.*) 2

O
ob whether, if 3
(das) **Oberbayern** Upper Bavaria 13
objektiv' objective 16
obwohl' although R1
oder or 1
offen open 8
der **Offizier', -e** officer 9
oft often 1
ohne without (*acc.*) 2
ohnehin anyway 17
der **Onkel, -** uncle 19
die **Oper, -n** opera 15
die **Operette, -n** operetta 15
das **Opernhaus, ⁓er** opera house 20
das **Orches'ter, -** orchestra 15
der **Ort, -e** town, place 11
der **Osten** east 12
(das) **Österreich** Austria 13
der **Österreicher, -** Austrian 13
österreichisch Austrian 13
die **Ostsee** Baltic Sea 12

P
paar: ein paar a few, a couple 9
das **Papier', -e** paper 17
der **Park, -s** park 2
die **Partei, -en** (political) party 11
der **Paß, ⁓sse** passport 13
der **Passat'** *name of a VW model* (*American name:* Dasher) 17
passiv passive 4

patriotisch patriotic R3
(das) **Pennsylvanien** Pennsylvania 2
persön'lich personal 15
die **Perspekti've, -n** perspective 7
pessimistisch pessimistic 8
phantastisch fantastic 11
die **Philharmonie'** *name of West Berlin concert hall* 18
die **Philosophie', -n** philosophy R1
das **Plakat', -e** poster 18
der **Plan, ⁓e** plan 7
planen plan 13
der **Platz, ⁓e** place 11
plötzlich sudden 7
die **Politik'** politics 3
der **Poli'tiker, -** politician 11
der **Politolo'ge, -n, -n** political scientist 11
populär' popular 10
die **Post** mail 13
die **Postkarte, -n** post card 13
praktisch practical 6
preußisch Prussian 18
primitiv' primitive 16
das **Prinzip', -ien** principle 6
privat' private 20
das **Problem', -e** problem 7
das **Produkt', -e** product 10
produzie'ren produce 10
der **Profes'sor, Professo'ren** professor 1
der **Profit', -e** profit R1
das **Programm', -e** program 8
progressiv' progressive 3
die **Propaganda** propaganda 18
die **Prosa** prose R4
der **Protest', -e** protest 3
protestie'ren protest 3
das **Prozent, -e** per cent 13
die **Prüfung, -en** examination 4

R
das **Rad, ⁓er** wheel; *short for* das **Fahrrad, ⁓er** bicycle 14
radikal' radical 3
das **Radio, -s** radio 15
der **Rat** advice 18
rauchen smoke 9

der **Raum, ⸚e** space, region *12*
reagie'ren react *19*
die **Realität', -en** reality *R1*
recht: recht haben be right *6*
rechts right; to (on) the right
(*adv.*) *18*
reflektie'ren reflect *R4*
die **Reflexion', -en** reflection *R4*
die **Reform', -en** reform *3*
die **Regel, -n** rule *14*
die **Regierung, -en** government *11*
das **Regime, -s** regime *19*
reich rich *16*
die **Reise, -n** trip *11*; **eine Reise
machen** take a trip *11*
der **Reiseführer, -** travel guide,
guidebook *17*
reisen travel *12*
der **Rhein** Rhine *8*
relativ' relative *19*
die **Reparation', -en** reparation *17*
die **Reporta'ge, -n** report *14*
der **Repräsentant', -en, -en** representative *11*
die **Republik', -en** republic *10*
reservie'ren reserve *11*
das **Restaurant', -s** restaurant *9*
restaurie'ren restore *18*
das **Resultat', -e** result *7*
revolutionär' revolutionary *18*
richtig correct, right *3*
der **Rock** rock (music) *15*
rollen roll *9*
der **Romantiker, -** romantic *8*
romantisch romantic (*adj.*) *1*
die **Rückfahrt, -en** return trip *17*
rufen, rief, gerufen call *4*
ruhig quiet *12*
das **Ruhrgebiet** region around the
Ruhr River *12*
die **Rui'ne, -n** ruin *R2*

S

der **Saal, Säle** large room, hall *15*
(das) **Sachsen** *name of a province in
East Germany 19*
sagen say *1*
(die) **Salzach** *name of a river in
Austria 13*

(das) **Salzburg** *name of an Austrian
city 13*
satt satisfied, full *5*; **satt
werden** get enough to eat
5
sauber clean *12*
das **Sauerkraut** sauerkraut *8*
schade it's a pity, too bad! *4*
scharf, schärfer, scharfst-
sharp *R3*
scheinen, schien, geschienen
seem, appear; shine *R4*
schicken send *17*
das **Schicksal, -e** fate, fortune *17*
Schiller, Friedrich *German
poet and dramatist (1759–
1805) R3*
**schlafen, schlief, geschlafen
(schläft)** sleep *11*
schlecht bad *17*
(das) **Schleswig-Holstein** *name of a
province on the coast of
northern Germany 12*
schließlich finally; after all *8*
der **Schluß, Schlüsse** end, conclusion *4*
schmutzig dirty *12*
schnell quick, fast *8*
schön beautiful, pretty *2*
schon already *2*
schreiben, schrieb, geschrieben
write *3*
die **Schule, -n** school *14*
der **Schüler, -** pupil *14*
der **Schultag, -e** school day *R3*
die **Schulzeitung, -en** school
newspaper *14*
schwarz, schwärzer, schwärzest-
black *9*
der **Schwarzmarkt, ⸚e** black market *9*
der **Schwarzwald** Black Forest *R2*
die **Schweiz** Switzerland *R3*
der **Schweizer, -** Swiss *R3*
schwer difficult, hard; heavy *7*
die **Schwester, -n** sister *2*
das **Schwimmen** swimming *14*
**schwimmen, schwamm, ist
geschwommen** swim *R2*

das **Schwyzerdütsch** Swiss German dialect *R3*
sechs six *2*
der **See, -n** lake *2*
die **See, -n** sea *12*
das **Segel, -** sail *5*
sehen, sah, gesehen (sieht) see *4*
sehr very; very much (*adv.*) *2*
sein his, its *6*
sein, war, ist gewesen (ist) be *1*
seit since (*prep. w. dat.; conj.*) *4*; **seit Tagen** for days *4*
die **Seite, -n** side *R4*
der **Sektor, -o'ren** sector *20*
selber *or* **selbst** myself (himself, etc.) *15*
selbstverständlich self-evident, a matter of course *16*
das **Semester, -** semester *4*
das **Seminar', -e** seminar *R4*
die **Sendung, -en** broadcast *14*
sentimental' sentimental *R2*
die **Serie, -n** series *18*
setzen set, place, put *15*; **sich setzen** sit down *15*
sicher sure, certain *7*
sie they; she *1*
Sie you (*polite, sg. and pl.*) *1*
sieben seven *2*
sitzen, saß, gesessen sit *4*
die **Sitzung, -en** session, meeting *11*
skeptisch skeptical *3*
der **Ski, -er** ski *13*
so so *2*
so . . . wie as . . . as *6*
soe'ben just now *15*
sofort' immediately, at once *10*
sogar' even (*adv.*) *12*
der **Sohn, ⁼e** son *19*
solange as long as (*sub. conj.*) *R1*
solcher such (a) *6*
der **Soldat', -en, -en** soldier *9*
sollen, sollte, gesollt (soll) be supposed to, be to, shall *7*

der **Sommer, -** summer *R2*
sondern but, instead, on the contrary *3*
der **Sonntag, -e** Sunday *14*
sonst otherwise *12*
sowohl . . . als auch as well as *14*
sozial' social, socialized *16*
der **Sozialis'mus** socialism *16*
sozialis'tisch socialist *18*
die **Soziologie'** sociology *16*
(das) **Spanien** Spain *R2*
spät late *8*
die **Spazier'fahrt, -en** drive *5*; **eine Spazier'fahrt machen** take a drive *5*
der **Spazier'gang, ⁼e** walk *5*; **einen Spazier'gang machen** take a walk *5*
der **Spazier'weg, -e** footpath *8*
die **SPD (Sozial'demokratische Partei' Deutschlands)** Social Democratic Party *11*
der **Spiegel, -** mirror *R4*
das **Spiel, -e** game *14*
spielen play *14*
der **Sport** sport(s) *R1*
der **Sportler, -** sportsman, athlete *14*
der **Sportverein, -e** sports club *14*
die **Sprache, -n** language *1*
der **Sprachraum, ⁼e** *region where a given language is spoken R4*
sprechen, sprach, gesprochen (spricht) speak, talk *7*
der **Staat, -en** state, government *4*
die **Stadt, ⁼e** city *1*
stehen, stand, gestanden stand *5*
der **Stein, -e** stone *R4*
die **Stelle, -n** place, position *10*
sterben, starb, ist gestorben (stirbt) die *8*
die **Steuer, -n** tax *20*
der **Stil, -e** style *19*
die **Stimme, -n** voice *16*
stolz proud *12*
stoppen stop *2*

die **Straße, -n** street *4*
die **Straßenarbeiterin, -nen** street worker *19*
das **Stück, -e** piece *5*
der **Student', -en, -en** student (*male*) *1*
das **Studen'tenhaus, ̈er** Student Union building *11*
das **Studen'tenlokal, -e** student pub *4*
das **Studen'tenzimmer, -** student's room *R1*
die **Studen'tin, -nen** student (*female*) *1*
studie'ren study *1*
das **Stu'dium, Stu'dien** study at a university *3*
der **Stuhl, ̈e** chair *18*
die **Stunde, -n** hour *2*
stundenlang for hours *17*
die **stürmisch** stormy *12*
die **Subvention', -en** subsidy *20*
subventionie'ren subsidize *20*
die **Subventionie'rung, -en** subsidizing *20*
das **Subventions'programm, -e** subsidy program *20*
(das) **Südamerika** South America *4*
(das) **Südeuropa** southern Europe *R2*
(das) **Südfrankreich** southern France *R2*
der **Supermarkt, ̈e** supermarket *6*
sympa'thisch likeable *R1*
die **Symphonie', -n** symphony *15*
das **System', -e** system *16*
systematisch systematic *12*

T

der **Tag, -e** day *1*; **guten Tag** hello, how do you do? *1*
das **Tagebuch, ̈er** diary *R2*
täglich daily *R4*
das **Tal, ̈er** valley *13*
der **Tank, -s** tank *9*
der **Tanz, ̈e** dance *15*
tanzen dance *15*
die **Tanz'musik** dance music *19*
die **Tasche, -n** bag, pocket *6*

der **Teil, -e** part *14*; **zum Teil** (*abbr.* **z.T.**) partially, in part *20*
teil·nehmen (an + *dat*.) take part (in) *14*
das **Telefon', -e** telephone *5*
Tell, Wilhelm William Tell *R3*
das **Tennis** tennis *14*
teuer expensive *4*
die **Textil'industrie, -n** textile industry *10*
das **Textil'warengeschäft, -e** textile store *19*
das **Thea'ter, -** theater *15*
das **Thema, Themen** topic, subject *18*
theoretisch theoretical *R4*
(das) **Thüringen** *name of a province in East Germany* *19*
der **Tisch, -e** table *4*
tot dead *18*
total' total *18*
die **Tour, -en** tour *11*; **eine Tour machen** take a tour *13*
der **Tourist', -en** tourist *8*
die **Touris'tenauslieferung, -en** tourist delivery *17*
die **Tradition', -en** tradition *8*
der **Traditionalis'mus** traditionalism *R3*
traditionell' traditional *15*
tragen, trug, getragen (trägt) wear, carry *8*
träumen dream *17*
treffen, traf, getroffen (trifft) meet, encounter *16*
treu faithful, loyal *13*
trinken, trank, getrunken drink *R1*
trotz in spite of (*gen. or dat.*) *5*
trotzdem nevertheless, in spite of that *6*
die **Truppe, -n** troop *11*
tschechisch Czech *19*
tschüß so long, good-by (*colloq.*) *2*
tun, tat, getan do *9*
typisch typical *8*

U

üben practice *6*
über over, above (*dat. or acc.*);
about, concerning (*acc.*) *4*
überall everywhere *8*
überhaupt' at all *10*
überneh'men take on, take
over *14*
übersetz'en translate *19*
**übertrei'ben, übertrieb', über-
trie'ben** exaggerate *16*
übrigens by the way, moreover *10*
die **Uhr, -en** clock, watch *8*; **es ist
ein Uhr** it is one o'clock *8*
ultramodern' ultra modern
12
um around; at (*w. time expressions*) (*acc.*) *2*; **um
etwas bitten** ask for
something *15*; **um . . .
willen** (*gen.*) for the sake
of *5*; **um . . . zu** in order
to *3*
die **Umge'bung** surroundings *12*
unabhängig independent *20*
und and *1*
die **Uni, -s** university (*colloq.*) *3*
die **Uniform', -en** uniform *13*
die **Universität', -en** university *1*
die **Universitäts'reform** university
reform *3*
die **Universitäts'stadt, ⸚e** university city *1*
unschön unattractive *17*
unser our *6*
unter under, below; among
(*dat. or acc.*) *4*
unterbezahlt underpaid *19*
**unterbrechen, unterbrach, unter-
brochen (unterbricht)** interrupt *8*
unterhalten entertain *15*; **sich
unterhalten** talk, have a
conversation *15*
die **Unterhal'tung, -en** entertainment; conversation *14*
unvergeßlich unforgettable *18*
die **USA** U.S.A. (*pl.*) *7*

V

der **Vater, ⸚** father *5*
verabschieden dismiss *15*; **sich
verabschieden** take one's
leave, say good-by *15*
die **Verbesserung, -en** improvement *19*
verbringen spend, pass (time) *13*
verdienen earn; deserve *19*
der **Verein, -e** club *14*
vergehen pass (time) *17*; **vergangen** past (*adj.*) *R2*
der **Vergleich, -e** comparison *14*
vergleichen, verglich, verglichen
compare *R4*
**vergessen, vergaß, vergessen
(vergißt)** forget *3*
verkaufen sell *10*
der **Verkäufer, -** salesman, clerk *6*
der **Verkehr** traffic; business *13*
verlassen leave *19*
verschieden different; diverse
R4
die **Versorgung, -en** maintenance,
care *16*
verstehen understand *7*
verwandt related *13*
der **Verwandt-** relative *19*
viel much, a lot of *2*
viele many *2*
vielleicht perhaps, maybe *3*
vielmehr rather (*adv.*) *19*
vier four *2*
vierhundertachtzig four hun-
dred and eighty *7*
das **Viertel, -** quarter *8*
die **Villa, Villen** villa *11*
das **Volk, ⸚er** people, nation *5*
die **Volkstümlichkeit** popularity
(in the general public) *15*
der **Volkswagen, -** Volkswagen *5*
voll *R2*
von from, of, about (*dat.*) *4*;
by (*agent in passive*) *17*
vor in front of, before; ago
(*dat.*) *4*; **vor allem** above
all *10*; **vor vier Wochen
(einem Jahr)** four weeks
(a year) ago *11*

vorher before (*adv.*) *11*
vorig previous *11*
vorläufig temporary; preliminary *19*
vor·sehen provide for *14*
der **Vorteil, -e** advantage *6*
der **Vortrag, ⸚e** lecture *11*
vor·ziehen, zog vor, vorgezogen prefer *14*
der **VW, -s** VW (*abbr. of* **Volkswagen**) *R1*

W
der **Wagen, -** car, wagon *5*
wahr true *5*; **nicht wahr?** isn't that so? *5*
während during (*prep. w. gen.*) *5*; while (*conj.*) *R2*
wahrscheinlich probable *19*
der **Wald, ⸚er** forest, woods *12*
waldig wooded *12*
der **Walzer, -** waltz *15*
die **Wanderung, -en** hike, walk *R2*
wann when *5*
die **Ware, -n** ware, product *10*
warm, wärmer, wärmst- warm *R2*
die **Wartburg** *name of a castle in East Germany 19*
warum why *1*
was what *1*; **was für ein** what kind of *12*
das **Wasser, -** water *R2*
der **Weg, -e** way *20*
wegen on account of, because of (*gen.*) *5*
weil because *3*
die **Weile** while *R2*
der **Wein, -e** wine *13*
weit wide; far *12*
weiter·existieren continue to exist *18*
weiter·gehen continue, go on *20*
weiter·leben continue to live *18*
weiter·sprechen go on speaking *16*
welcher which *6*

die **Welt, -en** world *9*
wenig little (*in amount*) *3*
wenigstens at least *4*
wenn when, whenever; if *6*
wer who *1*
werden, wurde, ist geworden (wird) become, get *5*
das **Werk, -e** work, factory *10*
die **Werksbesichtigung, -en** factory tour *17*
der **Werktag, -e** workday *8*
das **Werkzeug, -e** tool *10*
wert worth *18*
(das) **Westdeutschland** West Germany *10*
der **Westen** west, the West *10*
westeuropä'isch west European *R2*
westlich western *16*
wichtig important *3*
wie how; like, as *1*; **wie ist es?** how about it? *2*
wieder again *5*
wieder·kommen come again, return *19*
das **Wiedersehen** seeing again *2*; **auf Wiedersehen** good-by *2*
wieder·sehen see again *15*
(das) **Wien** Vienna *13*
die **Wiese, -n** meadow *12*
wild wild *13*
der **Winter, -** winter *13*
wir we *1*
wirklich real *1*
die **Wirklichkeit, -en** reality *16*
die **Wirtin, -nen** landlady *5*
die **Wirtschaft, -en** economy; inn *16*
wissen, wußte, gewußt (weiß) know (*facts*) *7*
die **Witwe, -n** widow *14*
wo where *1*; **woher** from where *16*; **wohin** where to, where *4*
die **Woche, -n** week *5*
das **Wochenende, -n** weekend *5*
wohl probably; indeed, to be sure *8*

die **Wohlfahrt** welfare *16*
der **Wohlfahrtsstaat, -en** welfare state *16*
der **Wohlstand** prosperity *16*
wohnen live, dwell *5*
das **Wohnhaus, ⸚er** dwelling, apartment building *18*
die **Wohnung, -en** apartment *5*
(das) **Wolfsburg** *name of a German city 17*
wollen, wollte, gewollt (will) want to, intend to, will *7*
das **Wort, ⸚er** *or* **-e** word *3*
der **Wunsch, ⸚e** wish *12*
wünschen wish *5*

Z

zählen count *2*
zehn ten *2*
zeigen show, point *18*
die **Zeiss Ikon** *name of a German camera 10*
die **Zeit, -en** time *2;* **mit der Zeit** with time *7*
die **Zeitung, -en** newspaper *9*
der **Zeller See** *name of a lake 13*
das **Zentrum, Zentren** center *9*
zerstören destroy *17*
die **Zigaret'te, -n** cigarette *9*
das **Zimmer, -** room *5*

der **Zoll, ⸚e** customs *13*
die **Zone, -n** zone *12*
die **Zonengrenze** boundary between the two German states *17*
zu too (*as in* too much) *1;* to *4*
zuerst first, at first *8*
zufrieden satisfied, content *12*
zu·geben admit, confess *16*
die **Zu'kunft** future *20*
zuletzt finally, at last *19*
zu·nehmen increase *14*
(das) **Zürich** *name of a Swiss city R3*
zurück back, behind *14*
zurück·blicken look back *R3*
zurück·treten, trat zurück, ist zurückgetreten (tritt zurück) step back; resign *14*
zusammen together *R3*
der **Zusammenhang, ⸚e** connection *R4*
zusammen·sitzen sit together *20*
zu·schauen look at (*dat.*) *14*
zwar to be sure *11*
zwei two *2*
der **Zweifel, -** doubt *R4*
zwischen between (*dat. or acc.*) *4*

ENGLISH-GERMAN VOCABULARY

This list includes only those words that occur in the exercises requiring translation from English to German.

A

a ein

able: be able to können, konnte, gekonnt (kann)

about von (*dat.*); über (*acc.*)

accept akzeptie'ren

acquaint: become acquainted with kennen·lernen

active aktiv'

advantage der Vorteil, -e

after nach (*prep. with dat.*); nachdem (*conj.*)

afternoon der Nachmittag, -e; **afternoon coffee** der Nachmittagskaffee

again wieder

against gegen (*acc.*)

all alle

allow: be allowed to dürfen, durfte, gedurft (darf)

almost fast

Alpine alpin'

Alps die Alpen

also auch

although obwohl'

always immer

America (das) Amerika

American der Amerika'ner, - (*male*), die Amerikanerin, -nen (*female*); amerika'nisch (*adj.*)

and und

announcement die Anzeige, -n

another noch ein

answer die Antwort, -en; antworten (*dat.*)

apartment die Wohnung, -en

area das Gebiet, -e

around um (*acc.*)

arrive an·kommen, kam an, ist angekommen

article der Arti'kel, -

as wie; da (*conj.*); **as ... as** so ... wie; **as if** als ob

ask fragen; (**request**) bitten, bat, gebeten

assistant professor der Assistenz'professor, -o'ren

at an (*dat.*); um (*with time expressions*)

attend besuchen

August der August'

Austria (das) Österreich

Austrian der Österreicher, - (*male*); österreichisch (*adj.*)

B

baby das Baby, -s

bad schlecht

bag die Tasche, -n

battle der Kampf, ⁀e

be sein, war, ist gewesen (ist); **be to** sollen, sollte, gesollt (soll)

beautiful schön

because weil

become werden, wurde, ist geworden (wird)

beetle der Käfer, -

before vor (*prep. with dat.*); bevor (*conj.*)

believe glauben (*dat.*)

big groß, größer, größt-

biology die Biologie'

birthday der Geburtstag, -e

blockade die Blockade, -n

book das Buch, ⁀er

both beide

brother der Bruder, ⁀

building das Gebäude, -; der Bau, -ten; **new building** der Neubau, -ten

bus der Bus, -se
business das Geschäft, -en
but aber, sondern
buy kaufen
by von (*agent in passive*); durch (**by means of**)

C

cake der Kuchen, -
call nennen, nannte, genannt (*with names*); rufen, rief, gerufen
camera die Kamera, -s
can, be able to können, konnte, gekonnt (kann)
capitalist der Kapitalist', -en, -en
car das Auto, -s; der Wagen, -
castle die Burg, -en
center die Mitte
century das Jahrhundert, -e
chancellor der Kanzler, -
child das Kind, -er
cigarette die Zigaret'te, -n
city die Stadt, ̈e
classical klassisch
clean sauber
close nahe, näher, nächst-
clothing die Kleidung, -en
club der Verein, -e; **sports club** Sportverein, -e
coffee der Kaffee, -s
college das College, -s
colorful bunt
come kommen, kam, ist gekommen
comfortable bequem
complex komplex
concert das Konzert', -e
conservative konservativ'
construct konstruie'ren
continue to live weiter·leben
cool kühl
correct richtig
count zählen
country das Land, ̈er
course: of course natürlich, selbstverständlich
coziness die Gemütlichkeit
cozy gemütlich
crisis die Krise, -n

cultural kulturell'
culture die Kultur, -en

D

damage beschädigen
dance der Tanz, ̈e; **dance music** die Tanzmusik
day der Tag, -e; **every day** jeden Tag
dead tot
debate die Debatte, -n
delight erfreuen
demonstrate demonstrie'ren
dependent abhängig; **dependent on** abhängig von
destroy zerstören
dictatorship die Diktatur', -en
different verschieden; anders; **different from** anders als
disappoint enttäuschen
disciplined diszipliniert'
discuss diskutie'ren
do tun, tat, getan; machen
dog-tired hundemüde
drama das Drama, Dramen
drive fahren, fuhr, ist gefahren (fährt)
during während (*gen. or dat.*)

E

each jeder; **each other** einander
early früh
East Germany das Ostdeutschland
easy leicht
eat essen, aß, gegessen (ißt)
eight acht
either: not either auch nicht
eleven elf
employ beschäftigen
enemy der Feind, -e
English (das) Englisch; **in English** auf englisch
enjoy sich erfreuen (*gen.*)
enough genug
enter ein·treten, trat ein, ist eingetreten (tritt ein)
enthusiastic: be *or* **become enthusiastic about something** sich für etwas begeistern

entire ganz
escort die Begleiterin, -nen (*female*)
even sogar; **even if** auch wenn
evening der Abend, -e; **every evening**
    jeden Abend
ever je
every jeder
everyone jeder
everything alles
exam die Prüfung, -en
example das Beispiel, -e
expect erwarten
expensive teuer
explain erklären
export der Export', -e; **export busi-**
    ness das Export'geschäft, -e

F
factory die Fabrik', -en
fall (autumn) der Herbst, -e
family die Fami'lie, -n; **the Brehm**
    family die Fami'lie Brehm
fan der Fan, -s
fantastic phantastisch
fat dick; **pretty fat** ganz schön dick
father der Vater, ⸚
fear fürchten
Federal Republic die Bundesrepu-
    blik
festival concert das Festspielkon-
    zert', -e
few: a few ein paar
film der Film, -e
finally endlich
find finden, fand, gefunden
firm die Firma, Firmen
first erst- (*adj.*); **for the first time**
    zum ersten Mal
fifth fünft-
five fünf
flat flach
flight der Flug, ⸚e
fly fliegen, flog, ist geflogen
food das Lebensmittel, -
footpath der Spazier'weg, -e
for für (*acc.*); denn (*conj.*)
foreign fremd; **foreign worker** der
    Gastarbeiter, -
forget vergessen, vergaß, vergessen
    (vergißt)

four vier
fourth viert-
Free University die Freie Univer-
    sität'
freedom die Freiheit
fresh frisch
friend der Freund, -e (*male*); die
    Freundin, -nen (*female*)
friendly freundlich
from von (*dat.*)

G
game das Spiel, -e
gay lustig
geographical geographisch
geography die Geographie'
German deutsch (*adj.*)
German: German language (das)
    Deutsch; **German-speaking**
    deutschsprachig
Germany (das) Deutschland
get (become) werden, wurde, ist
    geworden (wird); **(receive)** be-
    kommen, bekam, bekommen
girl das Mädchen, -
give geben, gab, gegeben (gibt); es
    gibt (*acc.*) there is, there are
glad froh, glücklich
go gehen, ging, ist gegangen; **go**
    back zurück·gehen
good gut, besser, best-
good-by auf Wiedersehen
government die Regie'rung, -en
great groß, größer, größt-
green grün
groceries die Lebensmittel (*pl.*)
guest der Gast, ⸚e
guidebook der Reiseführer, -

H
half halb
happy glücklich
hard schwer
have (have got) haben, hatte, gehabt
    (hat)
have to, must müssen, mußte,
    gemußt (muß)
hear hören
hello hallo, guten Tag
help helfen, half, geholfen (hilft)

her ihr
here hier
high hoch, höher, höchst-
hill der Hügel, -
his sein
historic historisch
history die Geschichte, -n
home (country or town) die Heimat,
    -en; **at home** zu Hause
hope hoffen
hour die Stunde, -n
house das Haus, ⁼er
housewife die Hausfrau, -en
however aber
hunting das Jagen

I
I ich
idealize idealisie'ren
if wenn; ob **(whether); as if** als ob
important wichtig
in in (*dat. or acc.*)
in order that damit' (*conj.*)
inexpensive billig
instead of anstatt (*gen.*)
interested interessiert'; **be interested**
    in sich für etwas interessie'ren
interesting interessant'
into in (*acc.*)
invitation die Einladung, -en
invite ein·laden, lud ein, eingeladen
    (lädt ein)
it es

J
Japan (das) Ja'pan
Jazz der Jazz
Job die Stelle, -n; die Stellung, -en
July der Juli
June der Juni

K
king der König, -e
know wissen, wußte, gewußt (weiß)
    (*facts*); kennen, kannte, gekannt
    (*persons, places, or things*); **you**
    know nämlich; **learn to know**
    kennen·lernen; **well-known**
    bekannt

L
lake der See, -n
landlady die Wirtin, -nen
language die Sprache, -n
large groß, größer, größt-
late spät
laugh lachen
learn lernen; **learn to know** ken-
    nen·lernen
leather das Leder, -; **leather pants**
    die Lederhose, -n
leave verlassen (*trans.*)
lecture der Vortrag, ⁼e
let lassen, ließ, gelassen (läßt)
letter der Brief, -e
liberal liberal'
life das Leben, -
like mögen, mochte, gemocht
    (mag); gern haben; **I like that**
    das gefällt mir
listen to an·hören (*acc.*)
literature die Literatur', -en
live leben, wohnen
long lang, länger, längst- (*adj.*);
    lange (*adv.*); **no longer** nicht
    mehr
look: look at an·sehen (*acc.*); **look**
    back zurück·blicken
lot: a lot of viel
loud laut

M
machine die Maschine, -n; **machine**
    factory die Maschinenfabrik,
    -en
man der Mann, ⁼er
manager der Geschäftsführer, -
many viele
meat das Fleisch
mechanic der Mechaniker, -
meet treffen, traf, getroffen (trifft);
    (become acquainted) kennen·
    lernen
middle die Mitte
milk die Milch
million die Million', -en
minute die Minu'te, -n
Miss (das) Fräulein, -
modern modern'
month der Monat, -e

monument das Denkmal, ∸er
more mehr
morning der Morgen; **every morning**
jeden Morgen; **in the morning**
morgens
mother die Mutter, ∸
mountain der Berg, -e
movies, movie theater das Kino, -s
Mr. Herr, -n, -en
much viel
music die Musik'
my mein

N
name der Name, -ns, -n; **my name
is . . .** ich heiße . . .
nation das Volk, ∸er; die Nation', -en
need brauchen
never nie; **never before** noch nie
new neu
newspaper die Zeitung, -en
next nächst-
nine neun
no nein; **no, not a** kein
noon der Mittag, -e; **at noon** mittags
north der Norden
northern Germany (das) Norddeutschland
North Sea die Nordsee
not nicht
nothing nichts
now nun, jetzt

O
occupy oneself sich beschäftigen
offer an · bieten, bot an, angeboten
often oft
old alt, älter, ältest-
one man (*indef. pronoun*); eins
numeral
only nur
opera die Oper, -n
operetta die Operette, -n
other ander-
our unser

P
pants die Hose, -n
paper: newspaper die Zeitung, -en
parents die Eltern
park der Park, -s

participate (in) teil · nehmen (an +
dat.)
passive passiv
pay bezahlen
Pennsylvania (das) Pennsylvanien
people die Leute (*pl.*); das Volk, ∸er
performance die Aufführung, -en
perhaps vielleicht
permitted: be permitted dürfen,
durfte, gedurft (darf)
philosophy die Philosophie'
phone das Telefon', -e
piece das Stück, -e
pity: it's a pity schade
place der Platz, ∸e
plan der Plan, ∸e
please gefallen, gefiel, gefallen (gefällt) (*dat.*); **please!** bitte!
politician der Poli'tiker, -
politics die Politik'
poor arm, ärmer, ärmst-
popular beliebt, populär'
popularity die Volkstümlichkeit
possible möglich
prefer lieber haben (*or any other
verb*); vor · ziehen, zog vor, vorgezogen
primitive primitiv'
principle das Prinzip', -ien
probable wahrscheinlich
problem das Problem', -e
professor der Professor, Professo'ren
professorial chair der Lehrstuhl, ∸e
profit der Profit', -e
progressive progressiv'
propaganda die Propaganda
protest der Protest', -e
Prussian preußisch (*adj.*)
pub: student pub das Lokal', -e; das
Studen'tenlokal, -e

Q
quite ganz

R
radical radikal'
reach erreichen
read lesen, las, gelesen (liest)
real(ly) wirklich

reason: for that reason darum
receive bekommen, bekam, bekommen
reform die Reform, -en
region das Gebiet, -e
related verwandt
relative der Verwandt-
remain bleiben, blieb, ist geblieben
remember sich erinnern an (*acc.*)
remind erinnern; **remind of** erinnern an (*acc.*)
representative der Repräsentant', -en, -en
restore restaurie'ren
right: be right recht haben
rock (music) der Rock
roll das Brötchen, -
romantic romantisch
room das Zimmer, -

S
same: the same derselbe, dasselbe, dieselbe
sauerkraut das Sauerkraut
say sagen; **it is said to** es soll
second zweit-
see sehen, sah, gesehen (sieht)
sell verkaufen
send schicken
sentimental sentimental'
serious ernst
session die Sitzung, -en
seven sieben
several mehrer-
share: give a share of beteiligen an (*dat.*)
she sie
shopping das Einkaufen; **shopping bag** die Einkaufstasche, -n; **shopping method** die Einkaufsmethode, -n
since seit (*prep. w. dat.; temporal conj.*); seitdem (*temporal conj.*); da (*causal conj.*)
sister die Schwester, -n
sit sitzen, saß, gesessen
six sechs
skeptical skeptisch
small klein
so so

social sozial'
socialist sozialis'tisch
so long tschüß
some manch-
something etwas
sometimes manchmal
son der Sohn, ⸚e
south der Süden
speak sprechen, sprach, gesprochen (spricht)
spend (*time*) verbringen, verbrachte, verbracht
spirit der Geist, -er
spite: in spite of trotz (*gen. or dat.*)
sport(s) der Sport; **professional sport(s)** der Berufssport
stand stehen, stand, gestanden
standard: standard of living der Lebensstandard
stay bleiben, blieb, ist geblieben
step back zurück·treten, trat zurück, ist zurückgetreten (tritt zurück)
still noch
store der Laden, ⸚; **little store** das Lädchen, -
stormy stürmisch
street die Straße, -n
student der Student', -en, -en; die Studen'tin, -nen
study studie'ren
stupid dumm, dümmer, dümmst-
such (a) solch-
summer der Sommer, -
Sunday der Sonntag, -e
supermarket der Supermarkt, ⸚e
supposed: be supposed to sollen, sollte, gesollt (soll)
surely sicher
swimming das Schwimmen
Switzerland die Schweiz
symphony die Symphonie', -n
system das System, -e

T
table der Tisch, -e
take nehmen, nahm, genommen (nimmt); **take over** übernehmen, übernahm, übernommen (übernimmt)

talk sprechen, sprach, gesprochen (spricht)
task der Auftrag, ⁼e
tell erzählen
ten zehn
than als
thank you! danke!
that daß (*conj.*); das (*dem. or rel. pron.*); der, das, die (*rel. pron.*); **that one** jener
the der, das, die
theater das Theater, -
their ihr
then dann
there da, dort; **over there** drüben; **(to) there** dorthin; **there is, there are** es gibt, gab, hat gegeben (*acc.*)
they sie
thing das Ding, -e
think denken, dachte, gedacht
third dritt-
this dieser
three drei
through durch (*acc.*)
time die Zeit, -en
to zu (*dat.*); an (*acc.*)
today heute
too zu (*as in* **too much**); auch (**also**)
tool das Werkzeug, -e
tour die Tour, -en
tourist der Tourist', -en
train der Zug, ⁼e
travel fahren, fuhr, ist gefahren (fährt); reisen; **travel guide** der Reiseführer, -
trip die Fahrt, -en; die Reise, -n; **bus trip** die Busfahrt, -en
troop die Truppe, -n
TV set der Fernsehapparat, -e
twelve zwölf
two zwei

U
ultramodern ultramodern'
understand verstehen, verstand, verstanden
unfortunately leider

university die Universität', -en; **university reform** Universitäts're-form, -en
until bis (*acc.*); **not until** erst
upon auf (*dat. or acc.*)
U.S.A. die USA (*pl.*)

V
vacation die Ferien (*pl.*)
valley das Tal, ⁼er
vegetable das Gemüse, -
very sehr
Vienna (das) Wien
village das Dorf, ⁼er
visit besuchen
voice die Stimme, -n
Volkswagen der Volkswagen, -

W
wake up auf·wachen
walk gehen, ging, ist gegangen; der Spaziergang, ⁼e
wall die Mauer, -n
want (to) wollen, wollte, gewollt (will)
war der Krieg, -e; **world war** der Weltkrieg, -e
warm warm, wärmer, wärmst-
watch die Uhr, -en; an·sehen, sah an, angesehen (sieht an)
we wir
wear tragen, trug, getragen (trägt)
week die Woche, -n
weekend das Wochenende, -n
welfare die Wohlfahrt; **welfare state** der Wohlfahrtsstaat, -en
well gut, besser, best-
what was
when wann, wenn, als
where wo; **where to** wohin
whether ob
while während (*conj.*)
who der, das, die; wer
whoever wer
whole ganz
why warum
win gewinnen, gewann, gewonnen
wish wünschen
with mit (*dat.*), bei (*dat.*)
without ohne (*acc.*)

woman die Frau, -en
wooded waldig
word das Wort, ⁼er *or* -e
work die Arbeit, -en; arbeiten
worker der Arbeiter, -; **foreign worker** der Gastarbeiter, -
write schreiben, schrieb, geschrieben; **write down** auf·schreiben

Y
year das Jahr, -e
yes ja
yet: not yet noch nicht
you du, ihr, Sie
young jung, jünger, jüngst-

Z
zone die Zone, -n

ART CREDITS

ABCDEFGHIJ–H–8210/79876